国家社科基金
后期资助项目
GUOJIA SHEKE JIJIN HOUQI ZIZHU XIANGMU

企业对外直接投资、经济发展与国内就业

影响机理与中国实证

Outward Foreign Direct Investment, Economic
Development and Domestic Employment:
Theory and China's Empirical Study

余官胜 / 著

社会科学文献出版社
SOCIAL SCIENCES ACADEMIC PRESS (CHINA)

国家社科基金后期资助项目
出版说明

  后期资助项目是国家社科基金设立的一类重要项目，旨在鼓励广大社科研究者潜心治学，支持基础研究多出优秀成果。它是经过严格评审，从接近完成的科研成果中遴选立项的。为扩大后期资助项目的影响，更好地推动学术发展，促进成果转化，全国哲学社会科学规划办公室按照"统一设计、统一标识、统一版式、形成系列"的总体要求，组织出版国家社科基金后期资助项目成果。

全国哲学社会科学规划办公室

序　言

　　现代跨国公司是指二战后发展起来的并且以跨国直接投资和组织跨国生产为主要经营方式的国际化企业。对跨国公司最初的研究是基于发达国家跨国公司的特征来构建理论框架并进行经验分析。时至今日，国际经济形势的变化催生了大量发展中国家的跨国公司，尤其是新兴工业国家的企业对外直接投资逐渐趋于繁荣，新兴工业国家的跨国公司的迅猛发展吸引了人们的高度关注，其中最引人注目的自然是中国的对外直接投资。随着我国经济发展整体水平的提升和企业国际竞争力的增强，近十年来我国跨国公司在国际舞台上扮演越来越重要的角色，企业对外直接投资流量也已跃居全球第三位。中国企业开始积极参与原本发达国家企业才能从事的跨国经营领域，这一新动向从理论与实践两方面向国内外学者提出了挑战。这就要求国内学者基于中国作为一个发展中国家的种种特征来研究中国对外直接投资快速增长的原因及其对世界所产生的广泛而深刻的影响，余官胜博士新近完成的学术专著《企业对外直接投资、经济发展与国内就业》正是迎接这一挑战的产物，该书着力于从发展经济学视角对我国企业对外直接投资如何影响国内经济、就业、人力资本形成和劳务输出等问题进行了有意义的探索，并提出了独到的见解。

　　"一带一路"战略的推行将进一步促进我国企业对外直接投资的快速增长，在未来较长时间内，"一带一路"都将是我国对外开放的主要战略。对于国内经济而言，企业对外直接投资也将对我国经济产生多个维度的影响，一方面，企业对外直接投资将资本外移，必然缩小国内企业的生产规模；另一方面，企业对外直接投资产生知识和技术外溢，有助于优化国内生产结构。目前在国内的研究中，多数文献论述我国企业对外直接投资为何增长如此迅速，而探讨企业对外直接投资对国内经济造成的影响的文献相对较少，尤其是对国内就业的影响进行探讨的文章更少。事实上，作为发展中国家，多年来如何拉动就业增长一直是困扰着我国经济可持续发展的一道难题，因此，衡量一项宏观政策的质量就应当评估其产生的国内就业效应。《企业对外直接投资、经济发展与国内就业》这本专著基于就业对于我国经济发展的重要性，围绕经济发展的微观传导机理，研究了不同条件下对外直接投资如何影响国内就业，对于稳定我国就业和推动企业对外直接投资均有一定的理论和实践参考价值。

我一向认为，对中国经济所展开的理论和实证研究都应当建立在中国仍然是一个发展中国家这一基本判断基础之上，由此出发，中国不仅具有发展中国家所具有的一般特征，而且还具有其他国家所没有的某些经济发展特征。这本专著紧扣发展中国家的发展逻辑，基于我国劳动力市场不完善的特征展开研究，得出以下几点有意义和颇有见地的结论。

其一，企业对外直接投资对国内经济的影响因动机不同而存在差异。我国企业对外直接投资行为大体上分为市场开拓、生产转移、技术引进等几类动机，不同动机的对外直接投资因受东道国不同因素吸引而不同，这将对不同的要素资源产生重置效应；此外，企业对外直接投资的不同动机还会对国内经济发展和就业产生不同的影响。这意味着，政府在引导和推动企业对外直接投资时，可以按其动机不同而采取不同的促进政策。

其二，企业对外直接投资对国内就业的影响并不是线性的。作者发现，当企业对外直接投资规模较小时，由于生产减少效应占主导而不利于增加就业；只有当企业对外直接投资规模较大时，要素重置效应占主导才能增加就业。另外，企业对外直接投资仅增加劳动力市场弹性较大地区的就业，而会减少劳动力市场弹性较小地区的就业。该结论说明，企业对外直接投资的就业效应除受本身影响之外，也受外部条件的影响。

其三，企业对外直接投资对不同技能劳动的就业影响是不同的。在经济发展水平不同的地区，企业对外直接投资产生的生产结构调整将会对高技能和低技能劳动的就业带来不同的影响，劳动者的就业调整能力也是其中的影响因素之一。由此可以发现，企业对外直接投资就业效应的分布是不同的，在此背景下的就业稳定政策应充分考虑就业者的技能差异。

其四，企业对外直接投资能推动我国的海外劳务输出。企业在生产转移至海外时，东道国当地劳动者和企业生产匹配上的差异将会有助于我国就业者向海外转移，这一方面有利于缓解国内就业压力，另一方面也可以增加外汇收入。这个结论反映出对外开放的多个维度并不是孤立的，而是存在相辅相成的关联性，促进就业的政策也能起到事半功倍的效果。

以上这些结论都是作者基于细致的实证研究得出的，作者在研究中均采取了多重数据和前沿的计量经济学方法，以保证结论的可靠性和科学性。然而，任何研究都不是完美的，因为受限于数据和其他客观原因，这本著作也存在着些许不足之处。这里概括地列举以下两点：第一，本书缺少对企业层面微观机理的理论分析，本书并未基于供求均衡维度从微观层面推导企业对外直接投资对生产和就业的影响，这可能是因为当前国际学术界缺乏可供扩展的理论框架；第二，缺乏对企业层面大样本数据的实证研究，尽管作者在部分章节运用微观数据进行研究，但基本上都是地方性的微观数据，由于缺乏全国性企业对外直接投资微观数据库的数据，本书难以展开细致的微观计量研究。学术研究总是基于前人的研究基础逐步向前推进的，相信在国内外理论与实证研究取得进展的基础上，这部著作在这两方面留下的缺憾，将会在不久以后得到补充和完善。

总体而言，摆在读者面前的这部著作是一部理论功底较为扎实的学术研究专著，体现了作者较为扎实的经济学基本素质。该书有幸获得了国家社科基金后期资助项目的立项，这在一定程度上也反映了学术界同行对作者学术水平的认可。余官胜是我本人指导的经济学博士，已从武汉大学经济发展研究中心毕业五年多，近年来他所从事的学术工作传承了武汉大学发展经济学的研究传统。相信本书的出版有助于将包括中国在内的发展中国家企业对外直接投资的研究进一步引向深入，同时，我也期待着余官胜博士有更多佳作问世。

　　是为序。

马　颖

2015 年 9 月 10 日

于武昌珞珈山下

目　录

第一章 导论

第一节 选题背景和意义

改革开放以来，我国外经贸取得了快速的发展，对我国国内经济各方面均产生了深刻的影响。在对外开放的过程中，进出口贸易和外商直接投资取得了显著的业绩，一度领先全球其他国家，也吸引了国内外大量学者对此进行解释并研究由此产生的经济影响。然而，全球经济危机的爆发使得发达国家经济陷入了困境，全球贸易保护开始盛行，这一方面阻碍了我国进出口贸易的发展，另一方面发达国家也难有资金输出。与之相反，我国经济的快速发展提升了本土企业的竞争力，催生了一批本土跨国公司，在全球经济疲软的背景下，我国的跨国公司开始在世界崭露头角，逐步开始了我国企业的国际化行为，推动我国企业对外直接投资的快速发展，体现了我国在全球经济中地位的提升。在这种背景下，为了进一步通过对外直接投资促进我国外经贸的发展，我国政府于 2006 年正式提出了企业"走出去"战略，将发展企业对外直接投资提到国家战略层面。根据商务部统计，我国企业对外直接投资流量从 2002 年的 27 亿美元增加到 2012 年的 878 亿美元，增加了 31 倍之多；对外直接投资存量从 2002 年的 299 亿美元增加到 2012 年的 5319.4 亿美元，增加了近 17 倍。

企业对外直接投资的快速发展也使我国学术界开始关注其宏观推动因素（张为付，2008；郑展鹏和刘海云，2012）以及微观特征（肖慧敏和刘辉煌，2013；汤晓军和张进铭，2013），并认为这种现象是我国经济发展阶段的必然趋势（邱立成和潘小春，2010）。近年来中央政府对推动企业对外直接投资的支持力度进一步加大，《国民经济和社会发展第十二个五年规划纲要》将加快企业"走出去"列为对外开放的重要战略任务，指出"按照市场导向和企业自主决策原则，引导各类所有制企业有序开展境外投资合作"；党的十八大报告强调"加快走出去步伐，增强企业国际化经营能力，培育一批世界水平的跨国公司"；十八届三中全会发布的《中共中央关于全面深化改革若干重大问题的决定》更是明确提出"扩大企业及个人对外投资，确立企业及个人对外投资主体地位，允许发挥自身优势到境外开展投资合作"。尽管目前我国企业对外直接投资行为尚未像国际贸易和引进外资一样对国内经济产生深刻的影响，但在这些中央文件精神的引领下，可以预测我国企业对外直接投资在未来几年将会出现更加快速的增长，对外直接投资项目的增加和规模的扩大对我国国内经济产生的各种影响也将越来越明显，这也必将会引起社会各界的关注，并成为学术界的研究热点。

同时，我国作为发展中大国，经济发展过程中仍存在大量问题，就业不足和结构失衡是其中最主要的问题之一（中国社科院"中国社会状况综合调查"课题组，2009；李文星和袁志刚，2010），因此企业对外直接投资是否会由于资本外流而不利于我国经济发展和就业增加也成为学界和政府部门较为担忧的问题。事实上，尽管我国企业对外直接投资在近年已取得了快速的发展，但针对企业对外直接投资如何影响国内经济的研究和思考并不多，也引起了人们对推行企业对外直接投资战略的担忧。企业对外直接投资对国内经济将会产生两种途径的直接影响，一是生产转移，资本和生产的外移势必通过减少国内生产规模而减少对劳动的需求，从而不利于就业；二是资源重置，生产转移必将改变经济结构，要素资源配置结构也将改变，该过程可能对就业产生正向的影响。本书的主要工作在于从这两种影响途径出发研究企业对外直接投资如何影响经济发展的各个因素，重点关注其对国内就业各个方面产生的影响，旨在从国内经济的角度考察企业对外直接投资的发展绩效。

跨国公司最早诞生在发达国家，因此企业对外直接投资现象也最早出现在发达国家，这催生了基于发达国家背景的国际投资理论。从新古典经济学模型开始发展到现在的异质性企业模型，西方企业对外直接投资理论呈现越来越微观化和科学化的趋势，这些理论为西方经济学分析企业对外直接投资影响国内经济和就业提供了恰当的框架，也使得对此问题的探析越来越精细。然而，诞生于发达国家的理论一方面建构在发达国家跨国公司引领全球的基础之上，另一方面也根植于发达国家具备完善市场的背景下。与之不同的是，发展中国家的跨国公司较为年轻且竞争力不强，其对外直接投资行为也与发达国家存在较大差别，也展现出了与发达国家企业不同的对外直接投资动机，因此西方学术界的主流国际投资理论可能并不适用于发展中国家的情况。基于这种情况，尽管本书的主题框架参考借鉴了西方主流理论，但为适用于发展中国家的现实状况，本书在研究过程中充分考虑了发展中国家的经济发展特征。其一，本书基于发展中国家企业对外直接投资的特有动机，考察技术引进等动机导致的企业对外直接投资对国内经济发展和就业的影响途径；其二，结合我国存在劳动力市场刚性等不完善因素的现状，研究在这种市场条件下企业对外直接投资产生的资源重置途径如何影响国内就业。这样的处理方式既体现了我国作为发展中国家的基本特征，又保障了本书实证研究扎根于我国经济现状的基本要求。

从背景和选题上看，本书的研究不仅对该领域的学术进展有一定的理论意义，而且对当前我国企业对外直接投资战略的实行也有一定的政策参考价值。在理论方面，其一，本书着重考察企业对外直接投资对国内经济发展和就业的影响，不同于以往文献大多对企业对外直接投资发生原因的关注，本书关注企业对外直接投资的"后果"，与当前学术界对企业对外直接投资"前因"的研究形成有效的互补，在学术上扩展了对企业对外直接投资行为的理解。其二，本书的研究根植于发展中国家的特征，充分考虑了发展中国家跨国公司的独特行为，有效结合了发展经济学和国际投资理论，既丰富了国际投资理论的研究素材，也增加了发展经济学的研究对象，能为后续的研究提供基本框架。其三，在劳动经济学方面，以往研究更多地从国际贸易和外资引进角度考察对外开放对就业的影响，本书的研究则在理论上表明企业对外直接投资也是影响国内就业的重要途径，更为紧密地结合了对外开放和劳动就业直接的理论研究。

在实践上，本书利用国内数据展开实证研究，恰逢当前国家对企业"走出去"战略的重视，对于该战略的推行有一定的参考借鉴价值。其一，本书研究了影响我国企业对外直接投资的国内外因素，为相关政府部门创造有利于推动企业对外直接投资发展的条件提供了基本参考；其二，本书的研究发现，在条件恰当的情况下，我国企业对外直接投资能够从出口贸易、技术创新、劳动生产率提升等多个维度促进国内经济发展，为政府利用对外直接投资促进经济发展提供理论基础；其三，本书的研究发现对外直接投资并不必然会减少国内就业，并表明企业对外直接投资也是优化就业结构和促进对外劳务输出的途径之一，一方面消除了政府推行对外直接投资战略的顾虑，另一方面也为政府从企业对外直接投资角度推行有效的就业政策提供了参考借鉴。

第二节　对外直接投资概念界定

在国际投资学理论中，对外投资指的是跨国公司等国际投资主体，将其拥有的货币资本或产业资本，通过跨国界流动和营运的方式实现价值增值的经济行为。对外投资按照方式的不同又分为对外间接投资和对外直接投资，其中，对外间接投资指的是投资者通过金融渠道向另一国投入资金，以获取利益的活动，投资者并不参与对拥有股份或债券企业的经营管理，对企业无控制权；对外直接投资强调的是以控制国外企业经营管理权为核心的经济活动，其内涵体现在一个经济体通过另一个经济体而实现其持久利益的目标。因此，事实上对外间接投资仅仅强调简单的资金转移，而对外直接投资不仅包括资金转移，还包括了生产的转移。就本书关注的对外投资对国内经济影响的研究目的而言，尽管简单的资金转移也将影响国内经济，但生产转移所产生的效应将更为明显，因此本书的研究仅关注对外直接投资所产生的影响。按照商务部《中国对外直接投资统计公报》的定义，本书中的对外直接投资企业指的是境内投资者直接拥有或控制 10% 及以上投票权或其他等价利益的境外企业。

企业对外直接投资又可分为金融类和非金融类对外直接投资，按商务部《中国对外直接投资统计公报》的定义，金融类对外直接投资指的是境内投资者直接向境外金融企业的投资；非金融类对外直接投资指的是境内投资者直接向境外非金融企业的投资。一般而言，金融类对外直接投资往往是国内金融类企业的行为，向外转移的也以金融资源为主，对国内经济产生的影响与非金融类对外直接投资存在较大的区别。在我国的经济发展过程中，目前金融发展并不完善，金融业占国民经济的比重并不高，根据国家统计局公布的数据，2011 年金融业增加值占第三产业增加值的比重不到 8%。在就业方面，金融业对我国就业的贡献比例也较低，2011 年金融业总就业人员占全国城镇单位就业人员总数的比重仅为 3.5%。本书重点关注企业对外直接投资对国内就业所产生的影响，由于金融类企业行为对就业的影响甚小，为避免包含金融类企业对外直接投资数据所产生对外直接投资规模虚高的干扰，本书的实证研究中仅包括非金融类企业对外直接投资的数据。

第三节 研究框架和主要内容

对外直接投资将对国内经济发展的各个方面产生影响，并以此为传递途径影响到国内就业，包括就业规模和就业结构，甚至通过国际经济关系影响对外劳务输出。本书以此为脉络，在研究企业对外直接投资国内外推动力的"前因"因素的基础上，全面分析其产生的经济和就业"后果"，为如何利用企业对外直接投资促进国内经济发展并增加国内就业出谋划策。全书以此为思路，在各个部分均构建理论机理分析，并通过实证研究进行验证，做到理论和实证的有效结合，使本书的研究具有较强的逻辑性和科学性。本书的整体框架可以概括为从问题提出到文献评价，再到对外直接投资状况及动机研究，继而转向研究对外直接投资通过影响经济发展传递到对国内就业的影响，最终提出相应的政策建议。

按照劳动经济学原理，就业由劳动需求和供给决定，短期内劳动供给较难改变，因此劳动需求成为就业的主要影响因素，而劳动需求作为派生需求取决于经济发展。经济发展从劳动需求规模和需求结构两个方面影响国内就业，针对我国要素禀赋及经济特征，劳动需求规模途径主要包括国内投资和出口贸易，而劳动需求结构途径主要包括技术创新和劳动生产率提升。因此，企业对外直接投资对国内就业的影响事实上是通过经济发展因素进行传递的，这也构成了本书研究内容之间的关联性。本书既关心企业对外直接投资对经济发展的影响，同时也关注经济发展作为企业对外直接投资影响国内就业的中介变量，本书在阐述企业对外直接投资影响国内就业的理论机理中也体现了这一关联性。图 1-3-1 绘制了本书的整体研究框架，清晰地表述了本书的思路和内容的关联性。

按照研究框架，本书的内容总共分为九章，章节之间的安排遵循对应的逻辑关系。第一章为导论章节，首先介绍本书的选题背景和意义，引出本书研究对于理论研究和现实指导的重要价值；其次详细解释本书对外直接投资的概念内涵，消除定义中的疑义；再次概括本书的整体研究框架和各章内容，展示本书的内在逻辑；最后介绍本书的特色和创新点，强调本书与以往研究的区别。第二章为国内外文献综述，本书从经典国际投资理论、对外直接投资动机、对外直接投资对经济发展的影响以及对外直接投资对国内就业的影响等四个方面论述国内外的研究进展，表明尽管以往研究已详细探讨了对外直接投资对国内经济各方面的影响，但仍缺乏系统规范的综合性研究，从文献角度引出本书的主要内容。

第三章和第四章为本书分析对外直接投资的"前因"部分，从国内外两方面分析对外直接投资快速增长的动力和引力。第三章在介绍

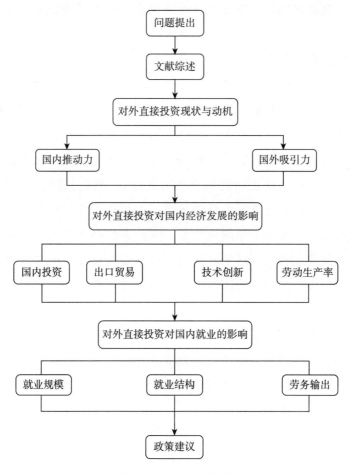

图 1 – 3 – 1　研究框架

我国对外直接投资政策发展演变以及现状和分布特征的基础上研究对外直接投资的国内影响因素，实证研究发现我国经济发展水平的提高、产业结构的优化、劳动力成本提升、人力资本存量降低以及技术进步等因素均能同时增加对外直接投资项目数和投资规模；国际贸易因素产生的影响则较为复杂，出口贸易在增加对外直接投资项目数的同时缩小了投资规模，进口贸易则扩大了对外直接投资规模却减少了投资项目数。第四章从企业对外直接投资动机的角度出发研究东道国经济发展因素对我国对外直接投资吸引力，首先通过构建理论框架分别推导影响横向和纵向动机对外直接投资的东道国因素，再采用我国宏观数据和温州民营企业微观数据进行实证检验，并以浙江企业数据为样本研究企业集群对外直接投资区位选择的影响因素。实证研究发现，我国企业对外直接投资兼具横向和纵向动机，在针对发展中国家的对外直接投资中，横向和纵向动机均较为显著；而在针对发达国家的对外直接中，仅具有横向动机。

第五章分别从国内投资、出口贸易、技术创新和劳动生产率提升等方面出发研究对外直接投资对国内经济发展的影响，每个部分均通过理论机理阐述和实证研究结合的方式进行研究。首先，本章发现，总体上我国企业对外直接投资能促进国内投资，并且金融发展起到了催化剂的作用；然而更为细致的是，这种影响却会因对外直接投资规模的不同而存在相反的结果。其次，对外直接投资和出口之间关系的联立方程组研究则显示我国对外直接投资并不影响出口贸易，相反出口贸易却会影响对外直接投资。再次，企业对外直接投资能否促进技术创新则取决于地区吸收能力，只有在吸收能力较高的地区才能实现这种促进效应。最后，企业对外直接投资对劳动生产率的影响存在短期和长期的差异，短期对外直接投资不影响劳动生产率，而长期对外直接投资则存在正向的促进效应。

第六章研究企业对外直接投资对国内就业规模的影响，在分析传导机制的基础上构建理论模型推导影响方式，表明对外直接投资对国内就业规模的影响取决于对外直接投资自身规模的大小。进一步地，本章的实证研究发现我国对外直接投资对国内就业规模的影响呈现先减少后增加的趋势，即当对外直接投资规模较小时会减少国内就业，只有达到一定的规模后才能促进国内就业。此外，本章也研究了对外直接投资对不同产业就业规模的影响，发现由于各产业劳动吸收存在较大差异而使这种影响具有较大区别。本章的研究也验证了当劳动力市场存在刚性时，对外直接投资如何影响国内就业，发现只有当劳动力市场刚性较小时才能出现对外直接投资的国内就业促进效应。

第七章研究企业对外直接投资对国内就业技能结构的影响，在分析不同类型对外直接投资产生的影响机理基础上构建实证模型进行检验。实证研究发现当经济发展水平较低时，对外直接投资会减少高技能劳动的就业，增加低技能劳动的就业，从而降低就业技能结构；相反的是，当经济发展水平较高时，对外直接投资则能促进高技能劳动的就业，减少低技能劳动的就业，提升就业技能结构。进一步地，本章的分位数回归模型也发现当就业技能结构处于不同阶段时，对外直接投资影响就业技能结构的经济发展水平临界值也存在差异。此外，本章还研究了对外直接投资对收入技能结构的影响，发现其对高技能劳动和低技能劳动收入的影响也因经济发展水平的不同而存在差异。

考虑到对外劳务输出也是推动就业的实现途径之一，第八章研究企业对外直接投资对我国劳务输出的影响。在阐述对外劳务输出影响因素以及对外直接投资产生的影响机理的基础上，本章分别用时间序列模型和跨国面板数据模型进行实证研究。研究表明对外直接投资总体上促进了我国对外劳务输出，但存在较大的国别差异，即我国对发达国家和最不发达国家的对外直接投资均能促进劳务输出，但对其他发展中国家的对外直接投资并不影响劳务输出，这种差异的产生是东道国劳动力性质差异决定的。第九章为本书的结尾章节，总结本书的研究内容并指出需进一步研究的地方，相应地提出本书研究对应的政策建议。

第四节　研究特色和创新点

国内外针对企业对外直接投资的理论和实证研究较多，但国外研究大部分基于发达国家经济背景展开，国内研究则主要集中在关注对外直接投资的推动因素，缺乏对外直接投资影响国内经济的系统研究，尤其是影响国内就业的研究。本书切合当前理论空缺和政策需要，全面探讨我国企业对外直接投资的前因后果，重点研究其对国内经济发展和就业的影响，具有如下的研究特色。

1. 研究方式注重传导机制，具有较强的逻辑层次性

本书在研究过程中，强调企业对外直接投资发展的前因后果，遵

循其对国内经济影响的传导过程，参照从理论到实证的研究方式，层层递进，思路清晰。首先，研究企业对外直接投资的现状特点，探讨对外直接投资的国内外推动因素，以此明晰前因；其次，研究对外直接投资对国内经济发展的影响，探明经济发展的各个因素如何受影响，以此作为对外直接投资影响国内就业的传导途径；最后，从就业规模、就业技能结构和劳务输出多个维度全面研究对外直接投资对国内就业产生的影响。这种层层递进的研究方式能保证本书研究的连贯性，增强整体研究的逻辑规范。

2. 研究选题具有较强的问题导向，具有较强的时效性

本书以我国当前企业对外直接投资呈现快速增长的趋势为背景，结合党和国家对推动企业对外直接投资战略的重视，切合我国国内就业不足的社会背景，全面分析企业对外直接投资如何影响国内经济发展和就业，理论与实证研究的问题导向特征明显。本书的研究具有前瞻性，可以为未来我国对外直接投资对国内经济的影响达到一定规模时做好理论铺垫，在当前对外直接投资产生的国内经济影响尚未明朗的情况下，对于政府制定既能推动企业对外直接投资发展，又能促进经济发展和增加国内就业的政策具有较强的时效性。

3. 研究结论关注多种可能性，具有较强的应用性

本书在研究中既强调对外直接投资是否能促进经济发展和国内就业，同时也关注在哪种条件下才能达到促进经济发展和国内就业的效果，不追求单一的研究结果，而是考虑我国区域经济差异较大情况下可能存在的多种结果。这种处理方式使得本书的研究在政策上具有较强的应用性，能够为政府在推动企业对外直接投资快速发展的前提下，创造有利于国内经济各方面发展的条件提供参考。这种结论体现在对外直接投资对技术创新的影响取决于地区吸收能力，对国内就业的影响取决于劳动力市场刚性，等等。

此外，为了保证研究结果的科学性，本书在理论和实证研究过程中均采取了较为新颖的概念和较为前沿的方法，使本书在以下几个方面具有一定的创新性。

1. 对外直接投资动机概念的介入

在以往针对企业对外直接投资对国内经济影响的研究文献中，往往只注重投资规模产生的影响，事实上不同类型的对外直接投资将会产生完全不同的影响。基于此，本书对对外直接投资动机概念进行分类，首先辨别横向和纵向动机企业对外直接投资的影响因素并通过实证研究进行验证；其次，在随后的影响机理中多次运用企业对外直接投资动机概念分析对外直接投资对国内经济发展和就业所产生的不同影响。尽管动机作为一个主观概念存在定量衡量的困难，但是该概念在理论分析中的应用有助于更为清晰地阐述影响机理。

2. 前沿计量经济学方法的应用

本书在研究过程中紧扣理论和实证结合的方式，为了得到科学规范的结论，在实证研究中采用了较为前沿的计量经济学方法。首先，在衡量对外直接投资动机时，通过构造二值变量指标的方式对主观的动机进行定量化处理，并采用二值选择模型进行实证研究。其次，在本书的多处出现被解释变量为非负整数的情况，比如对外直接投资项目数、就业人数等，此时为了确保回归结果的准确性，本书采用了前沿的计数模型进行回归。再次，本书运用分位数回归模型解释当被解释变量处于不同等级时，企业对外直接投资所产生的不同影响，这种方法运用在研究国内就业技能结构和技术创新等多处地方。最后，由于经济发展和就业均具有持续性的特征，本书在各个章节均采用了动态数据的回归方法。总体而言，多种前沿计量经济学方法的运用使得本书的研究既具备了主流经济学的规范特征，又使本书得出的结论符合实证科学的要求。

3. 理论影响传导机制的设计

本书在各个章节研究对外直接投资产生的国内经济影响中均构建了机理分析，为体现这些影响机理的过程，各部分中均设计了传导机制，使得机理分析更符合经济学逻辑的规范性。这种方式体现在对外直接投资影响国内投资、出口贸易、技术创新、劳动生产率、就业规模、就业技能结构、对外劳务输出等各个方面，并且各个传导机制互相结合，体现了本书研究的一贯性。比如在分析对外直接投资对国内就业的影响机理中，考虑其通过出口贸易、技术创新等中间变量产生的传导过程，确保理论机理分析的饱满性；分析对国内就业技能结构的影响机理中则考虑了不同动机的传导过程，保障传导过程的多样可能性；在研究对劳务输出的影响机理中则从劳务输出自身影响因素的过程出发考虑对外直接投资通过这些因素的传导过程，确保影响途径分析不存在随意性。

4. 观点和结论创新

作为资本相对稀缺的国家，学术界和政府相关部门普遍认为企业对外直接投资导致的资本外移会减少国内生产，进而不利于国内就业。与之不同的是，本书的观点是企业对外直接投资确实产生了资本外移，但是对国内生产的影响存在正反两种效应，因此对就业的影响也不是单一的。本书从不同的视角出发研究发现，企业对外直接投资是增加还是减少国内就业取决于多种外部因素，比如国内经济发展程度、企业对外直接投资动机以及东道国经济特征等；此外，不同技能类型的劳动者受企业对外直接投资的影响也是不同的。相对于国外研究，本书更侧重于我国经济发展的区域差异以及劳动力市场不完善等现实特征，从而在结论上也得出了与发达国家相异的观点；相对于国内已有研究，本书则从传递机制角度考虑了多种可能性，得出了更为丰富多样的结论。

第二章　文献综述

本章详细介绍与本书研究相关的国内外文献，由于本书涉及内容较广，因此相关国内外文献也较为丰富。本章从对外直接投资理论的"前因"和"后果"线索展开文献评述，第一节介绍国外经典对外直接投资理论的文献，提供全书研究的理论参考框架；第二节介绍国内外有关企业对外直接投资动机的文献，呈现企业对外直接投资的推动力影响因素，这两节构成了对企业对外直接投资"前因"研究的评述；第三节从出口贸易、技术创新和生产率提升角度出发阐述企业对外直接投资影响国内经济发展的文献；第四节详细论述企业对外直接投资对发达国家和发展中国家国内就业影响的文献，这两节构成了企业对外直接投资"后果"研究的评述。

第一节　传统对外直接投资理论

一　发达国家对外直接投资传统理论

在新古典国际贸易理论中，要素因报酬差异而进行跨国流动，对外直接投资自然也是从资本充裕的国家流向资本稀缺的国家，在这种框架下，学者们利用新古典经济学的模式研究对外直接投资问题，并没有出现专门的理论。然而，Hymer（1967）发现现实并非如此，在现实中存在大量资本从稀缺国流向充裕国的案例，并且对外直接投资基本上是行业龙头企业的专项行为。为了对此进行解释，Hymer（1967）提出了经典的垄断优势理论，该理论也意味着跨国公司和对外直接投资这一新研究领域的开创，并将对外直接投资理论从新古典经济学引向产业组织理论。垄断优势理论认为，跨国公司之所以能在东道国进行对外直接投资并获得更多的利润是因为其具有垄断优势，这种垄断优势来源于技术专利、销售渠道、规模经济等多个方面，而对外直接投资行为正是这种市场不完全竞争的结果。Kindleberger（1969）进一步补充了垄断优势理论，认为跨国公司在进行对外直接投资时必须对其垄断优势进行资本化；而 Caves（1971）则强调跨国公司需将其特定优势进行内部化。

生命周期理论（Vernon，1966）则为对外直接投资提供了另一种解释，该理论将市场营销学中的生命周期理论与国际贸易中的要素禀赋理论相结合，强调产品要素密集度的动态变化对国际贸易以及国际投资模式变化所产生的影响。Vernon（1966）将产品分为三个生命周期：创新期、成熟期以及标准化期，在产品创新期，产品的生产开发需要不断进行研发设计，此时产品属于知识密集型，其生产应在知识充裕型的国家（比如美国）进行。随着开发设计的不断完善，产品开始进入成熟期，生产需要投入大量的熟练劳动，此时产品变成熟练劳动密集型，其在熟练劳动充裕的国家进行生产成本最低，因此企业在这类国家（比如韩国）进行直接投资及生产转移。最后，随着产品生产技术开始普及，其生产仅需投入非熟练劳动，产品进入标准化时期并转变成非熟练劳动密集型，此时企业的最佳选择是通过对外直接投资将生产转移至非熟练劳动国家（比如中国）。Vernon（1971，1973）进一步地改善了其生命周期模型，分析了跨国公司在不同发展阶段的对外直接投资战略选择。生命周期理论的一个特点在于它并不排斥新古典经济学，而是将新古典国际贸易理论动态化，进而推导出了国际贸易和国际投资行为的演变过程，也使该理论成为第一个能交互解释跨国公司对外贸易和对外投资行为的理论（Root，1990）。

在 Coase（1937）交易成本理论的引导下，Buckley（1974）和 Casson（1979）提出了企业对外直接投资行为的内部化理论，从企业内部行为对此进行探讨分析。这些学者指出，现代跨国公司是外部市场内部化的结果，由于市场交易存在成本，进而产生了低效率，而涉及跨国之间的中间产品交易则更是如此。在这种情况下，企业便有动力通过内部化消除市场交易成本，而涉及跨国交易内部化的现象正是导致跨国公司的形成及其对外直接投资行为的原因。在这种理论下，企业选择进出口贸易行为还是对外直接投资行为取决于市场交易成本与内部管理成本的对比，市场交易成本大于内部管理成本时，企业选择通过对外直接投资替代进出口贸易，反之则选择贸易行为。因此，内部化理论框架下对外直接投资行为的边际及跨国公司的规模取决于两类成本的比较，同时对外直接投资和贸易之间也是替代关系。

前面所揭示的理论较好地解释了欧美跨国企业的对外直接投资行为，却较难解释日本企业的对外直接投资行为。欧美基本上是实力最强的大型企业从事对外直接投资，而日本则正好相反，多数小企业从事对外直接投资。为了弥补这一缺陷，日本经济学家小岛清（Koji-ma，1978）提出了边际产业扩展理论，结合要素禀赋和比较优势理论分析企业对外直接投资行为。该理论的观点是，对外直接投资应该从母国已经处于或者即将处于比较劣势的产业（即边际产业）开始依次进行，因为这些产业在母国已经丧失成本优势，而且母国应选择与本国技术差距较小的东道国进行直接投资，因为这样母国的边际产业能较好地与东道国要素禀赋进行匹配，能快速地在东道国立足并占领市场。按照小岛清的观点，对外直接投资和边际产业的转移能够同时优化母国和东道国的产业结构，有利于国际分工的细化和比较优势的充分利用。

在所有针对发达国家对外直接投资的传统理论中，利用最为广泛的是 Dunning（1977）提出的国际生产折中理论。Dunning（1977）综合了垄断优势理论、内部化理论以及区位理论，提出了企业对外直接投资的 OIL 范式，即企业需同时拥有所有权优势、内部化优势和区位优势才能进行对外直接投资。所有权优势指的是企业拥有某些无形资产的优势；内部化优势指的是企业能将这些优势进行内部化的能力；区位优势指的是东道国必须具备特定的区位优势。在三个优势中，所有权优势是企业进行对外直接投资的充分条件，其他两个优势则是必要条件。Dunning（1980，1993，1996）的后续研究不断深化完善折中理论，其中 Dunning（1980）研究了一国经济发展水平与其对外直接投资之间的动态关系；Dunning（1993）更加强调了市场寻求型对外直接投资内部化行为的成本优势；Dunning（1996）还深入考察了国家资产和区位优势的关系。

二　发展中国家对外直接投资传统理论

随着发展中国家本土跨国公司的出现，20 世纪七八十年代开始出现专门探讨发展中国家对外直接投资行为的各种理论。其中最早的是 Wells（1977，1983）提出的小规模技术理论，该理论从三个方面归纳了发展中国家跨国公司进行对外直接投资和跨国经营的竞争优势：其一，发展中国家跨国公司拥有能为其他发展中小市场国家服务的劳动密集型小规模生产技术，这种技术在收入水平较低的发展中国家具有较强的竞争优势；其二，发展中国家企业在生产民族特色产品上具有竞争优势，这种优势能体现在其投资于同一种族团体的其他发展中国家；其三，发展中国家跨国公司拥有成本较低的营销战略网络，发达国家跨国公司往往在营销上投入大量资本，而发展中国家则投入较少，其在营销成本上也具备了竞争优势。Wells（1983）的理论将发展中国家跨国公司的竞争优势和其母国自身的市场特征结合起来，有效地解释了为什么即便落后的发展中国家企业也能在国际竞争之中占据一席之地。

Lall（1983）在深入研究印度跨国公司的投资动机和竞争优势时提出了技术地方化理论，强调发展中国家在引进技术的过程中也存在创新活动，从而构成了其在对外直接投资中的竞争优势。该理论认为，尽管发展中国家跨国公司的技术呈现规模小、使用标准化技术以及劳动密集型技术的特点，但是在引进技术的过程中存在当地化改造行为，将产生于发达国家的先进技术改造成适合发展中国家经济特征和要素禀赋的适用技术。这种改造使发展中国家生产的产品与当地的供给和需求条件紧密结合，能更好地满足当地及其他发展中国家的需求，使这种改造创新活动构成了发展中国家跨国企业的竞争优势来源。因此，从 Lall（1983）的技术地方化理论中可以发现，发展中国家跨国公司之所以能进行对外直接投资行为并在国外市场占据一定的份额，是因为它也从事了特定的创新活动，尽管这种创新活动仅仅是一种技术的吸收过程。

20 世纪 80 年代中期以来，在国际投资领域出现了新兴工业化国家向发达国家对外直接投资不断增加的趋势，这种趋势也对现存理论提出了挑战。为了对此进行解释，Cantwel 和 Tolentino（1991）提出了技术创新产业升级理论，该理论强调发展中国家的技术创新与产业升级是构成其对外直接投资竞争力的主要来源。他们从技术积累出发，动态化了发展中国家的产业升级过程，提出了两个基本命题：其一，发展中国家产业结构升级说明了其技术能力的稳定提高和扩大，这种提高是不断积累的结果；其二，发展中国家技术能力的提高与其对外直接投资的增长直接相关，同时也影响发展中国家跨国公司对外投资的形式和增长速度。基于这两个命题，该理论得出了其基本结论，认为发展中国家对外直接投资的行业和地理分布是随时间推移而变化的，跟其产业结构升级息息相关，并且是可以预测的。

Moon 和 Roehl（2001）另辟蹊径，从发展中国家内部因素出发探讨了发展中国家企业进行对外直接投资的原因，提出了资产相对不平衡理论。该理论认为，在发展中国家，存在资产相对不平衡（比如缺乏技术优势，规模经济不足等）的企业，可以通过对外直接投资在国外市场上寻求补偿性资产，以实现资产组合达到平衡的目的，增强企业的竞争力。按照这一逻辑，对外直接投资对于发展中国家企业而言能起到在国际竞争中平衡资产组合、增加竞争力的效果，具有重要的战略意义。这个理论可以有效解释发展中国家存在的一些现象，比如在发展中国家，一些效率不高的企业反而从事对外直接投资行为，明显违背了发达国家传统理论的逻辑；而在资产相对不平衡理论的框架下，效率较低的企业反而更应该通过对外直接投资补充其不足。日本经济学家小林辉智（Ozawa，1990）提出发展中国家可以通过对外直接投资实现产业结构升级和经济转型，从劳动导向型的经济发展转向技术导向型的经济发展。他认为发展中国家进行对外直接投资的基本动因在于激发本国的比较优势，实现竞争力提升，而要素禀赋从劳动力充裕转向资本技术等要素充裕则是发展中国家实现比较优势动态化，从资本输入国转变成资本输出国的重要原因。该理论为发展中国家利用对外直接投资促进本国经济发展和产业转型提供了重要的参考依据。

第二节　企业对外直接投资动机

一　发达国家企业对外直接投资动机

在传统对外直接投资理论中，Dunning（1993，1998）对投资动机的研究广为人知，他基于 OIL 范式将企业对外投资动机分为资产开拓（asset-exploiting）和资产寻求（asset-seeking）类型（Dunning，1993）；具体地，他认为这包括资源寻求、效率寻求、市场寻求及战略资产寻求等四种对外直接投资动机（Dunning，1998）。不同的是，目前主流国际经济学中应用最为广泛的是基于新古典经济学框架提出来的横向和纵向对外直接投资动机。Markusen（1984）较早认为跨国公司出于规避高运输成本或东道国贸易壁垒的动机而进行对外投资（横向）；Helpman（1984）则指出企业对外投资和生产转移的动机是为了获取更低的劳动成本或者自然资源（纵向）。Markusen 和 Maskus（2002）融合了 Markusen（1984）和 Helpman（1984）的模型，构建知识 - 资本模型（KK 模型），指出企业对外直接投资的横向和纵向动机可以同时存在。

按照 Markusen（1984）的定义，横向对外直接投资动机企业权衡出口贸易和在东道国生产之间的收益 - 成本，当对外直接投资成本相对于出口成本较低，以及当东道国市场规模较大时，企业倾向于进行此动机的对外直接投资。Brainard（1997）以此为框架检验了出口可变成本和对外直接投资固定成本如何影响美国企业的对外经济行为，其发现在对外投资固定成本较高的产业，美国企业更多选择出口行为；Yeaple（2003）则检验了东道国市场规模对出口及对外直接投资行为的影响，除了进一步验证 Brainard（1997）的结论外，他的研究发现，对于市场规模较大的国家，美国企业更倾向对其进行对外直接投资，而不是出口行为。此外，Yeaple（2003）还发现企业行为并不受母国和东道国之间收入差异的影响，反映出要素报酬并不影响企业的出口和对外直接投资行为选择。

Helpman et al.（2004）在异质性企业国际贸易理论（Melitz，2003）框架内考察了不同生产率企业的横向对外直接投资行为选择。他们将企业分为三类：只在国内销售产品的企业、通过出口向国外销售产品的企业以及通过对外直接投资在东道国设立子公司销售产品的企业。由于出口贸易和对外直接投资均存在固定成本，且对外直接投资成本更高，因此他们的模型指出，生产率最低的企业仅在国内销售，生产率居中的企业选择出口，生产率最高的企业则选择对外直接投资。在实证方面，Helpman et al.（2004）通过美国数据发现出口企业的生产率比非出口企业高 40%，而对外直接投资企业的生产率则比出口企业高 15%。针对日本数据（Tomiura，2007）以及英国数据（Girma et al.，2005），他们也发现对外直接投资企业的生产率比出口类型企业的生产率高，有效地验证了 Helpman et al.（2004）的模型，说明企业出于市场获取为目的进行横向动机对外直接投资。

为了研究纵向动机对外直接投资，Helpman（1984）扩展了产业内国际贸易模型，将要素比例和产品差异进行结合。他将差异部门的生产过程分解为总部服务和中间产品生产两部分，总部服务为资本密集型或技能密集型，并且能被坐落于不同地区的多个工厂所分享；中间产品的生产则为劳动密集型，且生产可以在不同的地区进行。在这种情况下，企业有动机通过对外直接投资拆分其生产过程，资本充分的发达国家企业的最优选择是将总部服务生产设在母国，而将中间产品生产通过对外直接投资设在劳动成本较低的发展中国家，这样能达到有效节约成本的目的。当中间产品运输成本较高，且最终产品的组装也属于劳动密集型时，发达国家的策略是将最终产品也设在东道国组装。在纵向对外直接投资模式下，母国向东道国子公司出口总部服务，而东道国子公司则向母国出口中间产品及最终产品，有效增加两者之间的产业内贸易。在对纵向动机对外直接投资的实证检验方面，Hanson et al.（2001）研究了美国跨国公司附属子公司对母公司中间产品的出口状况，发现这种出口占子公司总出口的比重从1982年的10%增加到1994年的12%，该比重在加拿大从21.6%增加到33.5%，在墨西哥则从18.3%增加到36.7%；在产业层面，该比重在电子产品业从16.3%增加到22.2%，在交通运输设备业则从17.7%增加到23.2%。对于该比重数据的提升，Hanson et al.（2001）认为这是美国企业纵向对外直接投资重要性大幅度提高的重要证据。

在对纵向动机对外直接投资的研究中，学者们发现企业对外直接投资可能同时兼具多种动机，Blonigen（2005）发现1999年美国跨国公司子公司在东道国的销售占总销售的67%，其余的均为出口，其中10%或更多销回美国，10%左右销售到其他国外市场，而剩下的部分则销售到美国在其他国家的子公司。Ekholm et al.（2007）进一步发现美国跨国公司在各地子公司的销售和出口行为极为不同，在欧洲的子公司很少将产品销回美国，但销往其他第三国的情况时有发生；在亚洲子公司的销售中，出口回美国的比例较高。这些现象均说明跨国公司在进行对外直接投资时，动机较为复杂，且可能存在多种动机共存的现象。为了研究对外直接投资的复杂动机，学者们构建模型进行解释，其中最为典型的是Grossman et al.（2006）的研究。他们的模型考虑了一种中间投入品和一种组装技术，投入和组装均可以在不同的国家进行，包括发达国家和发展中国家，并且最终商品在发达国家和发展中国家均能被消费；企业是异质性的，存在生产率的差异，且中间产品和最终产品的运输成本并不相同。在这种框架下，他们考察了不同生产率企业的对外直接投资动机选择，低生产率的企业将不选择对外直接投资，因为无法支付固定成本；生产率非常高的企业选择在发展中国家同时生产中间投入品并进行组装，从而使对外直接投资具有出口平台的动机；生产率居中的企业则在发展中国家生产中间投入品，但运回母国进行组装，此时对外直接投资为纵向动机。

在研究横向和纵向动机对外直接投资的同时，国外也有学者探讨了企业出于节约内部交易成本动机的对外直接投资，这些学者基于不完全合同理论，运用企业组织产权分析方法研究企业为何进行对外直接投资，其中最为典型的是 Antras（2003）以及 Antras 和 Helpman（2004）。在 Antras（2003）模型中，企业获取中间产品可以通过对外直接投资进行一体化，也可以通过进口从其他企业获得，但不同中间投入品的交易成本存在差异。他指出，对于企业而言，资本密集型中间投入品的重要性大于劳动密集型中间投入品，这使得资本密集型中间投入品的交易成本更高，因而企业的理性选择是将资本密集型中间投入品一体化，而劳动密集型中间投入品则通过进口方式获得。由此可以预期，当中间投入品为资本密集型时，更易出现为节省交易成本而出现的对外直接投资。Antras 和 Helpman（2004）考察了企业生产率异质性的状况，他们假定企业各种行为的固定成本不同，对外直接投资一体化的固定成本高于外包的固定成本；国外运营成本则高于国内运营成本。在这种情况下，生产率最高的企业选择对外直接投资，生产率次高企业选择国外外包，生产率更低的企业选择在国内一体化，生产率最低的企业则选择国内外包。按照这种预测，总部密集度更高的企业（意味着更高的生产率），一体化行为也会更多，包括通过对外直接投资的一体化行为。

为了验证 Antras 和 Helpman（2004）的推断，Yeaple（2006）利用资本密集度和研发密集度衡量企业的总部密集度，他基于美国 2004年企业层面进出口数据，发现总部密集型较高的部门，企业内部进口份额也较高，意味着存在较多的对外直接投资行为；Nunn 和 Trefler（2008）使用更为细致的数据也发现，总部密集度和企业内部进口之间的正相关关系；Kohler 和 Smolka（2009）通过西班牙数据的实证研究发现，从事对外直接投资行为的企业具有最高的生产率，验证了 Antras 和 Helpman（2004）的模型；Defever 和 Toubal（2010）使用法国跨国公司 1999 年的数据也发现，那些从国外从属关系企业进口中间品的跨国公司具有最高的生产率。

二　发展中国家企业对外直接投资动机

在传统对外直接投资理论中，也有部分理论分析了发展中国家的对外直接投资动机，但随着发展中国家的经济兴起，更多发展中国家本土的跨国公司开始崛起，其从事对外直接投资的动机也愈发复杂，这需要更符合当前经济特征的理论对其进行解释。与发达国家不同，发展中国家企业不具备 Dunning（1977）OIL 范式强调的各种优势，对外直接投资行为方式也存在较大差异，因此先前针对发达国家跨国公司的理论能否解释发展中国家企业对外直接投资动机尚不明确（Boisot 和 Meyer，2008）。

由于当前发展中国家对外直接投资现象较多出现在新兴市场国家，尤其是中国，因此大部分文献也是从这些国家出发，研究发展中国家对外直接投资动机。Buckley et al.（2007）以中国为例，指出发展中国家企业对外直接投资需在主流理论框架内考虑一些发展中国家特殊因素，包括资本市场不完全、特殊所有权优势以及制度优势，而企业进行对外直接投资动机之一在于利用这些特殊因素培养的优势以扩大适应性市场，比如中国企业倾向于对政治风险较高的国家进行对外直接投资，这与发达国家存在明显的差别。Boisot 和 Meyer（2008）构建了一个小企业国际化的基本模型框架，在模型中，企业国际化行为由国内地区间和跨国间交易成本的相对大小推动，而企业进行对外直接投资出于规避国内地区间较大交易成本的目的，当国内地区间交易成本较大时，即便发展中国家企业处于发展初期，但为扩大市场规模也将可能进行对外直接投资。他们以中国为例对此进行了分析，指出中国的地方保护主义以及低效率的资源配置增加了国内市场交易成本，而西方有效的产权保护和市场规模对中国企业具有较强的吸引力，因此中国企业进行对外直接投资的动机可能是规避国内市场的各种不规范。

Yamakawa et al.（2008）研究了新兴市场国家企业因何动机对发达国家进行对外直接投资，他们从产业视角、资源视角以及制度视角对此进行了考察。在产业层面，新兴市场国家企业将出于规避市场竞争以及获取技术而对发达国家进行对外直接投资；在资源层面，新兴市场国家企业将因为可以获得更多知识、品牌以及企业合作资源而对发达国家进行对外直接投资；在制度层面，新兴市场国家过于落后的制度环境和过于腐败的行政体系将迫使企业以对发达国家进行对外直接投资的方式进行规避。Athreye 和 Kapur（2009）在研究中国和印度企业国际化行为时发现，两国部分企业的对外直接投资并未减少其国内部分的产出和销售，由此可见这些企业并不是因为横向或纵向动机进行对外直接投资。他们的研究进一步指出，在经济快速增长的背景下，中国和印度企业遇到的最大瓶颈是缺乏先进的技术，因此有些企业通过对发达国家进行对外直接投资的形式设立子公司，目的在于学习发达国家先进的技术及管理经验。由此可以发现，发展中国家企业对外直接投资具有"学习"动机，这种动机不是为获得更大市场或者节约成本，而是为获取技术、品牌和人力资本等无形资产，目的在于将这些无形资产反馈至国内以提高企业的市场竞争力。

Yang et al.（2009）对比分析了中国和日本企业对外直接投资的行为差异，在考察中国改革开放以后企业对外直接投资发展历程和日本二战后企业国际化历程后，他们的研究发现，产业结构会对企业对外直接投资产生重要的影响，而中国企业进行对外直接投资的一个重要动机是由于所处产业的国内竞争过于激烈且不规范，企业通过在国外开辟市场以对产业竞争进行规避。Luo et al.（2010）基于政治经济学框架，以中国为例考察新兴市场国家政府因何动机推动企业对外直接投资的发展，指出这种政府行为是经济迫使的，并在制度上弥补企业国际经济竞争力的不足。他们通过研究中国政府推动企业对外直接投资的历程解释了企业规避制度和政府推动两种看似矛盾动机共存的对外直接投资现象，从政府政策角度强调了对外直接投资动机。

Wang et al.（2012）利用中国大样本微观数据基于制度理论、产业组织理论以及企业资源视角分别从国家、产业以及企业层面研究了企业对外直接投资动机。他们的研究发现，中国对外直接投资动机大多部分基于国家政策支持和产业结构优化动机，而较少出于获取技术和广告资源等无形资产动机。由此说明中国企业对外直接投资主要是由宏观制度及产业环境推动的，企业微观层面的推动因素并不起主要作用。Kolstad 和 Wiig（2012）利用中国企业 2003~2006 年对各国直接投资的数据从东道国特征角度分析企业对外直接投资动机。他们发现，东道国的制度和资源及两者的交互作用是吸引中国对其直接投资的主要因素，东道国较差的制度环境和丰裕的资源更能吸引中国企业的对外直接投资，这说明中国企业对外直接投资具有制度适应和资源获取动机，并且当制度环境更差时，资源对中国企业的吸引力更大，这是因为中国国内较差的制度环境培育了企业的适应能力。Duanmu（2012）利用中国对 32 个国家的对外直接投资区位选择数据研究了国有企业和非国有企业动机及区位选择影响因素。他们发现，相比于非国有企业，国有企业进行区位选择时并不考虑东道国的政治风险因素，而经济风险因素则是国有企业和非国有企业均不看重的因素。此外，国有企业并不倾向于对政府干预较多的国家进行投资，说明制度环境适应能力并不容易复制；他们还发现汇率因素也是影响国有企业和非国有企业进行区位选择的重要因素。

近年来国内也有部分研究开始关注我国企业对外直接投资动机，代中强（2008）利用我国 2003~2006 年省际面板数据检验了各种传统对外直接投资理论在我国的适用性。他的研究表明，发达国家的垄断优势论、Dunning 提出的经济发展和对外直接投资关系理论、动机理论等能解释我国的对外直接投资现象，而发展中国家的小规模技术理论、地方技术化理论等反而无法解释我国企业的对外直接投资行为。阎大颖等（2009）结合 Dunning 折中理论和我国制度环境特征，构建出分析我国企业对外直接投资动机的理论框架，以此为基础利用 2006~2007 年我国企业层面微观数据检验制度因素对我国企业对外直接投资动机的影响。他们的实证研究发现，政府支持、关系资源以及企业融资能力是影响我国企业对外直接投资动机特征的重要因素，其中政府支持对技术获取动机对外直接投资的影响尤为重要；海外关系则更能影响横向市场开拓型对外直接投资；融资能力则均会对各类动机产生普遍的影响。吴晓波等（2010）以四家重庆摩托车企业的八次对外直接投资经历为案例，研究了企业对外直接投资动机的影响因素。他们的案例研究表明，我国摩托车行业的对外直接投资行为主要是出于横向市场获取动机，其中企业能力和竞争强度是影响企业对外直接投资行为的重要因素。如果企业不具备技术和市场能力优势，当竞争者增多和价格竞争增强时，容易产生防御型市场寻求动机的对外投资行为；如果企业具备技术和市场能力优势，同时当竞争者增多和价格竞争增强时，则容易产生进攻型市场寻求动机的对外投资行为。

张建刚（2011）利用我国 2003～2009 年省际面板数据研究我国对外直接投资的区域均衡和区域动机差异。研究表明我国对外直接投资存在较大的区域发展不均衡，其主要表现在东部地区内部存在较明显的差异；但这种区域差异在长期来看呈现收敛的趋同态势。各个地区的经济发展水平则会对企业对外直接投资动机产生重要的影响，东部地区由于经济较为发达，企业主要基于自然资源寻求、效率寻求和战略资产寻求动机而进行对外直接投资；中部地区企业则主要出于市场寻求和自然资源寻求动机进行对外直接投资；西部地区对外直接投资则仅有市场寻求动机驱动。陈岩等（2012）在整合制度理论和资源理论的基础上，利用我国 2003～2009 年省际面板数据通过实证研究分析我国企业在对外直接投资过程中如何利用母国制度优势克服竞争性资源占有的劣势及其动机的影响。他们发现，政府配置能力的不同对企业对外直接投资行为及动机确实能产生重要的调节作用，从区域差异的角度看，这种调节作用在经济发达的东部地区并不明显，而在经济落后的中西部地区则尤为突出。

三　发达国家和发展中国家企业对外直接投资动机比较

从文献研究中可以发现，理论研究和国别实证研究均发现发达国家和发展中国家企业对外直接投资行为及其动机存在较大的区别，主要可以归纳为以下几点。

第一，发达国家企业对外直接投资动机较为集中，发展中国家对外直接投资动机则较为多样。发达国家企业的对外直接投资行为基本上可以由新古典经济学范式进行解释，其动机大多是横向类型与纵向类型以及两种动机类型的结合，大量的实证研究也对此进行了验证。发展中国家企业进行对外直接投资的行为则较为复杂，各国特定因素决定其动机的多样化，除了基本的横向和纵向动机外，发展中国家企业还因技术引进、制度规避、产业竞争等多种动机进行对外直接投资。产生这种现象的主要原因是发达国家跨国公司较为成熟，已形成统一的行为范式，而发展中国家跨国公司则处于成长期，因所处母国不同，发展历程具有多种类型。

第二，发达国家企业对外直接投资动机较多受东道国因素影响，而发展中国家企业对外直接投资动机则较多受母国因素影响。发达国家企业进行对外直接投资往往受东道国市场规模以及生产成本等因素的吸引，企业也基于利用这些因素的动机进行对外直接投资，这体现在横向动机和纵向动机的实证研究文献中，大多数研究从东道国因素出发考察发达国家企业对外直接投资动机。发展中国家对外直接投资的行为方式则大为不同，主要是母国国内因素推动其进军海外市场，大量的研究发现，发展中国家对外直接投资出于规避国内无序竞争、规避腐败的制度等动机而进行对外直接投资，这也导致研究发展中国家企业对外直接投资动机大多从国内因素着手进行分析。

第三，发达国家企业对外直接投资动机基本上由市场因素推动，而发展中国家企业对外直接投资动机受政府政策影响较大。发达国家政府对市场干预较少，企业行为也基本上受市场因素支配，其进行对外直接投资也是基于市场利润最大化动机，政府较难影响企业对外直接投资行为。发展中国家则由于市场发展不完善，政府的市场管制措施较多，企业进行对外直接投资也往往在较大程度上受政府支配，因此其动机充分体现了政府因素，比如研究表明，我国部分国有企业因政策动机而进行对外直接投资。产生这种现象的原因是由于发达国家和发展中国家市场完善程度存在较大差异，发展中国家市场经济发展时间较短，各种不规范因素的存在使得政府的角色占据较重要的地位，在对外直接投资领域亦是如此。

第三节　对外直接投资与经济发展

一　对外直接投资对出口贸易的影响

有关对外直接投资与出口贸易之间关系的争论早在二战后的经典文献中便已存在，新古典经济学家们在理论上对此进行了研究，得出了不同的结论。Mudell（1957）在标准 $2 \times 2 \times 2$ 的 H - O 模型中假定了要素的自由流动，研究表明一国对其他国家的对外直接投资将缩小本国的生产可能性曲线，而扩大其他国家的生产可能性曲线，这将导致本国生产规模的缩小以及出口贸易的减少，意味着对外直接投资和出口贸易之间存在完全的替代型。Kojima（1978）构架的边际产业转移理论则得出不同的结论，他认为对外直接投资行为是将一国即将丧失比较优势的边际产业转移至国外，这些产业释放出的资源能扩大其他正处于比较优势产业的生产可能性曲线，其他正处于比较优势的产业将顺势增加产量以及出口规模，因此对外直接投资和出口贸易之间存在互补关系。Markusen 和 Svensson（1985）也通过新古典国际贸易理论模型框架进行了研究，他们发现对外直接投资与出口贸易之间的关系取决于贸易部门和非贸易部门生产要素之间的替代互补关系。如果贸易部门和非贸易部门生产要素之间存在替代关系，那么对外直接投资将不利于出口贸易；相反，如果贸易部门和非贸易部门生产要素之间存在互补关系，那么对外直接投资将能促进出口贸易的发展。横向和纵向对外直接投资的分类也被认为会对出口贸易产生不同的影响（Markusen，2002），由于横向对外直接投资是基于规避贸易壁垒等行为将生产转移至国外，这显然会减少出口贸易；而纵向对外直接投资基于节省成本的动机进行生产转移，最终将使母国生产成本降低，能实现促进出口的效果。

理论研究并没有得出确切的结论也引发了学术界从实证角度检验对外直接投资和出口贸易之间的关系。Lim 和 Moon（2001）利用韩国企业层面数据检验对外直接投资和出口贸易之间的关系，他们的实证研究发现，当韩国企业对不发达国家进行直接投资时，对外直接投资和出口贸易之间存在正向的互补关系，而如果对外直接投资行业是新兴产业或者是在母国处于衰退阶段的产业时，这种正向的互补关系更为明显。Blonigen（2001）利用生产层面微观数据发现对外直接投资对出口贸易的影响均存替代或互补的可能性。他用日本机电产业零部件对美国市场的对外直接投资和出口贸易数据发现两者之间同时存在替代和互补关系；而当他使用日本最终产品对美国市场的对外直接投资和出口贸易数据进行实证研究时发现两者之间存在确切的替代关系。Kokko（2006）全面综述了之前研究发达国家对外直接投资和出口贸易关系的文献，从文献角度研究并没有得出唯一的结论，对外直接投资是否有利于出口贸易不仅取决于对外直接投资的横向和纵向属性，还取决于贸易和非贸易要素之间的相互关系，验证了新古典经济学的分析。针对发达国家的研究也存在一类文献关注对外投资与出口贸易的因果关系，Fontagne（1999）和 Kosekahyaoglu（2006）是其中的典型，他们的研究发现，一方面，对外投资会通过与母国企业之间的贸易联系促进母国出口的发展；另一方面，出口贸易也能有效推动对外投资，这是因为出口是企业国际化进程的第一阶段行为。

近年来的文献则开始关心发展中国家对外直接投资如何影响出口贸易，尤其是对新兴经济体的关心。Pradhan（2007）检验了印度企业对外直接投资对出口贸易产生的影响，他利用印度 1990～2001 年企业层面数据对比了对外直接投资企业和非对外直接投资企业的出口贸易数据，并进行实证研究，发现印度对外直接投资对出口贸易有较为明显的促进效应。据此，Pradhan（2007）认为印度企业对外直接投资多是从事销售平台等途径推动国内产品的对外出口。Chow

（2012）检验了中国台湾省 20 世纪 80 年代以后对外直接投资对出口贸易的影响，他在一个经修改的引力模型框架内利用时间序列和跨部门数据研究台湾省对各国及各区域的对外直接投资，发现总体而言对外直接投资显著促进了台湾省的出口贸易，并且这种出口贸易在针对中国大陆的对外直接投资中尤为明显。

自从中国加入 WTO 以后，对外直接投资和出口贸易均取得了快速的增长，这也激发了较多学者对两者关系的研究。李荣林（2002）较早综述了国外对外直接投资和出口贸易关系的研究文献，分别阐明了两者之间的替代和互补关系，为后续的研究提供了参考素材。近年来国内研究的进展则主要集中在实证研究方面，王英和刘思峰（2007）利用我国 1990～2005 年时间序列数据进行实证研究，发现我国的对外直接投资不仅能促进出口贸易，还能优化我国的出口贸易结构。并发现对出口贸易促进效应的传导途径是企业自我适应，而出口贸易结构优化效应的传导途径则是自身经济发展。张应武（2007）利用我国 2000～2004 年对各国的对外直接投资和出口贸易数据，通过构建引力模型进行实证研究，发现总体上我国对外直接投资和出口贸易之间存在正向促进的互补效应，并且对外直接投资并不会影响我国的进口贸易。项本武（2009）利用我国 2000～2006 年对 50 个国家的面板数据，通过面板协整模型研究了对外直接投资对出口贸易的短期和长期影响。他的研究发现，在长期内，我国对外直接投资对进出口贸易均有较大的拉动效应；在短期内，对外直接投资对出口贸易的抑制效应则并不显著。

杨震宁和贾怀勤（2010）利用我国时间序列数据进行实证研究发现，在长期内，我国对外直接投资对出口贸易存在创造效应，并且两者之间存在相互促进的互补性因果关系。此外，他们的研究发现对外直接投资不仅能促进出口贸易规模的增长，还能优化出口商品结构。李晓峰（2009）利用我国 2003～2008 年 29 个省市地区的面板数据也发现对外直接投资和出口贸易之间存在相互促进的因果关系，并发现就对外直接投资对出口贸易的影响而言，存在较为明显的区域差异。

东部地区对外直接投资对出口贸易的促进效应最大，中部地区次之，西部地区影响最弱。綦建红和陈晓丽（2011）利用2003～2009年我国对92个国家对外直接投资和出口贸易面板数据，发现总体上我国对外直接投资促进了出口贸易的发展，但从分类国家看，我国对发展中国家的对外直接投资能促进出口贸易，对发达国家的对外直接投资则会减少出口贸易。此外，他们通过门槛面板数据发现对外直接投资对出口贸易的影响存在门槛效应，只有当对外直接投资规模超过一定的门槛值以后，这种促进效应才能显现，且随着对外直接投资规模的扩大而越发显著。胡昭玲和宋平（2012）利用1993～2009年我国对105个国家的对外直接投资数据构建面板数据VAR模型和格兰杰因果检验研究两者之间的关系，他们发现我国对外直接投资和出口贸易之间存在相互促进的良性因果关系；但由于我国目前对外直接投资规模不大，这种良性循环非常有限。

二　对外直接投资对技术创新的影响

自新增长理论创立以来，学术界便开始关注技术创新的决定因素，Grossman和Helpman（1991）更是在全球经济的框架下对此进行了研究，引发了学者们研究对外直接投资技术创新效应的兴趣；同时Coe和Helpman（1995）关于跨国技术溢出的研究也激发了一批对外直接投资逆向技术溢出的研究文献。Fosfuri和Motta（1999）发现企业进行对外直接投资并不需要特殊优势，无特殊优势的企业反而可以通过对外直接投资获得技术等优势资源。他们通过构建决策博弈模型表明，技术落后国的企业向技术领先国的对外投资能提高本国的技术水平，因此低水平的企业更倾向于进行对外直接投资，以获取先进的技术。Lichtenberg和Porterie（2001）将对外直接投资因素纳入技术溢出框架内，利用跨国面板数据进行实证研究，发现一国只有对研发资源密集的国家进行对外直接投资时才能促进本国的技术创新，而研发资源密集国家自身的对外直接投资并不影响本国的技术创新。他们的实证研究还发现，相比于小国，针对大国的对外直接投资能使投资国获得更大的技术创新收益。

Head（2002）利用日本 1070 家企业的数据研究了对外直接投资对国内技术创新的影响，发现针对高收入国家和低收入国家的对外直接投资具有不同的技术创新效应。日本针对低收入国家的对外直接投资会通过提升国内技能密集度而促进技术创新，而针对高收入国家的对外直接投资反而会通过降低国内技能密集度而不利于技术创新。Driffield 和 Love（2003）强调对外直接投资的驱动力是为了获取国外的先进技术，并且这种动机能否成功取决于东道国的技术是否具有从国内传到国外的正外部性。他们利用英国制造业面板数据进行实证研究，发现对外直接投资确实存在这种技术的逆向溢出效应，但这种效应仅存在于研发密集的部门，并且受到产业在空间区域集聚的影响。不同的是，Lee（2006）利用 1981～2000 年 OECD（经济合作与发展组织）跨国面板数据研究跨国技术溢出的有效传导途径，发现内向外商直接投资和出口贸易能有效地促进技术溢出和转移，但是对外直接投资却并未对跨国技术溢出与传递产生影响。类似地，Bitzer 和 Kerekes（2008）利用 17 个 OECD 国家的行业层面数据检验对外直接投资是否能促进技术扩散，发现对外直接投资接收国能获得较多的技术溢出收益，而对外直接投资来源国的技术创新却并没受到正向影响。Pradhan 和 Singh（2009）利用印度机电产业 1998～2008 年企业层面面板数据进行实证研究，发现对外直接投资能有效地促进该行业的国内技术密集度和技术创新水平。

近年来，国内也有较多文献关注我国对外直接投资对国内创新的影响。刘明霞（2010）利用我国 2003～2007 年省际面板数据研究了对外直接投资的逆向技术溢出效应，发现我国对外直接投资存在积极的逆向技术溢出效应，而这种溢出效应受技术差距的影响。与国外技术差异较小的地区相比，这种正向技术溢出效应较大，而技术差距在一定的极限值内时，技术溢出效应也随技术差距的增加而增大。不同的是，刘伟全（2010）利用我国 1987～2008 年国内研发费用支出和专利授权数量度量技术创新，通过协整检验方法，发现我国对外直接投资并未对国内技术创新产生显著影响，反而进出口贸易能获得更大的正向技术创新溢出效应。朱彤与崔昊（2011）构建了研究对外直接投资母国技术创新效应的数理模型，他们的模型使用母国研发支出存量代替吸收能力，因此赋予母国研发支出更多重的身份，包含直接促进效应、替代作用以及吸收作用等三重身份。进一步地，他们使用OECD国家数据进行实证研究，发现对外直接投资通过研发溢出促进国内技术创新，并发现国内研发存量和国外技术溢出之间以替代作用为主，并且这种替代作用随着国内研发存量的增加而增加。仇怡和吴建军（2012）以我国对外直接投资比较集中的 9 个发达国家为样本，通过 2003～2010 年的面板数据实证研究，发现我国对这些国家的对外直接投资获得的国外研发资本能带来正向的技术溢出效应，但由于我国对外直接投资规模尚小，这种溢出效应也相对较低。他们后续的合作研究（吴建军和仇怡，2013）以相同的数据样本从技术创新活动的投入产出视角，研究了我国对外直接投资对国内技术创新的影响，同样得出类似的正向影响结论，并发现对外直接投资对国内创新产出的影响大于对创新投入的影响。

国内也有部门研究考察了我国对外直接投资影响国内技术创新的地区差异和行业差异。欧阳艳艳和喻美辞（2011）利用我国各行业数据对行业生产率、技术效率以及技术进步指数进行了度量，并用灰色关联分析研究对外直接投资对这些指标的影响。他们的研究发现我国对外直接投资的逆向技术溢出和行业平均技术进步呈现中度关联性，与第二产业的关联度较强，与第三产业的关联度内部差异较大。进一步地，他们还发现对外直接投资与技术含量不高的行业有较高的技术进步关联度，而与技术含量较高的行业之间的技术进步关联度不高。沙文兵（2012）利用我国省际面板数据发现对外直接投资对我国技术创新能力产生正面的促进效应，但这种促进效应存在较大的地区差异，东部地区对外直接投资对国内技术创新的促进效应最大，中部地区次之，而西部地区的对外直接投资并不影响国内技术创新。欧阳艳艳和郑慧欣（2013）也研究了我国对外直接投资影响国内技术创新的地区差异，他们利用省际面板数据得出了与沙文兵（2012）类似的结论，即对外直接投资的逆向技术溢出效应在东部地区强于中西部地区。

国内也有文献考察了吸收能力差异如何影响对外直接投资的国内技术创新效应。李梅和金照林（2011）利用我国 2003～2008 年省际面板数据，发现总体而言对外直接投资对国内技术创新并未产生显著影响，但东部地区由于人力资本存量较高产生了较强的吸收能力，使该地区的对外直接投资能有效促进国内技术创新，中西部地区则因为人力资本存量较少而无法起作用。陈岩（2011）分别以技术差距、人力资本、金融发展等变量衡量吸收能力，利用 2003～2008 年省际面板数据，发现我国对外直接投资是否能促进逆向技术创新溢出效应取决于所在地区的各吸收能力状况。朱彤与崔昊（2012）考察了我国对外直接投资通过逆向研发资金溢出和人力资本溢出传导对技术水平的影响，发现对外直接投资对逆向研发资金溢出和人力资本溢出没有直接影响，但两者存在互为吸收能力变量的关系。对于逆向研发资金溢出效应，国内人力资本是其吸收能力变量，只有当人力资本达到特定门槛值时，对外直接投资才存在正向的逆向研发资金溢出效应；类似地，对于人力资本溢出效应，国内研发资金是其吸收能力变量，只有国内研发资金达到一定规模时，对外直接投资对人力资本形成才存在正向溢出效应。李梅和柳士昌（2012）的研究则利用面板数据门槛效应模型进行实证研究，利用多种变量度量吸收能力发现对外直接投资促进国内技术创新确实存在门槛效应，东部地区由于具有较强的吸收能力而使对外直接投资能产生正向的技术创新溢出效应。

三 对外直接投资对生产率提升的影响

除技术创新外，国外也有较多文献关注对外直接投资对国内生产率提升的影响，研究表明两者之间存在多样化的关系，实证研究结果因国别样本不同而存在较大的差异。Pottelsberghe 和 Lichtenberg（2001）利用 1971～1990 年 13 个发达国家的面板数据进行实证研究，发现东道国研发资本存量和母国全要素生产率之间存在长期的正向关系，该结果意味着技术寻求型动机的对外直接投资能通过获取东道国研发资源而提高国内生产率水平。相反，Braconier et al.（2001）同时研究了技术寻求和不具备该动机对外直接投资对国内生产率的影响，利用1978～1994年瑞典企业和产业层面的数据进行实证研究，发现瑞典对外直接投资和国内生产率之间并不存在相关性。Navaretti和Castellani（2004）利用意大利1973～1991年企业层面数据进行实证研究，发现跨国公司的全要素生产率增长要快于非跨国公司，由于跨国公司多从事对外直接投资，因此该结果意味着对外直接投资能促进国内生产率的提升。然而，Kleinert和Toubal（2007）利用德国1997～2003年企业层面数据采用类似的方法进行实证研究却发现，跨国公司的对外直接投资行为并未促进国内生产率的提升。

Hijzen et al.（2005）利用法国1984～2002年企业层面数据通过实证研究发现，针对发达国家的对外直接投资能显著提高法国国内生产率，而针对发展中国家的对外直接投资却没有出现国内生产率提升效应。由于法国针对发达国家的对外直接投资多为横向类型，而针对发展中国家的对外直接投资多为纵向类型，因此实证研究的结论意味着横向对外直接投资能促进国内生产率提升，而纵向对外直接投资则不存在这种效应。Bitzer和Gorg（2009）利用1973～2001年17个OECD国家的产业层面数据进行实证研究，发现在总体上对外直接投资对国内生产率提升有负面影响，但存在较大的国别差异。韩国的对外直接投资对国内生产率提升的不利影响最大，而在法国、日本、瑞典等7个国家，对外直接投资则能促进国内生产率的提升。Driffield et al.（2009）利用英国1978～1994年产业层面数据进行实证研究，他们区分了针对高成本、高研发密集度国家以及低成本、低研发密集度国家的对外直接投资，结果发现针对这两种不同类型东道国的对外直接投资均能提升英国国内企业生产率，意味着技术寻求型和效率寻求型对外直接投资都有利于国内生产率的提升。

发展中国家对外直接投资影响国内生产率的方式与发达国家存在

较大的区别。Vahter 和 Masso（2007）利用爱沙尼亚 1995～2002 年企业层面数据检验了对外直接投资对母公司及国内同行业其他企业生产率的影响，他们发现对外直接投资显著提升了母公司国内部分的生产率，但却没有提升国内同行业其他企业的生产率，这意味着对外直接投资的生产率提升效应不存在外溢性。由于爱沙尼亚绝大部分对外直接投资是基于横向动机，因此这也意味着在发展中国家，横向动机对外直接投资可能有利于国内生产率的提升。Driffield 和 Chiang（2009）研究了中国台湾省对中国大陆的对外直接投资和台湾省内生产率之间的关系，他们利用台湾省 1995～2005 年产业数据，发现两者之间存在正向关系。由于台湾省的劳动成本明显高于中国大陆，这意味着纵向对外直接投资也能提升母公司的生产率。Herzer（2011）利用 1980～2005 年 33 个发展中国家的跨国面板数据，利用面板协整关系研究了发展中国家对外直接投资和国内生产率之间的关系，他的研究发现两者之间存在相互促进的正相关关系，并且对外直接投资对国内生产率的促进效应在发展中国家内部也存在明显的国别差异，而这种国别差异主要受各国劳动市场制度的影响。

国内有关对外直接投资与生产率关系的研究直到近年来才开始逐步出现，赵伟等（2006）较早在研究对外直接投资影响技术进步时估算了其对全要素生产率的影响，发现正向效应较强，且这种效应来自于东道国的 R&D 溢出。邹明（2008）利用我国 1987～2006 年的时间序列数据构建柯布－道格拉斯函数进行实证研究，发现我国对外直接投资对全要素生产率提升有正向的促进作用，但强度并不大。邹玉娟和陈漓高（2008）利用我国 1985～2006 年的数据构建 VAR 模型，通过度量全要素生产率发现我国对外直接投资能促进全要素生产率的提升，但由于我国对外直接投资规模较小，这种提升效应并不十分明显。白洁（2009）利用我国对 14 个国家的对外直接投资数据研究其对国内全生产率提升的影响，通过国际研发溢出回归方法发现对外直接投资尽管能对全要素生产率提升产生积极影响，但在统计上并不显著，并认为这是由于对投资规模的低估、技术寻求型对外直接投资比重较小、产业技术密集度较低的原因造成的。

霍杰（2011）利用我国 25 个省份的面板数据通过构建变系数模型进行实证研究，发现对外直接投资对全要素生产率提升的影响存在较大的省际差异，有 17 个省份的对外直接投资能促进生产率的提升，有 8 个省份的对外直接投资则会阻碍生产率的提升，并且认为这种省际差异是由各省份的对外开放度差异造成。刘淑琳和黄静波（2011）利用我国 2002～2007 年 752 家上市公司的面板数据进行实证研究，发现从事对外直接投资的企业在全要素生产率上的分布明显优于出口企业和仅在国内生产销售的企业，进一步探讨对外直接投资和生产率的关系，他们的研究结果表明，并不是企业在从事对外直接投资时存在自我选择效应，而是对外直接投资行为促进了企业生产率的提升。陈恩等（2012）利用我国 2003～2009 年省际面板数据，通过构建动态面板模型检验对外直接投资和地区企业生产率之间的相互关系，面板数据 Granger 检验结果显著，两者之间存在相互促进的正向因果关系。刘宏和张蕾（2012）利用我国 1987～2009 年的数据构建 VAR 模型检验对外直接投资对全要素生产率的影响，发现对外直接投资每增加 1 个单位，全要素生产率增加 2.07 个单位，表明对外直接投资对全要素生产率有较大的促进作用。

第四节　对外直接投资与国内就业

一　发达国家企业对外直接投资对国内就业的影响

随着全球一体化进程的持续推进，发达国家对外直接投资规模不断扩大也激发了大量学者关注对外直接投资对国内就业的影响。按照新古典经济学的逻辑，发达国家企业基于追求利差的动机进行对外直接投资，这种行为将减少国内产出，Eckel（2003）将效率工资因素纳入新古典国际贸易模型中，发现对外直接投资和资本外流将会减少国内就业。Hijzen et al.（2005）利用英国 1982～1996 年的数据通过估计要素需求验证了新古典经济学的推断，发现英国对外直接投资不利于国内低技能劳动的就业。

不同的是，大多数针对发达国家样本的实证研究得出了更为复杂多样的结论。Slaughter（1995）利用美国 1977～1989 年 32 个行业跨国公司的数据，研究了东道国工资变动对母国国内劳动需求的影响。他的研究区分了短期和长期效应，在短期内，母公司的资本不变，因此只能调整劳动就业量；在长期内则资本和劳动都可以调整。他们的最终研究结果表明，跨国公司对外直接投资在短期内会减少母国国内就业，但在长期能却能增加国内就业。与 Slaughter（1995）类似，Bruno 和 Falzoni（2003）也利用美国 1982～1994 年 32 个行业跨国公司数据，研究了对外直接投资对国内就业的短期和长期影响，不同的是他们考虑了调整成本的影响。他们的实证研究表明，调整成本确实影响跨国公司在母国和东道国之间的就业关系，并且这种影响存在区域差异。他们进一步发现美国针对拉美的对外直接投资在短期内减少了国内就业，但在长期内会增加国内就业，反映出调整成本的重要性；但美国针对欧洲的对外直接投资在短期和长期内均不利于国内就业，意味着调整成本不起作用。

Brainard 和 Riker（2001）利用美国 1983～1992 年 1500 多家跨国公司数据研究了美国对不同地区对外直接投资对国内就业产生的不同影响。他们分别以地理位置和收入水平对地区进行划分，发现对美国东半球国家的对外直接投资不利于国内就业，对西半球国家的对外直接投资则不会对国内就业产生影响。此外，对东半球高收入国家的对外直接投资产生的国内就业不利影响最为显著，对西半球低收入国家对外直接投资产生的国内就业不利影响次之。欧洲跨国企业对不同地区的对外直接投资对国内就业也产生了不同的影响，Braconier 和 Ekholm（2000）发现，欧洲企业对外直接投资的国内就业不利影响仅发生在高收入水平东道国，而对低收入水平国家的对外直接投资并不影响国内就业。Konings 和 Murploy（2006）以 1993～1998 年欧洲 1067 家跨国公司为实证样本，发现这些跨国公司对北欧东道国的对外直接投资减少了国内就业，而对南欧东道国的对外直接投资则不影响国内就业。由于北欧国家平均经济水平高于南欧国家，事实上他们的研究也进一步支持了 Braconier 和 Ekholm（2000）的结论。

在总体就业影响上，Mankiw 和 Swagel（2006）归纳了 2004 年以前的研究文献，从这些文献中可以发现大部分的研究表明对外直接投资并不像新古典经济学所言，会减少国内就业，反而显示美国跨国公司的对外直接投资在总体上能促进美国国内的就业。Harrison 和 Mc-millan（2006）关注不同类型企业对外直接投资对国内就业的影响，他们将其分为横向动机和纵向动机两类。他们利用美国 1982～1999 年 2000 多家跨国公司的数据进行实证研究，发现在横向动机类型中，无论是对高收入国家还是低收入国家的对外直接投资均减少了美国国内的就业；在纵向动机类型中，对高收入国家的对外直接投资不影响国内就业，对低收入国家的对外直接投资却能增加国内就业。因此，他们的研究表明，横向对外直接投资对国内就业有替代型，而纵向对外直接投资则对国内就业存在互补性。

在针对欧洲的研究中，随着南欧和前社会主义国家加入欧盟组织，早些年经济学家担心西欧对这些国家的对外直接投资会减少国内就业。Becker et al.（2005）利用德国 2000 年 463 家跨部门企业面板数据发现针对欧盟新成员国的对外直接投资减少了德国国内就业；Becker 和 Muendler（2006）利用德国 1998～2001 年 1640 家企业面板数据得出了类似的结论，发现德国对东欧国家的对外直接投资减少了国内就业。不同的是，经济学家发现，总体而言，欧洲国家对低收入发展中国家的对外直接投资却能增加国内就业。Navaretti et al.（2006）分别检验了意大利和法国跨国公司对外直接投资对国内就业的影响，发现两国对发展中国家和低收入国家的对外直接投资并未对国内就业产生不利影响，相反意大利企业的对外直接投资在长期增加了国内产出价值和就业水平；而法国企业对外直接投资则通过扩大国内产出规模而增加国内就业。Federico 和 Minerva（2008）利用意大利 1996～2001 年 12 个制造业产业部门的面板数据，通过实证研究发现在控制了地区产业结构和区域固定效应后，意大利企业对外直接投资在国家产业平均水平上促进了国内就业的增长。此外，他们的研究还发现大规模的对外直接投资并不会减少国内小企业的就业水平。Temouri 和 Driffield（2009）利用德国 1997~2008 年企业层面面板数据研究对外直接投资对国内就业的影响，他们区分了对外投资类型和东道国区位，但总体上发现，无论是制造业还是服务业的对外直接投资均没有减少德国的国内就业水平。此外，他们的研究也发现除不影响国内就业外，德国的对外直接投资也没有减少国内劳动的工资收入水平。

由于不同技能劳动的就业弹性存在差异，劳动需求的变化对不同技能劳动产生的就业也将不同，在这种情况下，也有较多文献分析了发达国家对外直接投资对不同技能劳动就业的影响。Hanson et al.（2003）利用美国 1989~1994 年微观企业层面的面板数据进行实证研究，发现美国企业对外直接投资减少了低技能劳动的就业，而增加了高技能劳动的就业。但当他们使用 1994~1999 年的数据再次进行检验时，却没有得出类似的结论，而是出现对外直接投资对高技能和低技能劳动就业均不产生影响的结果。此外，他们还研究发现对外直接投资并不影响美国 R&D 从业人员的就业水平，这意味着高技能劳动就业和对外直接投资之间的关系并不敏感。Elia et al.（2009）利用意大利 1996~2002 年企业层面面板数据构造"产业区域"进行实证研究，"产业区域"指的是同一产业集聚的地区。他们的研究发现，意大利企业的对外直接投资减少了国内"产业区域"内的低技能劳动需求及就业；而当东道国为高收入国家时，对外直接投资也会减少国内"产业区域"的高技能劳动需求及就业。Bandick 和 Karpaty（2011）分析了 20 世纪 90 年代瑞典企业对外直接投资对国内就业的影响，发现对外直接投资同时增加了瑞典国内的高技能劳动和低技能劳动就业，但高技能劳动就业的增长幅度更高。进一步地，他们的研究还发现这种影响在瑞典本土企业比在瑞典的跨国企业影响更深，高技能劳动就业的增长也在瑞典本土企业更为明显。Simpson（2012）利用英国企业层面面板数据以劳动力在企业内外的转移为视角研究了对外直接投资对国内就业的影响。他的研究以中国加入 WTO 作为工具变量衡量英国对低收入水平国家的对外直接投资，实证研究结果表明，对低收入国家的对外直接投资减少了英国国内低技能劳动的就业，但增加了高技能劳动的就业机会。

二 发展中国家企业对外直接投资对国内就业的影响

发展中国家企业对外直接投资现象晚于发达国家，因此该问题的研究出现也较晚且数量较少，但是近年来发展中国家对外直接投资规模的快速增长也激发了部分学者对其的关注，大多从国别层面进行研究。在总体样本方面，Lin 和 Wang（2008）利用 2000～2004 年国际货币基金组织 19 个工业国以及 33 个发展中国家的数据进行实证研究。在控制了各种因素后，他们利用总体样本以及发展中国家和发达国家分样本进行实证研究，总体样本和发展中国家样本均显示对外直接投资能促进国内就业，而发达国家样本则发现对外直接投资并不影响国内就业。

在国别研究方面，Masso et al.（2007）以爱沙尼亚为例研究了低劳动成本转型国家对外直接投资对国内就业的影响。他们利用爱沙尼亚 1995～2002 年企业层面面板数据进行实证研究，发现在总体上对外直接投资对爱沙尼亚国内就业增长有正向的影响，这种影响随着爱沙尼亚国内宏观经济的改善在 1999 年以后更为显著。在区分不同类型企业时，他们的研究发现，相比于国外跨国公司在爱沙尼亚的子公司，爱沙尼亚本土企业的对外直接投资更能促进国内就业，这是由于本土企业投资规模较小且弹性较大，而国外子公司可能会进行生产转移；分行业研究则显示，服务业企业对外直接投资对国内就业的促进效应大于制造业企业。韩国对外直接投资规模的快速增长也引起了学术界的关注，Debaere et al.（2010）以韩国 1968～1995 年对 93 个国家的企业层面对外直接投资分国别研究了对外直接投资的国内就业影响。在控制了各种变量后，他们利用匹配技术进行实证研究，发现韩国企业对低收入国家的对外直接投资减少了国内就业，这种不利影响在短期内尤为突出；另外，韩国企业对发达国家的对外直接投资则被发现并不影响国内就业的增长。

　　Chen 和 Ku（2003）利用中国台湾省制造业数据检验了对外直接投资对台湾省内就业的影响，他们认为，一方面，对外直接投资利用国外劳动替代省内生产，不利于就业；另一方面，对外直接投资通过扩大省内产出而增加省内的劳动需求。他们进一步通过实证研究分析了两种相反途径的净效应，发现总体而言，对外直接投资对台湾省内就业有正向影响；从就业类别角度看，对外直接投资对台湾省内高技术工人的就业受益最大，管理人员就业受益次之，蓝领工作人员就业受益最少，甚至可能有不利影响。Chen（2011）也利用台湾省行业数据分析对外直接投资对台湾省内就业的影响，不同的是，他的研究考虑了台湾省存在的工资刚性情况。通过构造理论框架，并设计可计算一般均衡模型，他的实证研究发现，在存在工资刚性的情况下，台湾省的企业对外直接投资在一定程度上减少了省内的就业水平及劳动收入。Chen（2011）的研究结果意味着对外直接投资可能不利于存在内部经济扭曲的发展中国家或地区。

　　在国内，近年来快速增长的对外直接投资也让部分学者开始思考其对国内就业的影响，大部分研究从宏观层面对此进行实证检验。寻舸（2002）较早提出利用企业对外投资开辟国内就业新途径的研究思路，在归纳对外直接投资就业效应的基础上，认为政府通过协调政策可以促使我国的对外直接投资达成有利于国内就业的效果。在实证研究方面，罗良文（2007）基于理论传导机制构建时间序列实证研究方程，发现对外直接投资能增加我国国内总就业；从产业角度，对外直接投资则能增加我国第二和第三产业的就业水平，但不影响第一产业的就业。他认为这种促进效应的产生一方面是由于我国对外直接投资的出口贸易互补性较强，另一方面是由于我国对外直接投资的动机并不是为了节约劳动成本。罗丽英和黄娜（2008）利用我国 1985～2006 年的时间序列数据通过单位根检验和格兰杰因果关系检验得出类似的结论。他们发现对外直接投资能增加我国国内总就业，且增加第二和第三产业的就业，但会减少第一产业的就业，因此在就业上优化了我国的产业结构。柴林如（2008）基于生产函数构建时间序列模型回归也得出了类似的结论，即对外直接投资明显促进了我国第二和第三产业的国内就业，但对第一产业就业的影响较为微弱，其中对第三产业就业的影响弹性最大。于超和葛和平（2011）基于我国 2003～2009年 25 个省市的面板数据利用柯布－道格拉斯生产函数和变截距模型相结合方法，研究发现我国对外直接投资能促进国内就业，但存在地区差异，东部地区对外直接投资对国内就业的正向影响效应较大，而中西部地区的影响效应则较弱。

在就业结构方面，黄晓玲和刘会政（2007）利用时间序列回归和格兰杰因果检验了我国对外直接投资对总体就业和各产业就业的影响外，还检验了对外直接投资对高科技产业就业的影响。他们发现我国对外直接投资也增加了高科技产业的就业量，由于高科技就业人员大部分为高技能劳动人员，因此他们认为对外直接投资优化了我国的就业技能结构。刘辉群和王洋（2011）则从投资主体和行业角度分析了我国对外直接投资对国内就业结构的影响，通过时间序列模型发现，在主体上我国对外直接投资对国有企业和股份制企业的国内就业有较小的不利影响，对外资企业的国内就业部分有较大的促进效应；在产业上对外直接投资对我国商业服务业的就业有较大的促进效应，制造业和采矿业的促进效应次之。在地区就业结构方面，姜亚鹏和王飞（2012）进行了实证检验，他们的研究发现，长期内我国的对外直接投资与国内就业之间存在正相关关系，但近 8 年的影响则呈现地区差异。他们发现我国对外直接投资对"一线城市"和沿边省份的国内就业存在较小的不利影响，而对其他地区的就业则存在有利的促进效应。

第三章　中国企业对外直接投资概况及国内决定因素

我国企业对外直接投资在近几年取得了快速的发展，正是这种投资规模的快速增加使其将对国内经济产生深刻影响，因此需要探明我国企业对外直接投资的特征及国内推动政策。第一节和第二节属于定性统计研究，第一节介绍改革开放以来我国企业对外直接投资的发展历程及支撑政策的演变。第二节解释当前企业对外直接投资的总体特征，包括规模特征和结构特征。第三节和第四节属于定量实证研究，第三节从对外直接投资规模角度检验国内各经济因素所产生的影响，第四节则从对外直接投资项目数量角度出发进行实证检验。第五节利用温州民营企业微观数据从企业内部探究影响对外直接投资决策的因素，并区分针对发达国家和发展中国家对外直接投资决策的内部影响因素差异性。

第一节　我国对外直接投资发展历程及政策演变

我国的对外直接投资与经济发展以及对外开放息息相关，在改革开放初期，由于我国经济发展水平较为落后，政府的对外直接投资促进政策并不显著，进而也导致对外直接投资发展历程较为缓慢；随着改革开放的深入推进和我国经济发展水平的持续提高，政府大力推动企业对外直接投资的激励政策也愈发明显，使得对外直接投资规模在近十几年大幅增长。在20世纪80年代和90年代早期，我国政府更多地强调从对外贸易角度促进对外开放，导致对外直接投资规模增长缓慢；而在20世纪90年代后期以及21世纪初，我国政府则通过各类措施从对外贸易、外资引进和对外投资多个角度综合对外开放发展,对外直接投资在这段时间内取得快速发展。本节根据我国对外开放的进程将对外直接投资的发展分为限制投资阶段、初步兴起阶段、谨慎发展阶段、增长起步阶段以及快速增长阶段,分别描述这几个阶段对外直接投资的政策措施及发展历程。

一　限制投资阶段 (1979～1984 年)

改革开放初期,我国在对外开放领域依然由国有企业主导,一些专门从事对外贸易业务的国有企业以及具有国际合作经验的企业开始走出国门进行对外直接投资业务活动,这些企业在国家政策的支持下,凭借自身优势在国外取得了一定规模的发展。但是这一阶段我国对外直接投资仅仅针对国有企业开放,只有国有的投资公司才有资格进行对外直接投资,而且每个项目都需经过国务院有关部门的严格审批。政府政治意愿也更多地和对外直接投资联系在一起,因而非国有企业的对外直接投资在这一阶段无法获得审批。在这种背景下,从1979 年到1984 年,我国从事对外直接投资的企业数量较少,投资规模也增长缓慢,截至1984 年末,我国仅有113 家企业从事对外直接投资业务,投资规模仅为1.27 亿美元。表3－1－1 列出了我国1979～1984年对外直接投资发展的基本状况。

表 3－1－1　第一阶段我国对外直接投资发展概况

单位:家,亿美元

年份	1979	1980	1981	1982	1983	1984
企业数	4	17	30	43	76	113
存量规模	0.0053	0.317	0.342	0.372	0.46	1.27

资料来源:历年《中国对外经济贸易统计年鉴》。

二　初步兴起阶段 (1985～1992 年)

从1985 年开始,我国政府逐步取消企业进行对外直接投资的限制,包括非国有企业在内的更多企业可以从事对外直接投资。1985

年，原外经贸部制定了在国外开办非贸易类企业的审批管理办法，规定"只要是实体经济，有资金来源，具有一定的技术水平和业务专长，有合作对象，均可申请到国外开设合资经营企业"。在该政策的推动下，一些有实力的非贸易企业也开始进行对外直接投资，在很大程度上丰富了我国对外直接投资主体形态的多元化发展态势。在这期间，我国从事对外直接投资的企业数量从 1985 年的 189 家增加到 1992 年的 1363 家，累计投资额从 1985 年的 1.97 亿美元增加到 1992 年的 15.90 亿美元。然而，1991 年国家计委出台了《关于编制、审批境外投资项目的项目建议书和可行性研究报告的规定》，指出不允许我国企业到除港澳、苏联和东欧之外的国家和地区进行对外直接投资，并且加强我国企业对外直接投资的审批程序和资金限制，这个政策在一定程度上限制了我国对外直接投资在这一期间的快速增长。表 3 - 1 - 2 列出了第二阶段我国对外直接投资的发展概况。

表 3 - 1 - 2　第二阶段我国对外直接投资发展概况

单位：家，亿美元

年份	1985	1986	1987	1988	1989	1990	1991	1992
企业数	189	277	385	526	645	801	1008	1363
存量规模	1.97	2.30	6.40	7.15	9.51	10.58	13.95	15.90

资料来源：历年《中国对外经济贸易统计年鉴》。

三　谨慎发展阶段（1993～1998 年）

在第二阶段，我国对外直接投资取得了一定程度的发展，但是与此同时也出现了一些负面影响。一些对外投资企业由于盲目发展出现了经营效益日益低下甚至出现连年亏损的局面；另外一些企业则以对外投资为由大肆抽离国内资金，导致国有资产大量流失，反映出了我国对外直接投资过程中存在着管理无序的混乱局面。在这种背景下，从 1993 年开始，为了确保对外直接投资真正用于海外生产活动，中央政府收紧了对外直接投资政策，并对现有海外企业进行了一次全面彻底的治理整顿，对新设立的海外企业实施严格的审批登记制度，且对原有的海外企业进行重新登记。这个政策也导致我国在第三阶段开始出现对外直接投资规模增长缓慢的现象，但随着我国宏观经济的稳定以及对外直接投资秩序的建立，在1997年召开的党的十五大上，我国开始鼓励扩大对外投资，提出了要"鼓励能够发挥我国比较优势的对外投资，更好地利用国内国外两个市场、两种资源"，同年国务院发布了《关于设立境外贸易公司和贸易代表处的暂行规定》，意味着我国限制对外直接投资的政策开始松动，逐渐转向鼓励对外投资发展。1993～1998年，我国对外直接投资企业数从1657家增加到1998年的2396家，对外投资额从1993年的16.87亿美元增加到1998年的25.84亿美元。表3-1-3列出了这一阶段我国对外直接投资的发展概况。

表3-1-3　第三阶段我国对外直接投资发展概况

单位：家，亿美元

年份	1993	1994	1995	1996	1997	1998
企业数	1657	1763	1882	1985	2143	2396
存量规模	16.87	17.58	18.58	21.52	23.49	25.84

资料来源：历年《中国对外经济贸易统计年鉴》。

四　增长起步阶段（1999～2002年）

经过20世纪90年代的调整治理，我国对外直接投资具备了在随后健康发展的充分条件，在90年代后期，为了配合加入WTO的谈判，我国政府开始大力推动企业从事对外投资业务。1998年国务院有关部门提出"积极引导和推动中国具有比较优势的加工工业在外国当地展开生产加工与装配活动，鼓励有经济实力、有技术力量的企业到境外投资办厂"。进一步地，朱镕基总理在1999年指出"要从资金、技术、人才、培训等方面，支持和鼓励有条件的企业到境外有潜力的地区发展加工贸易，带动国内产品出口"。在这些指导思想的推动下，1999年4月国务院有关部门制定发布了《关于鼓励企业开展境外来料加工装配业务意见的通知》，在政策上为我国企业从事对外直接投资提供了极为优惠的条件，有效地促进了我国对外直接投资规模的增长。这几年间，我国从事对外直接投资的企业数量从 1999 年的 2616 家增加到了 2002 年的 3441 家，投资规模从 1999 年的 31.74 亿美元增加到了 2002 年的 93.40 亿美元。表 3 - 1 - 4 列出了这一阶段我国对外直接投资发展的基本概况。

表 3 - 1 - 4　第四阶段我国对外直接投资发展概况

单位：家，亿美元

年份	1999	2000	2001	2002
企业数	2616	2859	3091	3441
存量规模	31.74	37.25	44.33	93.40

资料来源：历年《中国对外经济贸易统计年鉴》。

五　快速增长阶段（2003 年至今）

加入 WTO 以后，我国融入全球经济的程度进一步提升，为兑现入世承诺也加快了对外开放的过程，有利于推动对外直接投资的快速发展。2002 年党的十六大正式将"走出去"战略写入报告，从而将对外直接投资提升到国家战略层面，该战略旨在鼓励国内企业进行对外直接投资，提升国内企业的国际竞争力。2004 年，国家发改委颁布了《境外投资项目核准暂行管理办法》，将对外投资由审批制度改为核准制定，明确表明政府的职能在于指导、支持和服务，地方政府也获得更多的核准权力。进一步地，2009 年商务部和外汇管理局分别出台了《境外投资管理办法》和《境内机构境外直接投资外汇管理规定》，旨在进一步规范对外投资行为并放松对外汇的管制。这些政策措施的实行为企业对外直接投资提供了极大的便利，使企业自身具备了更多的对外投资决策权，这也使得这一阶段我国对外直接投资规模呈现快速增长的趋势。图 3 - 1 - 1 绘制了 20 世纪 90 年代以来我国对外直接投资流量增长趋势，从中可以发现 2003 年以后我国对外直接投资流量规模以极快的速度增长，充分反映出这一阶段政府积极推动措施的显著效果。

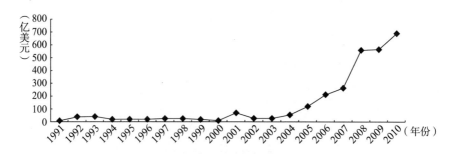

图 3 - 1 - 1　我国对外直接投资流量趋势

资料来源：历年《中国对外直接投资统计公报》。

第二节　我国对外直接投资现状及
分布特征

一　对外直接投资规模特征

经过改革开放以来多年的发展，尤其是加入 WTO 以来，我国对外直接投资规模取得快速的增长，截至 2013 年末，我国共在 184 个国家（地区）设立 25400 多家对外直接投资企业，对外直接投资流量达 1078.4 亿美元，其中金融类对外直接投资为 151.0 亿美元，非金融类为 927.4 亿美元；对外直接投资存量达 6604.8 亿美元，其中金融类投资金额为 1170.8 亿美元，非金融类投资金额为 5434.0 亿美元。与世界其他主要国家相比，2013 年我国对外直接投资流量占全球的比重为 7.6%，位居全球第 3 位；存量占全球的比重为 2.5%，位居全球第 7 位，该结果说明我国近年来对外直接投资流量增长快于存量，意味着未来我国对外直接投资存量的排名也将会进一步提高。图 3 - 2 - 1 和图 3 - 2 - 2 分别列出了我国和其他主要国家和地区对外直接投资流量和存量规模的对比状况。

从图 3 - 2 - 1 和 3 - 2 - 2 中可以发现，尽管我国对外直接投资流量和存量均位居前列，但与美国相比仍存在较大的差距，对外直接投资存量仅占美国的 10.4%，流量仅占美国的 31.9%。在我国对外直

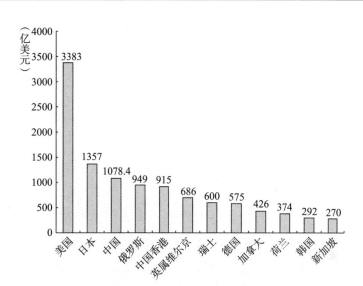

图 3 - 2 - 1　我国对外直接投资流量对比状况

资料来源:《2013 年度中国对外直接投资统计公报》。

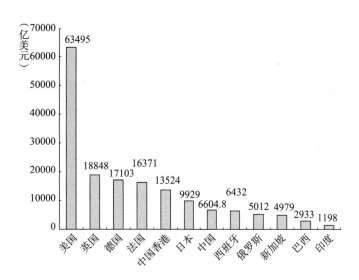

图 3 - 2 - 2　我国对外直接投资存量对比状况

资料来源:《2013 年度中国对外直接投资统计公报》。

接投资形式中,并购是我国实现对外投资的主要形式,2013 年并购规模为 529 亿美元,占对外直接投资总流量的 31.3%。表 3 - 2 - 1 列出了我国并购方式对外直接投资的基本状况。

表 3 - 2 - 1　我国并购形式对外直接投资规模与比重

单位：亿美元，%

年份	2007	2008	2009	2010	2011	2012	2013
金额	63	302.0	192.0	297.0	272.0	434	529
比重	23.8	54.0	34.0	43.2	36.4	31.4	31.3

资料来源：《2013 年度中国对外直接投资统计公报》。

二　对外直接投资行业分布特征

我国对外直接投资行业分布广泛，涉及国民经济的绝大部分行业，但投资行业也较为集中。在对外直接投资流量方面，租赁和商业服务业占总额的 25.09%，采矿业占总额的 23.01%，批发和零售业占总额的 13.58%，制造业占总额的 6.68%，金融业占总额的 14%，五类行业共占对外直接投资总额的 82% 以上，分布非常集中。对外直接投资存量方面也非常类似，租赁和商业服务业占总额的 29.64%，采矿业占总额的 16.07%，批发和零售业占总额的 13.27%，制造业占总额的 6.36%，金融业占总额的 17.73%，五个行业共占对外直接投资存量总额的 83.07%，分布同样集中。表 3 - 2 - 2 列出了各主要产业对外直接投资流量和存量的金额及占比。

表 3 - 2 - 2　我国对外直接投资行业分布

单位：亿美元，%

行业	对外直接投资流量		对外直接投资存量	
	金额	占比	金额	占比
租赁和商业服务业	270.6	25.09	1957.4	29.64
采矿业	248.1	23.01	1061.7	16.07
批发和零售业	146.5	13.58	876.5	13.27
制造业	72	6.68	419.8	6.36
金融业	151	14.00	1170.8	17.73
交通运输和邮政业	33.1	3.07	322.3	4.88
房地产业	39.5	3.66	154.2	2.33
电力和煤气生产供应业	6.8	0.63	112.0	1.70

续表

行业	对外直接投资流量		对外直接投资存量	
	金额	占比	金额	占比
建筑业	43.6	4.04	194.5	2.94
农、林、牧、渔业	18.1	1.68	71.8	1.09
科学研究和技术服务业	17.9	1.66	86.7	1.31
信息和软件业	14	1.30	73.8	1.12
居民服务业	11.3	1.05	76.9	1.16
住宿餐饮业	0.8	0.07	9.5	0.14
其他行业	2.0	0.19	5.9	0.09

资料来源:《2013 年度中国对外直接投资统计公报》。

　　从境内投资者企业数的行业分布角度分析,最主要的是批发和零售业企业,共有 5744 家企业从事对外投资,占对外投资企业总数的37.5%;其次是制造业共有 4952 家企业,占对外投资企业总数的32.4%;其三是租赁和商务服务业,共有 815 家企业进行对外投资,占对外投资企业总数的 5.3%。表 3-2-3 详细列出了境内主要行业对外直接投资的分布情况。

表 3-2-3　我国对外直接投资境内企业数行业分布

单位:家,%

行业	企业数	占比
制造业	4952	32.4
批发和零售业	5744	37.5
租赁和商务服务业	815	5.3
住宿餐饮业	687	4.5
建筑业	529	3.5
农林牧渔业	551	3.6
采矿业	465	3.1
科学研究和技术服务业	317	2.1
信息和软件业	280	1.8
交通运输和邮政业	245	1.6

行业	企业数	占比
房地产业	232	1.5
居民服务业	180	1.2

资料来源:《2013年度中国对外直接投资统计公报》。

三　我国对外直接投资东道国地区分布特征

我国对除南极洲外的其他所有大洲均有对外直接投资,但是洲际分布非常集中,对外直接投资流量的70.1%和存量的67.7%集中在亚洲地区。同时我国对外直接投资大部分针对发展中国家,流量的87.2%和存量的85.8%流向了发展中国家,针对发达国家的对外直接投资流量和存量分布仅占12.8%和14.2%。表3-2-4列出了我国2013年对外直接投资流量和存量的地区分布状况。

表3-2-4　我国对外直接投资地区分布状况

单位:亿美元,%

地区	对外直接投资流量		对外直接投资存量	
	金额	占比	金额	占比
亚洲	756	70.1	4474.1	67.7
拉丁美洲	143.6	13.3	860.9	13
欧洲	59.5	5.5	531.6	8.1
大洋洲	36.6	3.4	190.2	2.9
非洲	33.7	3.2	261.9	4
北美洲	49	4.5	286.1	4.3
发展中国家	940.1	87.2	5667.8	85.8
发达国家	138.3	12.8	937	14.2

资料来源:《2013年度中国对外直接投资统计公报》。

从国别和地区分布来看,我国对外直接投资也非常集中,2013年69.9%的对外直接投资流量流向中国香港、维尔京群岛和开曼群岛等三个避税天堂,其中58.3%流向香港;对外直接投资存量分布也较为类似,这三个地区占了68.6%,其中中国香港占57.1%。此外,我国对其他国家的对外直接投资也非常集中，对外直接投资流量排前十的国家和地区占了总流量的83.5%，对外直接投资存量排前十的国家和地区占了总存量的82.3%。表3－2－5和表3－2－6分布列出了我国对外直接投资流量和存量排前十国家和地区的分布状况。

表3－2－5　我国对外直接投资流量前十国家和地区分布状况

单位：亿美元，%

排名	国家或地区	金额	占比
1	中国香港	628.24	58.3
2	开曼群岛	92.53	8.6
3	美国	38.73	3.6
4	澳大利亚	34.58	3.2
5	维尔京群岛	32.22	3.0
6	新加坡	20.33	1.9
7	印度尼西亚	15.63	1.5
8	英国	14.2	1.3
9	卢森堡	12.75	1.2
10	俄罗斯	10.22	0.9

资料来源：《2013年度中国对外直接投资统计公报》。

表3－2－6　我国对外直接投资存量前十国家和地区分布状况

单位：亿美元，%

排名	国家或地区	金额	占比
1	中国香港	3770.93	57.1
2	开曼群岛	423.24	6.4
3	维尔京群岛	339.03	5.1
4	美国	219.00	3.3
5	澳大利亚	174.50	2.6
6	新加坡	147.51	2.2
7	英国	117.98	1.8
8	卢森堡	104.24	1.6
9	俄罗斯	75.82	1.1
10	哈萨克斯坦	69.57	1.1

资料来源：《2013年度中国对外直接投资统计公报》。

在我国对世界主要经济体的对外直接投资中，我国对中国香港、欧盟、美国、澳大利亚、俄罗斯以及东盟的对外直接投资流量占总投资流量的76.3%；对这些地区的对外直接投资存量占总投资存量的75.7%。除欧盟和美国外，我国对这些地区的对外直接投资均呈现较快的增长趋势。表3－2－7列出了2013年我国对这些主要经济体直接投资的基本状况。

表 3－2－7　我国对世界主要经济体对外直接
投资基本状况

单位：亿美元，%

经济体	对外直接投资流量			对外直接投资存量	
	金额	增长率	占比	金额	占比
中国香港	628.24	22.6	58.3	3770.9	57.1
欧盟	45.24	－26.1	4.2	401.0	6.1
美国	38.73	－4.3	3.6	219	3.3
澳大利亚	34.58	59.1	3.2	174.5	2.7
俄罗斯	10.22	30.2	0.9	75.8	1.1
东盟	72.67	19.1	6.1	356.7	5.4

资料来源：《2013年度中国对外直接投资统计公报》。

四　我国对外直接投资国内地区及企业性质分布特征

在我国对外直接投资国内地区分布中，2013年东部地区对外直接投资占了主要份额。从增长趋势看也是东部地区表现最为强势，同比增长14.8%；中部地区同比增长9.6%；西部地区呈现较大幅度的减少趋势，同比减少了33.9%。表3－2－8列出了我国2013年东中西部地区对外直接投资流量额和增长情况。

表 3－2－8　我国各地区对外直接投资流量和增长状况

单位：亿美元

地区	流量额	增长率
东部	292.24	14.8

续表

地区	流量额	增长率
中部	35.36	9.6
西部	36.55	-33.9

资料来源:《2013 年度中国对外直接投资统计公报》。

　　从对外直接投资的省份来看,2013 年东部地区各省份的对外直接投资流量和存量均位居全国前列,广东、山东、江苏、浙江和上海等东部省市无论在对外直接投资流量和存量均位列全国前十位。在设立对外直接投资企业数量方面,浙江省是我国拥有境外企业数量最多的省份,占全国境外企业总数的 15.6%;广东和江苏的境外企业数位列第二和第三位,分别占我国境外企业总数的 12.5% 和 9%。表 3-2-9 列出了2013 年我国对外直接投资流量和存量位列全国前十省市的基本情况。

表 3-2-9　我国对外直接投资前十省市基本情况

单位:亿美元

排名	对外直接投资流量		对外直接投资存量	
	省份	金额	省份	金额
1	广东	59.43	广东	342.34
2	山东	42.65	上海	178.44
3	北京	41.30	山东	160.47
4	江苏	30.20	北京	127.65
5	上海	26.75	江苏	111.63
6	浙江	25.53	浙江	109.88
7	辽宁	12.95	辽宁	77.31
8	天津	11.20	湖南	45.47
9	福建	9.52	福建	39.68
10	河北	9.28	云南	38.66

资料来源:《2013 年度中国对外直接投资统计公报》。

　　在我国从事对外直接投资业务的企业中,国有企业占据了半壁江山,2013 年投资存量占总存量的 55.2%;有限责任公司次之,投资存量占总存量的 30.8%;股份有限公司占 7.5%;私营企业所占份额较少，仅占 2.2%。图 3 - 2 - 3 绘制了 2013 年我国各类性质企业对外直接投资存量所占份额基本情况。

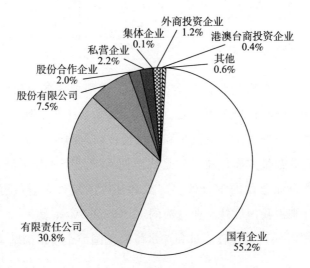

图 3 - 2 - 3　我国对外直接投资存量企业性质分布状况

资料来源：《2013 年度中国对外直接投资统计公报》。

第三节　我国对外直接投资规模国内决定因素实证研究

一　模型设定和数据描述

本节将影响我国对外直接投资的国内因素分为经济发展、劳动力状况、技术水平以及国际贸易等四类因素，并且考虑对外直接投资自身的滞后性，本节建立如下的实证研究方程：

$$\ln odi_{it} = \alpha_0 + \alpha_1 \ln pgdp_{it} + \alpha_2 str_{it} + \alpha_3 \ln w_{it} + \alpha_4 hum_{it} + \alpha_5 \ln gt_{it} + \alpha_6 \ln zl_{it}$$
$$+ \alpha_7 \ln ex_{it} + \alpha_8 \ln im_{it} + u_i + v_t + \varepsilon_{it} \tag{R}$$

这里 $\ln odi_{it}$ 为 i 地区 t 年的对外直接投资流量（万美元）对数值。$\ln pgdp_{it}$ 为 i 地区 t 年的人均 GDP（元/人）对数值，用以衡量经济发展水平；str_{it} 为 i 地区 t 年第三产业 GDP 占总 GDP 的比重，用以衡量该地区的产业结构状况，这两个变量构成了影响对外直接投资的经济发展变量。$\ln w_{it}$ 为 i 地区 t 年的实际工资（元）对数值，反映该地区劳动成本状况；hum_{it} 为 i 地区 t 年人力资本存量，用大专及以上学历就业人数占总就业的比重衡量，这两个变量构成了影响对外直接投资的国内劳动力状况变量。$\ln gt_{it}$ 为 i 地区 t 年政府财政科技支出（万元）对数值，代表政府对科学技术的支持；$\ln zl_{it}$ 为 i 地区 t 年的专利申请数对数值，反映该地区的创新情况，这两个变量构成了影响对外直接投资的技术水平因素。$\ln ex_{it}$ 和 $\ln im_{it}$ 分别为 i 地区 t 年的出口贸易和进口贸易（万美元）对数值，两者构成了影响对外直接投资的国际贸易因素。u_i、v_t 和 ε_{it} 分别代表地区变量、时间变量以及回归残差；下标 i 和 t 则分别代表地区和时间。

本节的样本为 2003～2010 年我国 25 个省份的面板数据，海南、重庆、贵州、西藏、青海和宁夏缺乏部分年度的对外直接投资数据，为了保持面板数据的平衡性，本节未将这些地区纳入回归样本中。在本节中，各地区对外直接投资数据由商务部发布的《2010 年度中国对外直接投资统计公报》整理而得；劳动就业数据由历年《中国劳动统计年鉴》整理而得；其他数据则均由《中国统计年鉴》整理而得。表 3 - 3 - 1 列出了本节各变量数据的基本信息。

表 3 - 3 - 1　变量数据基本信息

因素	变量	全国	东部	中西部
被解释变量	$\ln odi_{it}$	3.737 (0.859)	4.231 (0.648)	3.408 (0.826)
经济发展因素	$\ln pgdp_{it}$	3.703 (0.259)	3.923 (0.195)	3.556 (0.181)
	str_{it}	0.394 (0.078)	0.431 (0.106)	0.369 (0.032)
劳动力因素	$\ln w_{it}$	4.341 (0.178)	4.433 (0.180)	4.280 (0.149)
	hum_{it}	0.111 (0.105)	0.168 (0.146)	0.074 (0.028)

因素	变量	全国	东部	中西部
技术水平因素	$\ln gt_{it}$	12.146 (0.926)	12.845 (0.859)	11.680 (0.630)
	$\ln zl_{it}$	9.235 (1.219)	10.259 (0.913)	8.553 (0.871)
国际贸易因素	$\ln ex_{it}$	14.034 (1.518)	15.584 (0.976)	13.001 (0.725)
	$\ln im_{it}$	13.837 (1.526)	15.394 (1.068)	12.798 (0.650)

注：表内为均值，括号内为标准差。

资料来源：历年《中国对外直接投资统计公报》、《中国劳动统计年鉴》和《中国统计年鉴》。

二　全国样本回归结果

由于回归方程（R）中解释变量包含了被解释变量的滞后一期值，因此为避免出现谬误回归必须使用动态回归方法。表3-3-2列出了全国样本面板数据动态回归的结果。

表3-3-2　全国样本回归结果

因素	变量	(1)	(2)	(3)	(4)	(5)
滞后值	$\ln odi_{it-1}$	-0.071 *** (0.007)	-0.161 *** (0.000)	-0.125 *** (0.000)	-0.070 *** (0.000)	-0.175 *** (0.000)
经济发展因素	$\ln pgdp_{it}$	4.172 *** (0.000)	——	——	——	-1.125 (0.263)
	str_{it}	0.033 *** (0.000)	——	——	——	0.029 *** (0.003)
劳动力因素	$\ln w_{it}$	——	4.574 *** (0.000)	——	——	1.767 * (0.054)
	hum_{it}	——	-0.896 ** (0.027)	——	——	-2.324 *** (0.003)
技术水平因素	$\ln gt_{it}$	——	——	0.500 *** (0.000)	——	0.206 *** (0.001)
	$\ln zl_{it}$	——	——	0.623 *** (0.000)	——	0.331 *** (0.000)

续表

因素	变量	（1）	（2）	（3）	（4）	（5）
国际贸易因素	$\ln ex_{it}$	——	——	——	−0.129 *** (0.000)	−0.053 (0.585)
	$\ln im_{it}$	——	——	——	1.218 *** (0.000)	0.699 *** (0.000)
常数项	C	−12.618 *** (0.000)	−15.443 *** (0.000)	−7.582 *** (0.000)	−11.646 *** (0.000)	−14.463 *** (0.000)
方程结构检验	Sargan	21.542 (0.366)	23.731 (0.254)	21.957 (0.343)	22.729 (0.302)	18.874 (0.530)
	A − B（1）	−2.630 *** (0.009)	−2.558 *** (0.000)	−2.184 ** (0.029)	−2.759 *** (0.006)	−2.102 ** (0.036)
	A − B（2）	−0.139 (0.889)	0.291 (0.771)	0.423 (0.673)	1.735 (0.183)	0.046 (0.963)

注：括号内为 P 统计量；上标 *** , ** , * 分别代表在 1% , 5% 和 10% 水平上显著。

回归结果（1）-（4）仅考察各类国内因素对对外直接投资产生的影响，回归结果（5）则综合考虑了所有的影响因素。从方程结构检验的结果中可以发现，过度识别 Sargan 统计量均不显著，说明本节的动态回归方程不存在过度识别的问题；A−B（1）和 A−B（2）统计量至少在二阶层面上不显著，说明原方程的扰动误差项不存在自相关性，这些结果反映出本节实证研究的动态方程设置是合理的。滞后一期的系数在各回归方程中均显著为负，说明对外直接投资具有平滑性，本期过多的投资将导致下一期投资减少。在回归结果（1）中，$\ln pgdp_{it}$ 和 str_{it} 的系数均显著为正，说明高经济水平的地区更倾向于对外直接投资；产业结构偏向第三产业的也更倾向于对外直接投资，这和本章第二节指出的我国对外直接投资较多分布在服务行业相符合。在回归结果（2）$\ln w_{it}$ 的系数显著为正，hum_{it} 的系数显著为负，说明工资水平较高的地区有更多的对外直接投资，这反映出我国对外直接投资具有探寻低劳动成本的特征；同时说明在高人力资本的地区对外直接投资较少，这意味着我国对外直接投资倾向于寻求人力资本。在回归结果（3）中，$\ln gt_{it}$ 和 $\ln zl_{it}$ 的系数均显著为正，由于两者均反映技术水平状况，因此意味着技术水平高的地区有更多的对外直接投资，这是因为高技术企业有更多的实力进行对外直接投资。在回归结果（4）中，$\ln ex_{it}$ 的系数显著为负，$\ln im_{it}$ 的系数显著为正，说明我国对外直接投资和出口贸易具有替代关系，和进口贸易则存在互补关系，企业在对外直接投资和出口贸易之间进行权衡替代选择，而进口贸易的发展则能通过贸易关系的完善促进对外直接投资。回归结果（5）包含了所有种类因素变量，从结果中发现与结果（1）-（4）相比，所有系数的符号没发生变化，$\ln pgdp_{it}$ 和 $\ln ex_{it}$ 的系数不再显著，说明经济发展水平和出口贸易对我国对外直接投资的影响并不深刻。

三　分区域样本回归结果

我国各地区经济发展不平衡程度较为明显，东部地区经济发展水平明显高于中西部地区，企业行为也存在较大差别，因此影响东部和中西部地区对外直接投资的国内因素可能也存在较大差别。为了对此进行研究，本节分别使用东部地区和中西部地区样本数据对方程（R）进行回归，得到表3-3-3和表3-3-4的结果。

表3-3-3　东部地区样本回归结果

因素	变量	(1)	(2)	(3)	(4)	(5)
滞后值	$\ln odi_{it-1}$	0.609 ** (0.017)	-0.031 (0.908)	0.036 (0.875)	0.537 *** (0.003)	0.530 (0.271)
经济发展 因素	$\ln pgdp_{it}$	0.761 (0.554)	——	——	——	-0.526 (0.160)
	str_{it}	0.054 *** (0.009)	——	——	——	0.092 *** (0.005)
劳动力 因素	$\ln w_{it}$	——	3.278 *** (0.000)	——	——	11.252 * (0.079)
	hum_{it}	——	-1.037 (0.583)	——	——	4.083 (0.333)
技术水平 因素	$\ln gt_{it}$	——	——	0.228 ** (0.016)	——	-0.187 (0.513)
	$\ln zl_{it}$	——	——	0.633 *** (0.004)	——	6.778 ** (0.012)

续表

因素	变量	(1)	(2)	(3)	(4)	(5)
国际贸易因素	$\ln ex_{it}$	——	——	——	-0.846 ** (0.047)	-0.558 * (0.064)
	$\ln im_{it}$	——	——	——	1.416 *** (0.004)	0.522 ** (0.085)
常数项	C	-3.436 (0.302)	-10.350 *** (0.000)	-5.286 *** (0.000)	-6.577 *** (0.001)	12.862 ** (0.035)
方程结构检验	Sargan	8.161 (0.991)	8.470 (0.988)	8.367 (0.989)	7.555 (0.994)	7.621 (0.976)
	A-B(1)	-1.933 * (0.053)	-0.652 (0.515)	-0.596 (0.552)	-2.025 ** (0.043)	0.337 (0.736)
	A-B(2)	0.045 (0.964)	-0.968 (0.333)	-1.391 (0.164)	2.183 (0.290)	0.271 (0.336)

注：括号内为 P 统计量；上标 ***，**，* 分别代表在 1%，5% 和 10% 水平上显著。

表 3-3-4　中西部地区样本回归结果

因素	变量	(1)	(2)	(3)	(4)	(5)
滞后值	$\ln odi_{it-1}$	-0.336 *** (0.002)	-0.284 *** (0.000)	-0.138 *** (0.001)	-0.034 (0.590)	0.245 ** (0.035)
经济发展因素	$\ln pgdp_{it}$	5.671 *** (0.000)	——	——	——	0.659 (0.840)
	str_{it}	0.020 ** (0.016)	——	——	——	0.079 * (0.061)
劳动力因素	$\ln w_{it}$	——	5.345 *** (0.000)	——	——	2.405 (0.464)
	hum_{it}	——	-2.225 ** (0.026)	——	——	4.929 (0.409)
技术水平因素	$\ln gt_{it}$	——	——	1.153 ** (0.000)	——	1.338 *** (0.000)
	$\ln zl_{it}$	——	——	0.181 (0.219)	——	-0.760 (0.269)
国际贸易因素	$\ln ex_{it}$	——	——	——	-0.113 (0.506)	0.409 (0.443)
	$\ln im_{it}$	——	——	——	1.340 *** (0.000)	-0.416 (0.570)

因素	变量	(1)	(2)	(3)	(4)	(5)
常数项	C	-16.376*** (0.000)	-18.382*** (0.000)	-11.056*** (0.000)	-12.152*** (0.000)	-20.813*** (0.000)
方程结构检验	Sargan	9.512 (0.976)	14.342 (0.813)	13.930 (0.834)	12.528 (0.897)	6.516 (0.998)
	A-B(1)	-1.633 (0.102)	-2.273** (0.023)	-2.303** (0.021)	-2.738*** (0.006)	-2.484** (0.013)
	A-B(2)	-0.875 (0.382)	-0.084 (0.933)	0.047 (0.962)	1.645 (0.100)	-0.566 (0.572)

注：括号内为 P 统计量；上标 ***，**，* 分别代表在1%，5% 和10% 水平上显著。

　　综合对比表3-3-2和表3-3-3、表3-3-4的结果，可以发现各类因素对东部地区和中西部地区对外直接投资的影响方式存在较大差别。在东部地区，对外直接投资表现出持续性，而中西部地区则表现出平滑性，这是因为东部地区发展较为迅速，已具备稳定增长的趋势。经济发展因素对东部地区和中西部地区的影响方式是一样的，均意味着高经济水平地区有较多的对外直接投资，第三产业发展较快的地区也有更多的对外直接投资。在劳动力因素中，人力资本对东部地区对外直接投资的影响不显著，这是因为东部地区各省份人力资本存量均已较高，并不受人力资本因素约束。在技术水平因素中，专利申请数对中西部地区对外直接投资的影响不显著，这是因为中西部地区技术水平较为落后，影响力还未显示出来。在国际贸易因素中，出口贸易对中西部地区对外直接投资的影响也不显著，这是因为中西部地区的出口贸易尚不发达，也未显示出其对该地区对外直接投资的影响效应。从表3-3-3和表3-3-4的回归结果（5）中可以发现，当包含了全部各类国内因素后，各类因素对东部和中西部地区对外直接投资的影响显著性出现较大的差别，反映出由于地区间经济发展水平的不平衡导致对外直接投资的国内影响方式也存在较大的差异。

第四节　我国对外直接投资项目数国内
决定因素研究

一　全国样本回归结果

与增加投资规模不同，企业新设对外直接投资项目需要额外增加固定成本投入，因此有必要进一步探讨我国国内经济因素如何影响对外直接投资项目数。本部分同样考察经济发展、劳动力、技术水平以及国际贸易等因素对我国对外直接投资项目数的影响，建立如下回归方程：

$$Nodi_{it} = \beta_0 + \beta_1 \ln pgdp_{it} + \beta_2 str_{it} + \beta_3 \ln w_{it} + \beta_4 hum_{it} + \beta_5 \ln gt_{it} + \beta_6 \ln zl_{it}$$
$$+ \beta_7 \ln ex_{it} + \beta_8 \ln im_{it} + \tau_i + \upsilon_t + \omega_{it} \tag{R'}$$

这里 $Nodi_{it}$ 为 i 地区 t 年的企业对外直接投资项目数，其他变量均与上一部分回归方程（R）一致。商务部发布的《境外投资企业（机构）名录》公布了我国各地区企业层面对外直接投资的基本信息，从中可以统计出我国各地区每年的企业对外直接投资项目数。为了与上一部分的实证研究保持一致，本部分的样本仍为 2003～2010 年的 25 个省区市面板数据。在本部分的回归方程中，对外直接投资项目数作为被解释变量为非负整数，使得回归方程为离散被解释变量模型，因此应使用计数模型对此进行回归。计数模型的回归方法一般分为两种，一种是假设被解释变量服从泊松分布的泊松回归，另一种是假设被解释变量服从负二项分布的负二项回归。本部分分别使用这两种方法对方程（R'）进行回归，得到表 3-4-1 的结果。

表 3-4-1　全国样本回归结果

因素	变量	普通最小二乘法回归	计数模型回归	
			泊松回归	负二项回归
经济发展因素	$\ln pgdp_{it}$	2.576 ** (0.017)	2.790 *** (0.000)	3.043 *** (0.000)
	str_{it}	0.056 *** (0.009)	0.036 *** (0.000)	0.044 *** (0.009)

续表

因素	变量	普通最小二乘法回归	计数模型回归	
			泊松回归	负二项回归
劳动力因素	$\ln w_{it}$	5.349 *** (0.000)	1.243 *** (0.000)	2.724 *** (0.001)
	hum_{it}	−7.529 *** (0.000)	−4.805 *** (0.000)	−6.887 *** (0.000)
技术水平因素	$\ln gt_{it}$	0.094 (0.41)	0.373 *** (0.000)	0.556 *** (0.005)
	$\ln zl_{it}$	0.116 (0.510)	0.247 *** (0.000)	−0.093 (0.488)
国际贸易因素	$\ln ex_{it}$	0.606 *** (0.000)	0.273 *** (0.000)	0.304 ** (0.022)
	$\ln im_{it}$	−0.738 *** (0.000)	−0.476 *** (0.000)	−0.390 *** (0.005)
常数项	C	−31.845 *** (0.000)	−17.546 ** (0.000)	−25.780 *** (0.000)
拟合优度	R^2	0.698	0.735	0.140

注：括号内为 P 统计量；上标 ***，**，* 分别代表在 1%，5% 和 10% 水平上显著。

从全国样本回归结果中可以发现，计数模型各变量系数的显著性要高于普通最小二乘法回归结果，说明计数模型更为适用。相比于上一部分对外直接投资规模的回归结果，除国际贸易因素外，其他经济因素均呈现相同的影响方式，即经济发展水平越高和第三产业越发达的地区有较多的对外直接投资项目数；高劳动力成本更易于推动对外直接投资项目的新设，而高人力资本则易于将投资项目保留在国内；较高的技术水平也易于推动对外直接投资项目的增多。不同的是，在对外直接投资规模回归方程中，出口贸易的系数显著为负，进口贸易的系数显著为正；而对外直接投资项目数回归方程的结果却恰好相反，出口贸易的系数显著为正，进口贸易的系数显著为负。由于对外直接投资规模的增加取决于投资的边际成本，而对外直接投资项目数的增多则取决于投资的固定成本，两者的影响方式不同，因此从回归结果中可以推断出出口贸易的发展可以降低对外直接投资的固定成本，而进口贸易的发展则会增加该固定成本。

二　分区域样本回归结果

与上一部分类似，本部分也分别使用东部样本和中西部样本对回归方法（R'）进行回归，得到表3－4－2和表3－4－3的结果。

表3－4－2　东部地区样本回归结果

因素	变量	普通最小二乘法回归	计数模型回归	
			泊松回归	负二项回归
经济发展因素	$\ln pgdp_{it}$	8.134** (0.003)	1.069** (0.011)	3.100 (0.132)
	str_{it}	0.029 (0.410)	0.016*** (0.000)	0.019 (0.450)
劳动力因素	$\ln w_{it}$	1.067 (0.713)	2.037*** (0.000)	2.378 (0.255)
	hum_{it}	-7.206** (0.012)	-2.126*** (0.000)	-4.623* (0.058)
技术水平因素	$\ln gt_{it}$	0.094 (0.763)	0.149*** (0.004)	0.265 (0.314)
	$\ln zl_{it}$	0.297 (0.442)	0.917*** (0.000)	0.698** (0.019)
国际贸易因素	$\ln ex_{it}$	0.470 (0.384)	-0.017 (0.744)	-0.037 (0.909)
	$\ln im_{it}$	-0.556 (0.233)	-0.544*** (0.000)	-0.390 (0.153)
常数项	C	-36.211*** (0.000)	-12.351*** (0.000)	-22.920*** (0.000)
拟合优度	R^2	0.691	0.724	0.116

注：括号内为P统计量；上标***，**，*分别代表在1%，5%和10%水平上显著。

表3－4－3　中西部地区样本回归结果

因素	变量	普通最小二乘法回归	计数模型回归	
			泊松回归	负二项回归
经济发展因素	$\ln pgdp_{it}$	3.360** (0.023)	4.197*** (0.000)	5.459*** (0.000)
	str_{it}	0.041 (0.163)	0.057*** (0.000)	0.063*** (0.003)

因素	变量	普通最小二乘法回归	计数模型回归	
			泊松回归	负二项回归
劳动力因素	$\ln w_{it}$	4.453 *** (0.003)	1.682 *** (0.000)	1.280 (0.277)
	hum_{it}	-14.154 *** (0.001)	-13.961 *** (0.000)	-17.554 *** (0.000)
技术水平因素	$\ln gt_{it}$	-0.656 (0.176)	0.218 (0.148)	0.136 (0.744)
	$\ln zl_{it}$	0.080 (0.712)	-0.193 *** (0.000)	-0.314 * (0.052)
国际贸易因素	$\ln ex_{it}$	0.092 *** (0.000)	0.590 *** (0.000)	0.780 *** (0.000)
	$\ln im_{it}$	-0.302 (0.238)	-0.381 *** (0.000)	-0.288 (0.180)
常数项	C	-30.077 *** (0.000)	-24.341 *** (0.000)	-28.788 *** (0.000)
拟合优度	R^2	0.678	0.555	0.144

注：括号内为 P 统计量；上标 *** , ** , * 分别代表在 1% , 5% 和 10% 水平上显著。

从东部和中西部地区的回归结果可以发现，泊松回归的各系数显著性最高，说明计数模型较为适用，因此本部分仅讨论泊松回归的结果。对比表 3 - 4 - 2、表 3 - 4 - 3 和表 3 - 4 - 1 可以发现，除东部地区的国际贸易因素影响有所差异外，其他因素的回归结果均与全国样本回归保持一致。东部地区的出口贸易系数不再显著，其可能原因是东部地区的出口贸易规模较大，降低对外直接投资固定成本的边际效应，导致其影响并不显著。

第五节　温州民营企业对外直接投资决策内部因素

一　对外直接投资和非对外直接投资民营企业内部差异

在异质性企业国际贸易理论中，生产率不同的企业选择不同的外

向发展行为，并且规模最大和生产率最高的企业进行对外直接投资
（Antras 和 Helpman，2004）；同时国内学者也表明出口贸易是我国企
业对外直接投资的主要推动力（邱立成和王凤丽，2008）。基于这点
考虑，本节首先考察对外直接投资民营企业和非对外直接投资民营企
业在生产规模、生产率以及出口倾向上的差异。通过匹配温州商务局
的对外直接投资民营企业信息和《中国工业企业数据库》中的温州民
营企业数据，可以得到 2006 ~ 2010 年存在对外直接投资行为的民营
企业在 2006 年时与非对外直接投资民营企业的内部差异。表 3 - 5 - 1
中 2 - 6 行列出了这三类变量的差异信息。

表 3 - 5 - 1　2006 年温州对外直接投资和非对外直接投资
民营企业内部差异

变量指标		非对外 直接投资	对外 直接投资	对发达国家 直接投资	对发展中国家 直接投资
企业规模	就业规模 （ln，人）	4.69	5.99	5.67	6.33
	产值规模 （ln，千元）	9.88	11.28	10.82	11.75
企业生产率	人均产值 （ln，元/人）	12.15	12.27	12.14	12.41
	人均增加值 （ln，元/人）	10.75	10.91	10.79	11.05
企业出口 倾向	出口交货值占比 （%）	21.97	50.41	49.29	51.57
技术能力	研究费用占比 （%）	0.11	0.43	0.24	0.62
	新产品产值占比 （%）	6.02	15.2	8.00	22.50
内部管理 效率	人均管理费用 （ln，元/人）	9.03	9.22	9.11	9.34
	管理费用占比 （%）	4.94	5.19	5.13	5.26
样本数（家）		5180	61	31	30

注：表内为指标均值。

资料来源：温州商务局和《中国工业企业数据库》。

本节选用就业规模和产值规模衡量企业规模，用人均产值和人均增加值衡量企业生产率，用出口交货值占销售值的比重衡量企业出口倾向。从这5行数据信息中可以发现，在起点年份2006年，对外直接投资民营企业的企业规模、生产率和出口倾向均高于非对外直接投资民营企业，意味着这些因素可能是影响民营企业对外直接投资决策的重要内部因素。有意思的是，对发展中国家进行对外直接投资的民营企业在所有类型中具有最大的企业规模、最高的生产率以及最高的出口倾向，这些因素均高于对发达国家进行对外直接投资的民营企业，说明对发展中国家进行对外直接投资对民营企业内部因素有更高的要求，这一方面是因为对发展中国家进行对外直接投资的风险更高；另一方面是因为对发展中国家进行的是生产转移型的对外直接投资，两方面均构成了与发达国家的区别。

除企业规模、生产率和出口倾向之外，Dunning（1977）OIL范式中的所有权优势和一体化优势也属于企业内部影响因素，本节分别使用技术能力和内部管理效率作为民营企业所有权优势和一体化优势的替代因素分析对外直接投资和非对外直接投资民营企业在这两类因素上的差异。类似地，表3-5-1的7-10行列出了数据的基本信息，本节使用企业研究费用占营业收入的比重和新产品产值占总产值的比重度量民营企业的技术能力，用企业人均管费用和管理费用占产值的比重度量民营企业内部管理效率。从表3-5-1中7-8行的数据信息中可以发现，对外直接投资民营企业的技术能力高于非对外直接投资民营企业，体现出了所有权优势；对发展中国家进行对外直接投资的民营企业具有最高的技术能力，说明民营企业对发展中国家进行对外直接投资是为了发挥其技术优势，而对发达国家进行对外直接投资是为了获取技术资源。不同的是，表3-5-1中9-10行的数据信息显示，对外直接投资民营企业的内部管理效率低于非对外直接投资民营企业，并未体现出一体化优势，说明内部管理效率较低的民营企业为了防止国内生产规模过于扩大而将部分生产转移至国外，从而达到降低边际内部管理费用的效

果，体现在内部管理效率最低的民营企业选择将生产转移至发展中
国家进行对外直接投资。

二　实证研究

1. 模型设定和变量说明

为对上一部分指出的民营企业内部因素如何影响其对外直接投资
决策进行实证研究，本节建立如下的回归方程：

$$Y_i = \alpha_0 + \alpha_1 \ln SCA_i + \alpha_2 \ln PRO_i + \alpha_3 XP_i + \alpha_4 TEC_i + \alpha_5 PRM_i + u_i \qquad (R)$$

这里 Y_i 为民营企业 i 的对外直接投资决策变量，如果该民营企业
进行了对外直接投资记为 1；否则记为 0。$\ln SCA_i$ 为民营企业 i 的就业
规模（人）对数值，用来衡量企业规模；$\ln PRO_i$ 为民营企业 i 的人均
增加值（元/人）对数值，用来代表生产率产生的影响；XP_i 为民营企
业 i 的出口交货值占销售值的比重，衡量出口倾向对民营企业对外直
接投资决策的影响；TEC_i 为民营企业 i 的研究费用占营业收入的比
重，反映技术能力投入产生的影响；PRM_i 为民营企业 i 的管理费用占
工业产值的比重，反映内部管理效率对民营企业对外直接投资决策的
影响。尽管每一类因素均可以由多个指标进行度量，但是为了避免变
量过多产生的自由度损失以及重复产生的共线性问题，本节为每一类
变量均仅选取一个代表性指标进行实证研究。

回归方程（R）的数据样本由温州商务局提供的民营企业对外直
接投资信息和《中国工业企业数据库》中的温州民营企业数据按企业
名称匹配而得。匹配后的样本中共有 61 家民营企业进行对外直接投
资，其中对发达国家进行对外直接投资的有 31 家，对发展中国家进
行对外直接投资的有 30 家，没有同时对发达国家和发展中国家进行
对外直接投资的企业；非对外直接投资民营企业有 5180 家。本节因
变量为 2006～2010 年民营企业 i 的对外直接投资决策，自变量为 2006
年民营企业 i 的企业内部因素变量，这样处理有两个好处：一是可以
反映对外直接投资决策的时间延续性；二是避免回归过程中对外直接

投资反向影响企业内部发展的内生性问题。

2. 回归结果及分析

由于在回归方程（R）中被解释变量 Y_i 是取值为 1 或 0 的离散变量，因此回归方程属于二值选择模型。本节分别使用二值选择模型中的 Probit 回归方法和 Logit 回归方法对方程（R）进行回归，得到表 3 - 5 - 2 的结果。

表 3 - 5 - 2　　民营企业对外直接投资决策内部影响因素回归结果

变量	Probit 模型			Logit 模型		
	（1）	（2）	（3）	（4）	（5）	（6）
C	- 7. 852 ***	- 7. 650 ***	- 8. 353 ***	- 18. 615 ***	- 18. 082 ***	- 19. 716 ***
	（0. 000）	（0. 000）	（0. 000）	（0. 000）	（0. 000）	（0. 000）
$\ln SCA_i$	0. 457 ***	0. 446 ***	0. 468 ***	1. 096 ***	1. 070 ***	1. 119 ***
	（0. 000）	（0. 000）	（0. 000）	（0. 000）	（0. 000）	（0. 000）
$\ln PRO_i$	0. 275 ***	0. 260 ***	0. 297 ***	0. 723 ***	0. 678 ***	0. 770 ***
	（0. 000）	（0. 002）	（0. 000）	（0. 000）	（0. 001）	（0. 000）
XP_i	0. 609 ***	0. 624 ***	0. 645 ***	1. 526 ***	1. 574 ***	1. 623 ***
	（0. 000）	（0. 000）	（0. 000）	（0. 000）	（0. 000）	（0. 000）
TEC_i	——	10. 395 *	——	——	25. 390 **	——
		（0. 058）			（0. 029）	
PRM_i	——	——	3. 507 **	——	——	8. 290 **
			（0. 020）			（0. 012）
R^2	0. 183	0. 187	0. 190	0. 189	0. 191	0. 193

注：括号内为回归 P 值；上标 *** ，** ，* 分别代表在 1% 、5% 和 10% 水平上显著。

回归结果（1）和（4）仅包含了影响民营企业对外直接投资决策的企业规模、生产率和出口倾向等基础变量，（2）和（5）以及（3）和（6）分别额外添加了企业技术能力和内部管理效率变量。从回归结果中可以发现，所有六列回归均显示 $\ln SCA_i$、$\ln PRO_i$ 和 XP_i 的系数符号显著为正，说明具有更大的企业规模、更高的生产率以及更高的出口倾向的民营企业更易于进行对外直接投资决策。在（2）和（5）的回归结果中，TEC_i 的系数符号均显著为正，说明更高的技术能力投入也是影响民营企业进行对外直接投资决策的正向因素之一，验证了所有权优势发挥的作用。在（3）和（6）的结果中，PRM_i 的系数符号均显著为正，意味着内部管理费用的增加，即较低企业内部管理效率会促使民营企业进行对外直接投资决策将更多的生产部分转移到其他国家，通过减少国内生产规模的方式降低边际管理费用。六列回归结果均与第三部分的数据分析保持一致，在多个维度验证了本节的研究结论。

3. 分地区对外直接投资决策回归结果及分析

发达国家和发展中国家存在较大的差异，因而民营企业对发达国家和发展中国家的直接投资也存在较大的动机差异，从而可能导致对发达国家和发展中国家对外直接投资决策的企业内影响因素也存在不同。为了对此进行究，本节将回归方程中的被解释变量 Y_i 分别用是否对发达国家或发展中国家进行对外直接投资决策进行衡量，再次使用二值选择模型进行回归得到表 3 - 5 - 3 和表 3 - 5 - 4 的结果。

表 3 - 5 - 3　民营企业对发达国家直接投资决策企业内
影响因素回归结果

变量	Probit 模型			Logit 模型		
	(1)	(2)	(3)	(4)	(5)	(6)
C	- 5. 650 *** (0. 000)	- 5. 548 *** (0. 000)	- 5. 971 *** (0. 000)	- 14. 284 *** (0. 000)	- 14. 072 *** (0. 000)	- 15. 061 *** (0. 000)
$\ln SCA_i$	0. 312 *** (0. 000)	0. 309 *** (0. 000)	0. 321 *** (0. 000)	0. 817 *** (0. 000)	0. 806 *** (0. 000)	0. 833 *** (0. 000)
$\ln PRO_i$	0. 128 (0. 214)	0. 123 (0. 237)	0. 141 (0. 177)	0. 417 (0. 146)	0. 400 (0. 168)	0. 451 (0. 120)
XP_i	0. 468 *** (0. 000)	0. 471 *** (0. 005)	0. 450 *** (0. 004)	1. 306 *** (0. 000)	1. 316 *** (0. 005)	1. 368 *** (0. 003)
TEC_i	——	3. 670 (0. 667)	——	——	9. 160 (0. 691)	——
PRM_i	——	——	2. 435 (0. 200)	——	——	6. 051 (0. 211)
R^2	0. 100	0. 099	0. 103	0. 099	0. 099	0. 102

注：括号内为回归 P 值；上标 ***，**，* 分别代表在 1%、5% 和 10% 水平上显著。

表 3 - 5 - 4　民营企业对发展中国家直接投资决策企业内
影响因素回归结果

变量	Probit 模型			Logit 模型		
	(1)	(2)	(3)	(4)	(5)	(6)
C	- 10.197 *** (0.000)	- 9.961 *** (0.000)	- 10.786 *** (0.000)	- 23.330 *** (0.000)	- 23.146 *** (0.000)	- 25.206 *** (0.000)
$\ln SCA_i$	0.526 *** (0.000)	0.509 *** (0.000)	0.537 *** (0.000)	1.309 *** (0.000)	1.273 *** (0.000)	1.343 *** (0.000)
$\ln PRO_i$	0.418 *** (0.000)	0.400 *** (0.001)	0.446 *** (0.000)	0.994 *** (0.000)	0.939 *** (0.001)	1.052 *** (0.000)
XP_i	0.738 *** (0.000)	0.775 *** (0.000)	0.789 *** (0.000)	1.816 *** (0.001)	1.917 *** (0.000)	1.954 *** (0.000)
TEC_i	——	13.708 ** (0.030)	——	——	34.426 ** (0.014)	——
PRM_i	——	——	4.039 ** (0.044)	——	——	10.360 ** (0.020)
R^2	0.248	0.257	0.256	0.247	0.257	0.257

注：括号内为回归 P 值；上标 *** , ** , * 分别代表在 1% 、5% 和 10% 水平上显著。

　　对比表 3 - 5 - 3、表 3 - 5 - 4 各列回归结果和表 3 - 5 - 2 中相应
列数的回归结果，可以发现表 3 - 5 - 3 中仅有企业规模和出口倾向的
系数显著为正，其他变量不再显著；表 3 - 5 - 4 中各系数符合和显著
性和表 3 - 5 - 2 完全一致。该结论说明民营企业对发达国家进行对外
直接投资决策仅受较大企业规模和较高出口倾向的影响，而对发展中
国家进行对外直接投资决策的影响因素较多。这一结果和表 3 - 5 - 1
中的数据信息完全一致，即民营企业对发展中国家进行对外直接投资
决策行为受其投资动机的影响。本书第四章内容将同样利用温州民营
企业微观数据发现民营企业对发达国家进行对外直接投资仅具有市场
开拓动机，对发展中国家的对外直接投资兼具市场开拓和生产转移动
机的结论，市场开拓动机主要受企业规模和为出口服务的影响，而
生产转移动机不仅要求企业内部具有较高的生产率和技术能力，同
时也由于内部管理效率较低而介于企业内部管理费用将部分生产转
移至其他国家。从表 3 - 5 - 3 和表 3 - 5 - 4 的回归结果中也可以发现

表 3 - 5 - 4 回归结果的拟合优度 R^2 要高于表 3 - 5 - 3，说明对发展中国家进行对外直接投资的决策更多受企业内部的影响，而对发达国家进行对外直接投资的决策更多受宏观经济以及东道国特征等民营企业外部因素的影响，这同样也可以由投资动机差异进行解释：市场开拓动机受宏观环境影响较大，而生产转移动机则更多取决于企业内部的微观需求。

第六节　小　结

本章基于企业对外直接投资的政策演化和现状特征研究投资规模和投资项目数的国内决定因素，发现经济发展水平的提升、产业结构的优化、劳动成本的增加以及技术水平的提升都是我国对外直接投资的推力，人力资本存量的提高倾向于将项目留在国内；国际贸易因素的影响则较为微妙，出口贸易增加对外直接投资项目数却降低了投资规模，进口贸易则在增加对外直接投资项目数的同时不利于投资规模的扩大。与以往研究不同，本章在考虑对外直接投资的同时也考虑了对外直接投资项目数的国内决定因素，并发现了国际贸易对两者影响的差别，反映出国际贸易影响对外直接投资的方式较为微妙。国内金融发展作为关键因素对企业对外直接投资的影响也在本节的考虑之中，发现量维度和质维度金融发展参数的影响截然相反，这是由我国金融发展特殊性和企业对外直接投资主体动机差异产生的。从企业内部看，影响企业对外直接投资决策的因素较多，并且对针对发达国家和发展中国家对外直接投资决策的影响因素存在较大差别。

本章的研究对于制定促进我国对外直接投资发展的政策措施也有一定的借鉴意义。首先，在经济发展因素方面，欲推动对外直接投资的发展，相关政府部门应先发展国内经济，并在产业结构上提升第三产业的比重；其次，在劳动力因素方面，本章的研究发现劳动力成本的提升和人力资本的不足是推动企业对外直接投资的负面影响因素，即便如此，为提高对外直接投资的质量，政府应努力实现人力资本水平的提高，防止国内劳动力成本提升过快，导致过度的资本外移，并降低对外直接投资项目的质量；再次，在技术水平因素方面，更高的政府科技财政投入和技术进步均是促进企业对外直接投资的有利因素，因此进一步实行高科技导向的发展战略应是我国各政府部门优化对外直接投资质量的最优政策；最后，在国际贸易因素方面，由于本章的研究发现进出口贸易影响对外直接投资规模和项目数存在差别，因此政府应先明确投资规模和项目数之间的取舍，再从国际贸易政策出发有针对性地实行促进措施。

第四章　企业对外直接投资动机及
海外集群

除了国内推力因素以外，东道国经济发展因素也是吸引我国企业对外直接投资的重要吸引力，而且不同动机类型对外直接投资的东道国吸引因素也存在差异。本章通过理论和实证研究着重分析不同动机企业对外直接投资的国外吸引力，第一节构造企业对外直接投资动机的基本理论框架，分别推导横向动机和纵向动机对外直接投资的决定因素，并提供省际面板数据的宏观实证检验；第二节则利用温州微观数据检验民营企业对外直接投资动机的东道国经济影响因素；第三节以浙江省企业样本数据研究集群式企业对外直接投资在海外集群的区位选择影响因素；第四节也利用浙江样本数据基于第三节内容研究企业海外集群是否构成新晋企业对外直接投资区位选择的影响因素。

第一节　企业对外直接投资动机
框架及宏观实证

一　横向动机决定因素

Markusen（2002）指出横向对外直接投资指的是企业在东道国生产的产品和服务大致类似于其在母国市场上生产的产品和服务，由此可见横向动机对外直接投资是市场开拓目的所驱动的，因而是对企业向东道国出口行为的一种替代。在这种动机下，企业需要权衡出口行为与对外直接投资之间的相对利润大小决定采取哪种形式开拓国外市场。Grossman et al.（2006）详细地分析了这种权衡的决定因素，图 4 - 1 - 1简单地归纳了他们的分析框架。

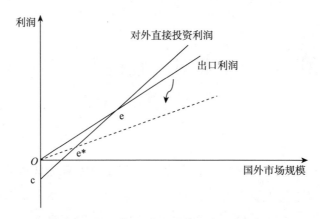

图4-1-1　横向动机对外直接投资分析框架

图中 c 代表对外直接投资相对于出口行为的额外固定成本，对外直接投资和出口利润均随着国外市场规模的扩大而增加，对外直接投资利润线的斜率大于出口利润线斜率体现了其接近东道国的区位优势，即不需要支付关税等额外费用。从图4-1-1中可以发现，当国外市场规模较小且在 e 点左边时，企业选择向国外出口的行为；当国外市场规模较大且在 e 点右边时，企业将选择对国外进行对外直接投资行为。由此可见，企业更倾向于对大市场规模的国家进行对外直接投资。此外，出口利润线的斜率也会影响企业行为选择，当出口成本提高时，比如关税增加，此时出口利润线变得更为平坦，新的权衡点将出现在 e* 点，可以发现此时进行对外直接投资的市场规模临界值变小，可以预计更多的企业将选择对外直接投资方式服务国外市场。由上述的分析可以得到本节的第一个推论。

推论1：在横向对外直接投资动机驱动下，市场规模越大、关税率越高的东道国能吸引更大规模的我国对外直接投资。

二　纵向动机决定因素

针对纵向对外直接投资，Markusen（2002）强调其是将产品的不同生产阶段分散在国外进行，并最终在母国或东道国组成最终产品的对外直接投资类型，显然其目的在于节约生产成本。在成本节约动机的驱动下，纵向对外直接投资企业将权衡在国内生产与国外生产之间的相对平均成本大小，最终选择获取最小成本的方法进行投资与生产。本节构建图4-1-2的框架以分析这种权衡。

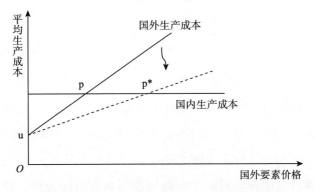

图4-1-2 纵向动机对外直接投资分析框架

图中 u 表示在国外生产的额外固定成本，这是因为国外生产需要新建厂房等设施；假定国内要素价格不变，因此国内生产平均成本为一条固定的水平线。从图中可以发现，当国外要素价格较低且在 p 点左边时，此时国外生产成本低于国内生产成本，企业倾向于进行纵向对外直接投资在国外生产；而当国外要素价格较高且在 p 点右边时，此时国内生产平均成本较小，企业更倾向于在国内生产，这反映出较低的国外要素价格更能吸引我国企业的对外直接投资。此外，在国外进行纵向动机对外直接投资时，东道国需从母国进口原材料，并将最终产品出口至母国或第三国，因此东道国的贸易成本也构成东道国生产成本的一部分，影响企业的生产行为选择。图4-1-2反映了这一特征，东道国的贸易成本降低将使国外生产成本线向下旋转，新的权衡点出现在 p* 处，此时企业进行纵向对外直接投资的要素价格临界值提高，可以预计更多的企业将选择进行纵向对外直接投资行为。综上分析可以得到本节的第二个推论。

推论2：在纵向对外直接投资动机驱动下，要素价格成本越低、贸易成本越低的东道国能吸引更大规模的我国对外直接投资。

三　方程构建与数据说明

为了对我国企业对外直接投资的横向与纵向动机进行实证检验，

本节将影响我国对外直接投资规模的因素分为三类进行回归：第一类为控制变量，第二类为横向动机变量，第三类为纵向动机变量。回归方程（R）列出了本节实证研究的各解释变量：

$$\ln ODI_{it} = \alpha_0 + \alpha_1 FDI_{it} + \alpha_2 CPI_{it} + \alpha_3 ENG_{it} + \alpha_4 \ln GDP_{it} + \alpha_5 TR_{it}$$
$$+ \alpha_6 D\ln PGDP_{it} + \alpha_7 \ln CM_{it} + \alpha_8 \ln CX_{it} + u_i + v_t + \varepsilon_{it}$$
（R）

这里 $\ln ODI_{it}$ 为我国 t 年对 i 国的企业对外直接投资流量规模（美元）对数值。FDI_{it}、CPI_{it} 和 ENG_{it} 为本节实证研究的控制变量因素，其中 FDI_{it} 为 i 国 t 年外资净流入开放度，用外资净流入额占 GDP 的比重衡量，反映该国外资开放度对吸引我国对外直接投资的影响；CPI_{it} 为 i 国 t 年的物价指数，代表通货膨胀率，用来研究该国宏观经济稳定度如何影响我国对其的对外直接投资规模；ENG_{it} 为 i 国 t 年矿物资源和金属资源出口占总出口的比重，衡量该国的资源丰裕度，研究我国是否倾向于对资源较丰裕的国家进行对外直接投资。$\ln GDP_{it}$ 和 TR_{it} 为本节的横向动机变量因素，按照本节推论 1 的逻辑，东道国的市场规模和关税率是决定横向动机对外直接投资的关键因素，这里 $\ln GDP_{it}$ 为 i 国 t 年的 GDP（美元，2000 年固定价格）对数值，代表该国的市场规模；TR_{it} 为 i 国 t 年的加权平均进口关税率。$D\ln PGDP_{it}$、$\ln CM_{it}$ 和 $\ln CX_{it}$ 构成了本节实证研究的纵向动机变量因素，按照本章第一节推论 2 的逻辑，东道国的要素价格和贸易成本是决定纵向动机的关键因素，而要素价格中最重要的是劳动工资成本，这里 $D\ln PGDP_{it}$ 为 i 国 t 年人均实际 GDP（美元，2000 年固定价格）与我国人均实际 GDP 的差值，由于一般而言劳动工资往往与一国经济发展水平正相关，因此该变量反映东道国与我国之间的劳动工资成本差异如何影响我国对其的纵向对外直接投资规模；$\ln CM_{it}$ 和 $\ln CX_{it}$ 分别为 i 国 t 年的单位进口和出口成本，用每标准单位集装箱产品的进口或出口费用（美元，2000 年固定价格）对数值衡量，反映东道国贸易成本的大小如何影响我国对其的对外直接投资。下标 i 和 t 分别代表东道国国别和年份；u_i、v_t 和 ε_{it} 分别为地区变量、时间变量和回归残差。

本节样本为 2003～2010 年我国对 55 个国家地区的对外直接投资流量规模及这些东道国的经济特征变量，其中我国对各国的对外直接投资数据来源于商务部发布的《2010 年我国对外直接投资统计公报》；各国经济变量数据则均由世界银行于 2011 年发布的《世界发展》（*World Development*）整理计算而得。表 4 - 1 - 1 归纳了各变量的基本数据信息及样本国。

表 4 - 1 - 1 基本数据信息与样本国

变量	全样本	发达国家样本	发展中国家样本
ln *ODI*	7.359 (2.269)	8.389 (2.092)	7.050 (2.231)
FDI	0.037 (0.044)	0.030 (0.045)	0.039 (0.044)
CPI	0.192 (0.896)	0.020 (0.012)	0.245 (1.020)
ENG	0.104 (0.182)	0.046 (0.061)	0.122 (0.202)
ln *GDP*	15.856 (2.130)	18.203 (1.394)	15.132 (1.763)
TR	0.077 (0.043)	0.035 (0.020)	0.089 (0.040)
D ln *PGDP*	0.143 (0.717)	1.160 (0.157)	- 0.171 (0.495)
ln *CM*	6.988 (0.491)	6.770 (0.295)	7.056 (0.519)
ln *CX*	7.136 (0.528)	6.852 (0.344)	7.224 (0.544)
样本国	孟加拉国、柬埔寨、印度、印度尼西亚、日本、哈萨克斯坦、吉尔吉斯斯坦、韩国、老挝、马来西亚、蒙古、巴基斯坦、菲律宾、沙特阿拉伯、新加坡、泰国、土耳其、越南、阿尔及利亚、安哥拉、博茨瓦纳、喀麦隆、刚果（金）、科特迪瓦、埃及、埃塞俄比亚、加纳、肯尼亚、马达加斯加、毛里塔尼亚、毛里求斯、摩洛哥、尼日利亚、南非、乌干达、赞比亚、丹麦、法国、德国、意大利、荷兰、罗马尼亚、俄罗斯、乌克兰、英国、阿根廷、巴西、厄瓜多尔、墨西哥、秘鲁、委内瑞拉、加拿大、美国、澳大利亚、新西兰		

注：括号内为标准差。

资料来源：历年《中国对外直接投资统计公报》和《世界发展》。

　　从数据基本信息中可以发现，我国针对发达国家的对外直接投资平均规模大于针对发展中国家的投资规模，并且发达国家的市场规模大于发展中国家，但平均关税率低于发展中国家，因此无法直观判断我国对其的对外直接投资是否具有较强的横向动机，需要实证研究的进一步确认。此外，发展中国家的平均人均 GDP 小于我国，发达国家则大于我国，说明发展中国家的劳动成本低于我国，但是发展中国家的进出口贸易成本均高于发达国家，因此也无法直观判断我国针对发展中国家的对外直接投资是否以纵向动机为主，也需通过回归分析进一步验证。

四　回归结果及分析

　　由于企业基于东道国前一年度的经济数据观察而决定对其的对外直接投资，并且为避免变量之间的内生性，本节在回归时使用了解释变量的滞后一期值，得到表 4 - 1 - 2 的结果。

表 4 - 1 - 2　面板数据回归结果

类别	变量	全样本	发达国家样本	发展中国家样本
控制变量	C	- 95. 535 *** (0. 000)	- 111. 828 * (0. 097)	- 96. 976 *** (0. 000)
	FDI	0. 422 (0. 829)	- 2. 561 (0. 547)	1. 319 (0. 559)
	CPI	- 1. 284 ** (0. 014)	- 5. 242 (0. 703)	- 1. 341 ** (0. 015)
	ENG	4. 135 ** (0. 040)	3. 846 (0. 638)	4. 283 ** (0. 046)
横向变量	ln GDP	6. 586 *** (0. 000)	6. 174 * (0. 059)	6. 898 *** (0. 000)
	TR	4. 160 (0. 270)	- 4. 053 (0. 840)	4. 721 (0. 237)
纵向变量	D ln PGDP	- 7. 007 *** (0. 000)	- 6. 351 ** (0. 015)	- 6. 288 *** (0. 000)
	ln CM	0. 820 (0. 168)	0. 129 (0. 953)	0. 732 (0. 255)
	ln CX	- 0. 935 * (0. 056)	2. 104 (0. 553)	- 0. 973 * (0. 057)

类别	变量	全样本	发达国家样本	发展中国家样本
方程特征	Hausman	187. 15 *** (0. 000)	114. 75 *** (0. 000)	156. 86 *** (0. 000)
	R^2	0. 522	0. 483	0. 534

注：括号内为 P 值，上标 ***，**，* 分别代表在 1%，5% 和 10% 水平上显著；本节依据 Hausman 统计量确定采取固定效应还是随机效应模型。

由于对外直接投资行为需要掌握东道国的相关经济信息，并需与东道国政府及各社会组织处理好各种关系，而企业在以往的对外投资行为中会积累这种关系。因此，企业对某国的对外投资规模将会受其以往投资量的影响，即与前期投资规模可能存在相关性。为了体现这种特征，本节将对外直接投资的滞后一期值 L. $\ln ODI$ 作为控制变量加入回归方程（R）中，使原回归方程具有了动态性。进一步采用动态面板数据回归方法得到表 4 - 1 - 3 的结果。

表 4 - 1 - 3　动态面板数据回归结果

类别	变量	全样本	发达国家样本	发展中国家样本
控制变量	C	- 78. 879 *** (0. 000)	- 470. 527 ** (0. 037)	- 78. 487 *** (0. 000)
	L. $\ln ODI$	0. 209 *** (0. 000)	- 0. 560 ** (0. 047)	0. 120 * (0. 056)
	FDI	- 0. 002 (0. 944)	- 0. 093 ** (0. 038)	0. 008 (0. 781)
	CPI	- 1. 112 * (0. 055)	- 82. 393 ** (0. 040)	- 1. 717 *** (0. 000)
	ENG	3. 099 (0. 110)	108. 067 (0. 117)	3. 849 * (0. 086)
横向变量	$\ln GDP$	6. 285 *** (0. 000)	11. 581 (0. 202)	6. 499 *** (0. 000)
	TR	0. 146 *** (0. 001)	- 1. 038 (0. 204)	0. 149 *** (0. 000)

类别	变量	全样本	发达国家样本	发展中国家样本
纵向变量	$D\ln PGDP$	-7.774 *** (0.000)	24.991 (0.136)	-9.667 *** (0.000)
	$\ln CM$	-1.503 * (0.059)	-36.968 ** (0.040)	-1.867 *** (0.004)
	$\ln CX$	-0.584 (0.434)	72.865 ** (0.022)	-0.325 (0.515)
方程特征	Wald 值	724.9 *** (0.000)	431.28 *** (0.000)	644.14 *** (0.000)

注：括号内为 P 值，上标 ***，**，* 分别代表在 1%，5% 和 10% 水平上显著。

　　综合对比分析表 4-1-2 和表 4-1-3 的回归结果，可以发现表 4-1-3 考虑了对外直接投资滞后一期项后，回归结果更符合理论预期，横向和纵向动机变量的系数显著性更为明显。两个表的回归结果可以研究东道国控制变量、横向动机变量以及纵向动机变量如何影响我国对其的对外直接投资规模。在控制变量中，可以发现 FDI 在各列中均不显著，说明一国的外资开放度并不是吸引我国对其对外直接投资的因素。CPI 的系数显著为负，说明我国企业更倾向于对宏观经济较为稳定的国家进行对外直接投资。ENG 的系数在发达国家样本回归方程中不显著，在发展中国家显著，基本反映我国对发展中国家的对外直接投资具有资源获取目的。L.ln ODI 在全样本和发展中国家样本回归结果中显著为正，在发达国家样本回归结果中却显著为负，这是因为发展中国家市场不完善，信息不透明，因此对其的投资行为具有积累获取信息及社会关系的特征；而发达国家市场健全，信息透明，不存在这种信息累积特征，从平滑投资决策角度看，上一年度的高投资可能会减少当年的投资量。

　　在横向动机变量中，ln GDP 在表 4-1-2 各列回归结果中均显著，在表 4-1-3 中则在全样本数据和发展中国家数据回归结果中显著，在发达国家样本回归结果中不显著，此外在表 4-1-2 发达国家样本回归结果中显著性也较低。TR 在表 4-1-2 中均不显著，在表 4-1-3 的全样本和发展中国家样本回归结果中显著为正，在发达国家样本回归结果中不显著。由此根据本节推论 1 的逻辑可以反映，总体而言，我国企业对外直接投资具有较强的横向动机，并且在针对发展中国家的对外直接投资中，横向动机更为突出；而针对发达国家的对外直接投资中，横向动机则较弱。这是因为，我国作为发展中国家，生产的产品与服务更符合发展中国家居民的消费偏好，因此其开拓市场的横向动机对外直接投资也是大部分针对发展中国家消费者。

在纵向动机变量中，$D\ln PGDP$ 在表 4 - 1 - 2 中均显著为负，在表 4 - 1 - 3 中也是仅在全样本数据和发展中国家样本数据回归结果显著为负。$\ln CM$ 的系数在表 4 - 1 - 2 中均不显著，在表 4 - 1 - 3 中均显著为负；$\ln CX$ 的系数在表 4 - 1 - 2 全样本回归结果和发展中国家样本回归结果中显著为负，在发达国家样本回归结果中则不显著，在表 4 - 1 - 3 发达国家样本回归结果中却显著为正，其他样本回归结果中不显著。按照本节推论 2 的逻辑，从表 4 - 1 - 2 和表 4 - 1 - 3 纵向动机变量的综合回归结果中可以发现，总体而言，我国企业对外直接投资具有明显的纵向动机；而从变量显著性的个数及显著性程度中看，针对发展中国家的纵向对外直接投资动机较强，针对发达国家的纵向对外直接投资动机较弱。这是因为发展中国家经济发展水平较为落后，劳动工资较低，更易作为我国企业成本节约驱动下的生产转移目的国，对其进行纵向对外直接投资也是企业的理性选择。

五　先进技术和管理经验获取动机

除了横向和纵向动机以外，我国企业也因获取先进技术和管理经验而进行对外直接投资，这种动机主要体现在对发达国家的对外直接投资中。为了对此动机进行检验，本部分利用发达国家样本在前文回归方程（R）的基础上添加先进技术变量和企业管理经验变量再次进行实证检验，构建如下的方程：

$$\ln ODI_{it} = \beta_0 + \beta_1 FDI_{it} + \beta_2 CPI_{it} + \beta_3 ENG_{it} + \beta_4 \ln GDP_{it} + \beta_5 TR_{it} + \beta_6 D\ln PGDP_{it}$$
$$+ \beta_7 \ln CM_{it} + \beta_8 \ln CX_{it} + \beta_9 MAG_{it} + \beta_{10} TEC_{it} + \eta_i + \pi_t + \sigma_{it} \quad (\text{R}')$$

　　这里 MAG_{it} 为 i 东道国 t 年的管理经验指标，出于数据可得性的角度考虑本部分选择该国企业市场化资产占 GDP 的比重度量，市场化资产越多意味着企业受市场制度的监督约束程度越高，现代化企业管理经验越丰富；TEC_{it} 为 i 东道国 t 年的技术水平指标，同样出于数据可得性考虑，本部分选取该国高科技产品出口占制造品出口的比重度量该指标，比重越高意味着该国在高科技产品上具有更高的比较优势，反映出较高的技术水平。两个变量的数据仍来自于《世界发展》，其他变量均和上文保持一致。利用动态面板数据对方程（R'）进行回归，得到表 4 - 1 - 4 的结果。

表 4 - 1 - 4　先进技术和管理经验获取动机回归结果

类别	变量	(1)	(2)	(3)
控制变量	C	- 487.018 * (0.070)	- 572.474 * (0.067)	- 422.353 ** (0.023)
	L. ln ODI	- 0.576 (0.100)	- 0.089 (0.791)	- 0.081 (0.828)
	FDI	- 0.092 * (0.057)	- 0.035 ** (0.041)	- 0.025 * (0.058)
	CPI	- 73.161 * (0.071)	- 86.751 ** (0.043)	- 83.437 * (0.055)
	ENG	101.959 (0.312)	74.595 (0.556)	192.426 (0.222)
横向变量	ln GDP	11.515 (0.288)	13.815 (0.199)	12.097 (0.360)
	TR	- 1.061 (0.227)	- 1.706 (0.620)	- 1.816 (0.500)
纵向变量	D ln PGDP	24.738 (0.179)	15.857 (0.218)	24.124 (0.198)
	ln CM	- 36.990 ** (0.040)	- 15.812 ** (0.018)	- 12.650 ** (0.030)
	ln CX	75.517 ** (0.022)	43.518 ** (0.040)	60.902 ** (0.014)
管理经验 变量	MAG_{it}	0.654 (0.846)	——	3.978 (0.154)

续表

类别	变量	(1)	(2)	(3)
先进技术 变量	TEC_{it}	——	58.831 ** (0.041)	56.419 ** (0.045)
方程特征	Wald 值	345.41 *** (0.000)	351.01 *** (0.000)	393.18 *** (0.000)

注: 括号内为 P 值, 上标 ***, **, * 分别代表在 1%, 5% 和 10% 水平上显著。

从表 4-1-4 中的各列回归结果中可以发现, 管理经验变量 MAG_{it} 的系数不显著, 技术水平变量 TEC_{it} 则显著为正, 其他变量的系数符合和显著性基本和表 4-1-3 的结果保持一致。该结果意味着企业管理经验较丰富的发达国家并不能吸引更多的我国企业对外直接投资, 而技术水平越先进的发达国家则明显能吸引更多的我国企业对外直接投资, 由此可以说明我国企业对发达国家进行直接投资并不具有管理经验获取动机, 但有明显的先进技术获取动机。出现这一结果的原因可能是在当前发展阶段下, 先进技术水平被我国企业认为是重要的战略资源, 而管理经验作为战略资源尚未受到外向企业的重视。

第二节 温州民营企业对外直接投资
动机实证研究

一 温州民营企业对外直接投资概况

温州民营企业对外直接投资行为引领全国, 早在 1999 年便开始在海外投资专业市场, 2005~2010 年温州共有 143 家民营企业进行对外直接投资, 其中从事制造业的民营企业有 92 家, 从事销售服务业的企业有 51 家; 投资地涉及除大洋洲和南极洲外的其他所有大洲共 37 个国家和地区, 有 4 家企业对多个国家和地区进行对外直接投资。在投资金额方面, 2005~2010 年温州民营企业对外直接投资累计金额达 627.74 万美元, 其中制造业企业投资金额为 219.44 万美元, 销售服务业企业投资金额为 408.31 万美元。结合对外直接投资企业数和投资额可以发现,相对于销售服务业，制造业尽管从事对外直接投资的企业数量较多，但投资规模相对较小。为了更为详细地分析温州民营企业对外直接投资的状况，表4-2-1列出了其企业数与投资金额在各区域的分布状况。

表4-2-1　温州民营企业对外直接投资地区分布

投资地	亚洲（除香港）	欧洲	北美	拉美	非洲	中国香港
企业数（个）	45	34	31	4	12	24
比例（%）	31.47	23.78	21.68	2.80	8.39	16.78
投资额（万美元）	100.76	203.96	70.54	9.00	40.83	202.65
比例（%）	16.05	32.49	11.24	1.44	6.50	32.28

注：由于有4家民营企业对多个国家和地区进行对外直接投资，因此企业数加总大于143，企业数份额加总大于1。

资料来源：温州市商务局和温州市外汇管理局。

考虑到针对香港的对外直接投资大多作为资金中转流向其他国家和地区，动机复杂并难以衡量，因此在表4-2-1中将香港单独列出。从表中可以发现在针对欧洲和中国香港的对外直接投资中，投资额所占比例超过了企业数所占比例，针对其他地区的对外直接投资则是企业数所占比例大于投资额所占比例。这说明针对欧洲和中国香港的对外直接投资多为销售服务业企业进行的，投资规模较大，体现了市场开拓动机；针对其他地区的对外直接投资则多为制造业企业的行为，投资规模较小，体现了生产转移动机。表4-2-2分别列出了制造业企业和销售服务业企业对外直接投资的企业数地区分布状况，可以发现在针对亚洲（除香港）、欧洲、非洲以及中国香港的对外直接投资中，销售服务业企业数所占比例大于制造业企业数所占比例；在针对其他地区的对外直接投资中，则是制造业企业数所占比例大于销售服务业企业所占比例。

表4-2-2　温州民营企业分行业对外直接投资地区分布

单位：个，%

投资地	亚洲（除香港）	欧洲	北美	拉美	非洲	中国香港
制造业企业数	27	20	20	3	7	15
比例	29.35	21.74	21.74	3.26	7.61	16.30

投资地	亚洲（除香港）	欧洲	北美	拉美	非洲	中国香港
销售服务业企业数	18	14	11	1	5	9
比例	35.29	27.45	21.57	1.96	9.8	17.65

注：由于对多个国家进行对外直接投资的企业均在销售服务业，因此服务业企业数加总大于51，企业所占比例加总大于1。

资料来源：温州市商务局和温州市外汇管理局。

二　模型设定与数据说明

民营企业因动机不同将选择向不同的国家进行对外直接投资，即东道国不同的经济因素将会吸引不同动机的民营企业对其进行对外直接投资。由于企业对某个国家的对外直接投资金额除了受投资目的国经济因素影响外，还受母国及企业自身因素的影响，影响因素较多且随意性较大。基于此考虑，本节并不从民营企业对外直接投资金额规模出发考察其动机，而是另辟蹊径从民营企业对某国的对外直接投资倾向出发进行研究。为了达到该目的，本节将民营企业与投资目的国进行匹配，如果某民营企业对目的国中的某国存在对外直接投资行为，则计数为1；如果该民营企业对某国不存在对外直接投资行为，则计数为0。以该指标作为被解释变量构建计量方程可以研究各国的经济因素如何影响温州民营企业对该国的对外直接投资倾向，从而可以探明民营企业的对外直接投资动机。计量方程如下：

$$Y_i = \alpha_0 + \alpha_1 \ln GDP_i + \alpha_2 \ln PGDP_i + \alpha_3 CPI_i + \alpha_4 POL_i$$
$$+ \alpha_5 FDI_i + \alpha_6 ENG_i + \alpha_7 \ln CE_i + u_i \qquad (R)$$

这里 Y_i 为按上文方法设计的指标，考虑到民营企业对香港的对外直接投资去向难以断定，在指标设计中去除了香港作为投资目的地的样本，因此本节将温州剩余119家民营企业对36个投资目的国的对外投资进行匹配：某民营企业对 i 国存在对外直接投资时，Y_i 计为1；某民营企业对 i 国不存在对外直接投资时，Y_i 计为0。按这种方法进行匹配总共可以得到4282个样本。$\ln GDP_i$ 为 i 国的 GDP 对数值，用

2000 年固定美元值进行衡量，反映东道国市场规模对吸引民营企业对其对外直接投资的影响，考察民营企业的市场开拓动机。$\ln PGDP_i$ 为 i 国人均 GDP 对数值，用 2000 年固定美元值进行衡量，研究东道国经济发展水平如何影响温州民营企业对其的对外直接投资。CPI_i 为 i 国的物价指数，代表通货膨胀率，以研究东道国宏观经济稳定程度是否影响民营企业对其的对外直接投资。POL_i 为 i 国的公民政治权利指数，代表政治制度稳定性，考察东道国的政治环境如何影响民营企业对其的对外直接投资。FDI_i 为 i 国的净资本流入占 GDP 的比例，衡量 i 国的外资开放度，目的在于考察对外资更为开放的东道国是否更能吸引民营企业对其的对外直接投资。ENG_i 为 i 国金属及矿物出口占总出口的比重，反映东道国的自然资源状况，考察民营企业对外直接投资是否具有资源获取动机。$\ln CE_i$ 为 i 国出口成本的对数值，用单位集装箱的美元出口成本衡量，由于民营企业进行生产转移动机对外直接投资时，最终需要将产品出口至母国或其他国家，因此东道国出口成本如何影响民营企业对该国的对外直接投资能验证其生产转移动机。

为了排除经济周期与经济波动因素所产生的随机影响，在回归方程中均采取了年度平均值。Y_i 指标基于 2005 ~ 2010 年的数据进行匹配，即只要在该时间段内某企业对 i 国进行过对外直接投资，则就计 Y_i 为 1；其他指标均为 2005 ~ 2010 年的平均值。温州民营企业对外直接投资及其投资国的数据来源于温州市商务局与温州市外汇管理局；投资目的国的 GDP、人均 GDP、CPI、外资开放度、自然资源、出口成本等指标数据均来自于世界银行发布的《世界发展指标》（*World Development Indicator*）；投资目的国公民权利指标数据来自于自由之家（Freedom House）发布的《2010 年世界自由度》（*Freedom in World 2010*），该指标基于 Gastil（1991）的方法进行构建，用 1 ~ 7 之间的数值进行衡量，越高的数值代表越高的公民政治权利及越稳重的政治制度环境。表 4 - 2 - 3 列出了本节的样本国（地区），即温州民营企业对外直接投资目的国及地区。

表 4 - 2 - 3 本节样本国（地区）

亚洲	阿联酋、阿塞拜疆、哈萨克斯坦、韩国、柬埔寨、马来西亚、蒙古、日本、沙特阿拉伯、斯里兰卡、乌兹别克斯坦、土耳其、泰国、新加坡、也门、印度尼西亚、越南、中国香港
欧洲	保加利亚、德国、俄罗斯、法国、芬兰、荷兰、匈牙利、意大利、英国
北美	加拿大、美国
拉美	巴西、墨西哥
非洲	埃及、埃塞俄比亚、安哥拉、刚果、加蓬、尼日利亚

注：针对中国香港的对外直接投资数据未包含在本节的回归样本中。

三 全样本回归结果及分析

由于在回归方程（R）中被解释变量取值为 1 或 0，因此方程为二值选择模型，本节分别用 Probit 模型估计方法和 Logit 模型估计方法对方程（R）进行回归，得到表 4 - 2 - 4 的结果。

表 4 - 2 - 4 全样本回归结果

变量	Probit 模型			Logit 模型		
	（1）	（2）	（3）	（1'）	（2'）	（3'）
常数项	- 9. 109 *** (0. 000)	- 8. 949 *** (0. 000)	- 9. 104 *** (0. 000)	- 22. 329 *** (0. 000)	- 21. 637 *** (0. 000)	- 22. 329 *** (0. 000)
$\ln GDP_i$	0. 759 *** (0. 000)	0. 739 *** (0. 000)	0. 760 *** (0. 000)	1. 989 *** (0. 000)	1. 911 *** (0. 000)	1. 989 *** (0. 000)
$\ln PGDP_i$	- 0. 153 (0. 294)	- 0. 210 (0. 159)	- 0. 153 (0. 294)	- 0. 471 (0. 207)	- 0. 592 (0. 118)	- 0. 471 (0. 207)
CPI_i	5. 479 *** (0. 002)	5. 512 *** (0. 002)	5. 479 *** (0. 002)	14. 530 *** (0. 001)	14. 365 *** (0. 001)	14. 530 *** (0. 000)
POL_i	0. 057 ** (0. 044)	0. 084 *** (0. 009)	0. 057 ** (0. 044)	0. 125 * (0. 064)	0. 191 ** (0. 016)	0. 125 * (0. 064)
FDI_i	4. 008 *** (0. 004)	4. 420 *** (0. 002)	4. 009 *** (0. 004)	10. 994 *** (0. 003)	11. 776 *** (0. 002)	10. 994 *** (0. 003)
ENG_i	0. 292 (0. 727)	0. 495 (0. 534)	0. 294 (0. 725)	- 0. 321 (0. 907)	0. 754 (0. 759)	- 0. 321 (0. 907)
$\ln CE_i$	- 0. 526 ** (0. 011)	- 0. 508 ** (0. 013)	- 0. 527 ** (0. 011)	- 1. 308 ** (0. 013)	- 1. 272 ** (0. 014)	- 1. 308 ** (0. 013)

变量	Probit 模型			Logit 模型		
	（1）	（2）	（3）	（1′）	（2′）	（3′）
发达国家	——	0.310 * (0.054)	——	——	0.723 * (0.064)	——
制造业	——	——	−0.009 (0.918)	——	——	−0.005 (0.990)
R^2	0.075	0.079	0.075	0.083	0.086	0.083

注：括号内为回归 P 值；上标 ***，**，* 分别代表在 1%，5% 和 10% 水平上显著。

在表 4-2-4 的回归结果中，（2）和（2′）添加了发达国家虚拟变量，（3）和（3′）则添加了制造业企业虚拟变量。从回归结果中可以发现，$\ln GDP_i$ 的系数显著为正，说明经济规模较大的国家更能吸引民营企业的对外直接投资，表明民营企业具有较强的市场开拓对外直接投资动机。$\ln PGDP_i$ 的系数不显著，说明一国的经济发展水平并不影响民营企业对其的对外直接投资倾向。CPI_i 的系数显著为正，意味着温州民营企业更倾向于向宏观经济不稳定的国家进行对外直接投资，充分反映了温州民营企业家的风险偏好，不稳定的宏观经济环境风险较大，但潜在收益也高。POL_i 的系数显著为正，说明温州民营企业家更倾向于在政治环境较为稳定的国家进行对外直接投资，反映出温州民营企业家尽管偏好经济风险，但在政治上倾向于稳定的环境。FDI_i 的系数显著为正，说明外资开放度较高的国家更能吸引民营企业对其进行对外直接投资。ENG_i 的系数不显著，说明民营企业进行对外直接投资并无资源获取动机，这与国有企业构成了很大的区别。$\ln CE_i$ 的系数显著为负，表明出口成本较低的国家更能吸引民营企业的对外直接投资，反映出民营企业对外直接投资具有较强的生产转移动机。发达国家虚拟变量显著为正，说明发达国家更能吸引民营企业的对外直接投资；制造业虚拟变量系数不显著，意味着制造业民营企业并没有较高的对外直接投资倾向。总体而言，从表 4-2-4 的回归结果中可以发现，民营企业对外直接投资具有明显的市场开拓和生产转移动机。

四　分区域回归结果及分析

为了更进一步分析民营企业对不同经济发展水平国家进行对外直接投资的动机，本节按联合国标准将目的国分为发达国家和发展中国家两类分别进行回归，得到表4-2-5的结果。

表4-2-5　分区域回归结果

变量	发达国家样本		发展中国家样本	
	Probit 模型	Logit 模型	Probit 模型	Logit 模型
常数项	-10.430*** (0.002)	-23.535** (0.010)	-5.554*** (0.000)	-12.862*** (0.000)
$\ln GDP_i$	0.929*** (0.000)	2.059*** (0.000)	0.394*** (0.000)	1.006*** (0.000)
CPI_i	37.098*** (0.007)	78.809** (0.018)	3.835** (0.016)	10.071** (0.012)
POL_i	——	——	0.075** (0.024)	0.183** (0.026)
FDI_i	0.706 (0.922)	1.513 (0.093)	2.034 (0.137)	4.893 (0.163)
ENG_i	-2.508 (0.728)	-8.565 (0.659)	0.410 (0.563)	1.019 (0.602)
$\ln CE_i$	-1.115 (0.256)	-2.084 (0.420)	-0.511*** (0.001)	-1.295*** (0.001)
R^2	0.164	0.171	0.035	0.036

注：括号内为P统计值；上标***，**，*分别代表在1%，5%和10%水平上显著。

由于发达国家与发展中国家依人均GDP进行分类，为了避免出现共线性的问题，在表4-2-5的回归中去掉了$\ln PGDP_i$变量；此外，发达国家公民政治权利指标POL_i均为最高值7，同样为了避免共线性在发达国家回归方程中将其去除。对比表4-2-4和表4-2-5的回归结果可以发现，表4-2-5发达国家的回归结果中，$\ln GDP_i$的系数仍显著为正，但$\ln CE_i$的系数则不再显著，说明民营企业针对发达国家的对外直接投资仅存在市场开拓动机，不存在生产转移动机。在发展中国家的回归结果中，$\ln GDP_i$ 的系数仍显著为正，$\ln CE_i$ 的系数仍显著为负，说明民营企业针对发展中国家的对外直接投资兼具市场开拓和生产转移动机。

五　分行业回归结果及分析

为了明确不同行业属性的企业对外直接投资是否存在不同的动机，本节将温州民营企业分为制造业企业和销售服务业企业（包括批发业、商业服务业等）两类进行分类回归，得到表 4-2-6 的结果。

表 4 - 2 - 6　分行业回归结果

变量	制造业		销售服务业	
	Probit 模型	Logit 模型	Probit 模型	Logit 模型
常数项	- 9.965 ***	- 23.473 ***	- 8.116 ***	- 21.183 ***
	(0.000)	(0.000)	(0.000)	(0.000)
$\ln GDP_i$	0.848 ***	2.109 ***	0.660 ***	1.875 ***
	(0.000)	(0.000)	(0.001)	(0.000)
$\ln PGDP_i$	- 0.130	- 0.372	- 0.269	- 0.765
	(0.473)	(0.410)	(0.307)	(0.254)
CPI_i	5.715 **	14.242 ***	5.094 *	15.200 **
	(0.010)	(0.008)	(0.085)	(0.048)
POL_i	0.086 **	0.197 **	- 0.005	- 0.018
	(0.014)	(0.019)	(0.926)	(0.876)
FDI_i	4.334 **	11.063 **	3.359	10.649 *
	(0.020)	(0.019)	(0.130)	(0.075)
ENG_i	1.158	2.335	- 3.341	- 8.882
	(0.199)	(0.388)	(0.219)	(0.187)
$\ln CE_i$	- 0.667 **	- 1.634 **	- 0.200	- 0.621
	(0.011)	(0.013)	(0.579)	(0.486)
R^2	0.088	0.094	0.064	0.074

注：括号内为 P 统计值；上标 ***，**，* 分别代表在 1%，5% 和 10% 水平上显著。

对比表 4-2-4 和表 4-2-6 的回归结果，可以发现表 4-2-6 中制造业的回归结果表明 $\ln GDP_i$ 的系数仍显著为正，$\ln CE_i$ 的系数仍显著为负，说明制造业民营企业进行对外直接投资兼具市场开拓和生产转移两种动机。销售服务业回归结果中 $\ln GDP_i$ 的系数仍显著为正，但 $\ln CE_i$ 的系数不再显著，说明销售服务业企业进行对外直接投资仅具有市场开拓动机，不具有生产转移动机。

第三节　中国企业集群对外直接投资
影响因素：浙江样本

一　问题的提出

在国外的研究中，Porter（1990）最早提出企业集群有助于强化企业的专业优势而获得更高的竞争力；Dunning（2000）将这个概念运用到跨国公司的对外直接投资行为中，强调这种企业集群的优势也能在海外市场发挥作用。Blomstrom 和 Kokko（2003）的研究发现企业集群和对外直接投资存在相互促进的关系，但这种关系因产业和地区存在较大的差别。在他们研究的引导下，国外学者近年来大多从企业网络和空间地理两个角度出发研究跨国公司对外直接投资的集群现象。在企业网络方面，Coviello（2006）在采用网络理论分析新晋企业国际化行为中，运用大量的跨国公司海外经营案例发现，在海外企业集群中获取各种关系资源是获得对外直接投资成功的关键因素。Dicken（2011）指出企业能在集群网络中获取多少资源是该企业在国际化经营和对外直接投资中的重要能力之一，并且集群网络也是企业对外直接投资过程中获取全球信息的重要纽带。在空间地理方面，Buckley 和 Ghauri（2004）基于空间经济学研究了地理集群对企业对外直接投资的影响，发现地理集群能从劳动力成本节约、技术获得等多个方面提高企业对外直接投资的效率。Cook et al.（2012）的研究也进一步验证了地理集群有助于推动企业对外直接投资，更深入地，他们的研究发现不同的对外直接投资企业从集群中获得的收益存在差别，经验和资源丰富的企业能从中获得更多的收益。

　　国内关于集群国际化的研究大多集中于引进外资的集群模式，研究对外直接投资集群模式的文献较少。在少数的研究中，綦建红（2003）从多个维度较早提出了中小企业应采取产业集群的方式进行对外直接投资，并提出了相应的政策措施。邹昆仑（2007）研究了企业集群对外直接投资的特征，并依此提出了促进企业集群对外直接投资的产业基准和政策支撑。李春顶（2008）和张广荣（2008）从不同视角研究了境外经贸合作区建设对我国企业对外直接投资的影响，也可以理解为思考企业在东道国集群式对外直接投资的一种方式。钟慧中（2013）基于交易治理和集聚理论分析表明贸易集聚也是我国企业对外直接投资的一种有效模式选择，可以理解为通过贸易平台的建设推动我国企业对外直接投资在东道国的集群。郑展鹏（2013）则研究了我国企业对外直接投资在国内的空间集群，发现这种国内地区集群现象随着对外直接投资战略的推进呈现先集中后分散的特征。

　　与国内外现有文献不同，本节从东道国出发研究东道国哪些因素吸引我国企业对其的集群对外直接投资。企业往往由于信息获取等因素进行集群，因此集群企业之间往往需要具有一定的关系，浙商在这一点上较为符合集群的条件，关系网络在浙商企业经营中具有重要的作用。基于这点考虑，为了使本节的研究更符合实际，本节并不选取全国样本，而是选择浙江省企业样本进行实证研究，这也保证了集群的有效性；此外，浙江省拥有数量众多的民营企业，对外直接投资企业数一直位列全国首位，能保证实证研究样本的充分性。事实上，从数据中可以发现浙江省企业对外直接投资具有明显的集群特征，少数东道国吸引了大量的浙江省企业对外直接投资，说明了本节数据样本选择的合理性，并为实证研究提供了扎实的依据。本节通过计数模型实证研究发现，在经济上，人均收入越高、经济增长越快、与我国经贸关系越好以及贸易越便利的国家越易于吸引浙江省企业对其的集群对外直接投资，但较大经济规模的国家却对企业集群投资不具有吸引力。在政治上，政府行为越腐败的国家反而更能吸引浙江省企业对其的集群投资，这是因为成长于市场不完善环境下的浙江省民营企业已具有较强的政府公关能力，在腐败程度更高的国家更能发挥这种优势，从而获得更大的收益。最后，浙江省企业对外直接投资更倾向于在距离越远和资源越丰富的国家进行集群。同时，本节的实证研究也发现了发达国家和发展中国家吸引浙江省企业集群对外直接投资的因素并不相同，尤其是发展中国家，由于经济发展较为落后，我国企业对其具有生产转移的对外直接投资动机，因此更大的市场规模和更低的人均收入更能吸引集群式企业对外直接投资。本节的实证研究既得出了与当前文献相同的结论，也发现了与现有研究相反的现象，丰富了我国企业对外直接投资的研究素材。

本节的剩余部分安排如下：第二部分通过统计数据描绘浙江省企业对外直接投资的分布状况和集群特征；第三部分通过构建计数模型对东道国影响浙江省企业集群对外直接投资的因素进行实证研究，并区分发达国家和发展中国家数据样本带来的差异。

二　浙江省企业对外直接投资发展状况与集群特征

浙江省是我国对外开放较早的地区，外经贸发展一直处于全国领先地位，在企业对外直接投资方面也位居全国前列。在我国中央政府于 2006 年提出实施企业"走出去"战略以后，浙江省企业对外直接投资迅速发展，取得了大幅度的增长，2012 年浙江省对外直接投资流量为 23.6 亿美元，居全国第 6 位；对外直接投资存量达 85.49 亿美元，位列全国第 4 位。表 4-3-1 列出了近年来浙江省对外直接投资流量和存量的增长状况，从表中可以发现除对外直接投资流量在较近年份有所波动以外，总体而言浙江省企业对外直接投资流量和存量均存在大幅度增长的发展态势。

表 4-3-1　浙江省对外直接投资发展状况

单位：万美元

年份	对外直接投资流量	对外直接投资存量
2004	7225	19456

年份	对外直接投资流量	对外直接投资存量
2005	15817	40708
2006	21528	70268
2007	40346	116259
2008	38768	154716
2009	70226	295923
2010	267915	584528
2011	185287	718913
2012	236023	854864

资料来源：历年《中国对外直接投资统计公报》。

　　浙江省经济发展最为突出的并不是其经济规模，而是数量众多的民营企业，这些民营企业在浙江省的外经贸发展过程中起到了突出的作用。在企业对外直接投资方面，浙江省从事对外直接投资的企业数量历来位列全国首位，根据商务部统计，2012 年浙江省拥有境外企业（机构）数量占到了全国总数的 17.1%。众多的企业从事对外直接投资为实证研究提供了丰富的素材和充足的样本，这也是本节选取浙江省样本数据研究企业对外直接投资集群行为的原因之一。本节基于商务部发布的《境外投资企业（机构）名录》统计分析浙江省 2005~2010 年企业对外直接投资的集群现象，这 6 年间浙江省在境外设立了1611 家投资企业（机构），遍布全球 103 个国家（地区）。这些境外投资企业（机构）的设立在时间上较为平均，但在地区分布上却非常集中，从中可以体现出浙江省企业对外直接投资的集群特征。

　　图 4-3-1 绘制了浙江省企业对外直接投资项目在时间和地区上的分布，从中可以发现在 2005~2010 年每年分布非常均匀；但在地区之间的分布却非常集中，在亚洲、欧洲和北美洲的投资项目数量占了绝大部分的比例，仅针对亚洲的直接投资项目数量就占了总投资数量的一半以上。为了更为详细地说明这种企业集群对外直接投资现象，本节通过表 4-3-2 列出了浙江省设立境外企业（机构）数量位列前十的国家（地区）情况。从表中可以发现浙江省企业对外直接投

资所设境外投资企业（机构）高度集中在少数几个国家（地区），集群特征比较明显。浙江省境外企业数量位居前五的国家（地区）占了全部对外直接投资项目数的47.2%，前十的国家（地区）所占比重达到了61%。考虑到香港的特殊性，以及香港作为对外直接投资中转站的可能性，表4-3-2也考虑了将香港从样本中去除的情况，浙江省境外投资企业数量位列前五的国家（地区）占总境外投资企业数量的比重仍高达41.1%，前十国家所占的比重也高达56%。

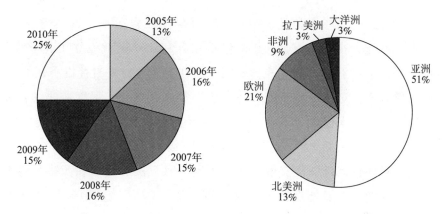

图4-3-1　浙江省企业对外直接投资项目数时间和地区分布

资料来源：商务部《境外企业（机构）名录》统计而得。

表4-3-2　2005～2010年浙江省境外投资企业（机构）数排序

排序号	国家（地区）	境外投资企业（机构）数
1	中国香港	271
2	美国	182
3	阿联酋	174
4	俄罗斯	69
5	德国	64
前5比重	0.472	——
6	越南	62
前5比重（不含香港）	0.411	——
7	意大利	46
8	尼日利亚	39

排序号	国家（地区）	境外投资企业（机构）数
9	澳大利亚	38
10	韩国	38
前 10 比重	0.610	——
11	印度	38
前 10 比重（不含香港）	0.560	——

资料来源：商务部《境外企业（机构）名录》统计而得。

　　需要进一步指出的是，2005～2010 年浙江省在非洲 26 个国家设立了 141 个境外投资企业，其中仅在尼日利亚一国就设立了 39 个项目，占比达到了 27.7%，充分说明了浙江省企业对外直接投资在非洲的集群特征。对拉丁美洲的对外直接投资也是如此，尽管浙江省在 8 个拉丁美洲国家仅设立了 57 个境外投资企业，但其中有 36 个集中在巴西和智利，比例高达 63.2%，也体现了集群的特征。在浙江省针对欧洲的对外直接投资中，俄罗斯、德国、意大利、英国和西班牙等 5 个国家的浙江省境外投资企业数占到了总共 27 个欧洲国家直接投资项目数的 70.2%，也体现了高度集群的特征。在浙江省针对亚洲的对外直接投资中，不考虑香港的特殊性，浙江省对阿联酋、越南、韩国、印度和日本等 5 个国家的对外直接投资项目数也占到了对所有 33 个亚洲国家投资项目数的 62.4%，也验证了浙江省企业对外直接投资的集群特征。

三　浙江省企业集群对外直接投资影响因素实证研究

1. 方程构建和变量说明

　　本节研究东道国哪些因素吸引浙江省企业对其的集群对外直接投资，本节从东道国与我国之间的经贸关系，东道国国内经济发展、贸易状况、资源条件以及政治环境等多种因素出发进行回归分析，建立如下的计量方程：

$$Num_{it} = \alpha_0 + \alpha_1 \ln Ex_{it} + \alpha_2 \ln GDP_{it} + \alpha_3 \ln PGPD_{it} + \alpha_4 Rpgdp_{it} + \alpha_5 Trade_{it}$$
$$+ \alpha_6 \ln Cx_{it} + \alpha_7 Eng_{it} + \alpha_8 \ln Inc_{it} + \alpha_9 \ln Dis_i + u_i + v_t + \varepsilon_{it} \tag{R}$$

这里 Num_{it} 为 t 年浙江省在 i 国设立的对外直接投资境外企业（机构）数量，用来衡量浙江省对该东道国的企业对外直接投资集群状况；$\ln Ex_{it}$ 为 t 年我国对 i 国的出口贸易量（万美元）对数值，用来衡量我国和该东道国之间的经贸关系如何影响浙江省企业对其的集群对外直接投资；$\ln GDP_{it}$ 为 i 国 t 年的 GDP 对数值（亿美元，2000 年固定美元价格），衡量该东道国市场规模对吸引集群对外直接投资的影响；$\ln PGPD_{it}$ 为 t 年 i 国的人均 GDP 对数值（美元，2000 年固定美元价格），衡量东道国经济发展水平产生的影响；$Rpgdp_{it}$ 为 t 年 i 国的人均 GDP 增长率，反映经济前景预期对吸引企业集群对外直接投资的影响；$Trade_{it}$ 为 t 年 i 国的贸易开放度；$\ln Cx_{it}$ 为 t 年 i 国的出口成本（美元，2000 年固定价格）对数值，用每单位集装箱产品的出口成本衡量，两个变量反映东道国贸易状况对浙江省对其集群对外直接投资所产生的影响；Eng_{it} 为 t 年 i 国矿物资源和金属出口占产品总出口的比重，反映该东道国资源条件对吸引集群投资所产生的影响；$\ln Inc_{it}$ 为 t 年 i 国"清廉指数"（Corruption Perceptions Index）的对数值，该指数由国际非政府组织"透明国际"（Transparency International）设计度量，用 0~10 进行衡量，越大的值代表该国政府越清廉，腐败度越低，本节将该指标纳入回归方程旨在反映东道国政府的腐败状况如何影响浙江省企业对其的集群对外直接投资；$\ln Dis_i$ 为距离变量对数值，用浙江省会杭州与东道国首都之间的最短地球距离进行衡量（公里），反映两地间隔如何影响浙江省企业的集群对外直接投资。u_i 为东道国 i 国的地区变量，v_t 为时间变量，ε_{it} 为回归残差。

本节的样本数据为 2005~2010 年浙江省对 65 个国家（地区）对外直接投资的面板数据，为了体现集群特征，本节删除了 2005~2010 年浙江省仅设立一个境外投资企业的国家样本，并删除了部分缺乏齐全数据的国家样本，最终保留了 65 个东道国的样本数据。浙江省在各东道国设立的境外投资（机构）数量由商务部发布的《境外企业（机构）名录》整理统计而得；我国对各东道国的出口贸易数据由历年《中国贸易外经统计年鉴》整理而得；各东道国 GDP、人均 GDP、

GDP 增长率、贸易开放度、出口成本、资源出口度等数据均来源于世界银行发布的《世界发展指标》；各国"清廉指数"来源于"透明国际"发布的年度报告；杭州与各国首都之间的距离由世界时钟（The World Clock）设计的距离计算器计算而得。表 4 - 3 - 3 统计了本节回归方程各变量的基本信息。

表 4 - 3 - 3　回归方程各变量基本信息

变量	全球样本	发达国家样本	发展中国家样本
Num_{it}	3.485 (7.333)	6.735 (11..292)	1.822 (2.861)
$\ln Ex_{it}$	13.016 (1.747)	14.328 (1.331)	12.344 (1.543)
$\ln GDP_{it}$	6.819 (1.992)	8.475 (1.374)	5.997 (1.744)
$\ln PGPD_{it}$	7.898 (1.674)	9.806 (0.814)	7.060 (1.159)
$Rpgdp_{it}$	0.027 (0.040)	0.010 (0.037)	0.036 (0.038)
$Trade_{it}$	0.927 (0.720)	1.108 (1.021)	0.834 (0.479)
$\ln Cx_{it}$	6.948 (0.497)	6.791 (0.345)	7.027 (0.542)
Eng_{it}	0.096 (0.161)	0.060 (0.073)	0.114 (0.189)
$\ln Inc_{it}$	1.330 (0.500)	1.915 (0.293)	1.038 (0.272)
$\ln Dis_i$	8.880 (0.684)	8.817 (0.713)	8.918 (0.617)

注：表内为各变量均值，括号内为变量标准差。
资料来源：《境外企业（机构）名录》、《中国贸易外经统计年鉴》以及《世界发展指标》。

2. 全样本回归结果及解释

在本节的计量模型中，衡量浙江省企业集群对外直接投资的被解释变量 Num_{it} 用浙江省历年在东道国设立的境外投资企业（机构）数量衡量，因此其在数学上的特征为非负整数，这使得本节回归方程的被解释变量不是连续变量，而是离散被解释变量。由于最小二乘法回归假设被解释变量服从连续的正态分布，在这种情况下，使用最小二乘法对本节的回归方程进行回归将会产生谬误结果，因此为保证回归的可靠性，本节使用计数模型回归方法对方程（R）进行回归。计数模型的回归方法大致可以分为三种：第一种为泊松回归，假设被解释变量服从泊松分布，其前提是回归方差和期望值大致相等；第二种为负二项回归，假设被解释变量服从负二项分布，前提是回归方差存在过度扩散的情况；第三种为零膨胀回归，对应被解释变量存在部分零值的情况。由于无法预先判断本节回归结果的方差分布状况，且由于浙江省在某些年份对一些样本国不存在对外直接投资行为，即被解释变量有部分零值，因此本节分别使用泊松回归、负二项回归和零膨胀回归等三种方法对回归方程（R）进行回归。表 4 - 3 - 4 列出了全样本数据的回归结果。

表 4 - 3 - 4　全样本回归结果

变量	泊松回归	负二项回归	零膨胀回归
C	- 8. 866 *** (0. 000)	- 5. 935 *** (0. 000)	- 8. 689 *** (0. 000)
$\ln Ex_{it}$	0. 839 *** (0. 000)	0. 672 *** (0. 000)	0. 861 *** (0. 000)
$\ln GDP_{it}$	- 0. 115 ** (0. 016)	- 0. 038 (0. 682)	- 0. 196 *** (0. 000)
$\ln PGPD_{it}$	0. 091 * (0. 082)	- 0. 044 (0. 602)	0. 184 *** (0. 001)
$Rpgdp_{it}$	4. 623 *** (0. 000)	3. 921 ** (0. 016)	4. 014 *** (0. 000)
$Trade_{it}$	0. 047 (0. 364)	0. 030 (0. 805)	0. 027 (0. 622)
$\ln Cx_{it}$	- 0. 377 *** (0. 000)	- 0. 274 * (0. 071)	- 0. 492 *** (0. 000)
Eng_{it}	0. 768 ** (0. 012)	0. 706 (0. 151)	0. 763 ** (0. 018)
$\ln Inc_{it}$	- 0. 435 *** (0. 003)	- 0. 009 (0. 973)	- 0. 709 *** (0. 000)

变量	泊松回归	负二项回归	零膨胀回归
$\ln Dis_i$	0.167 *** (0.000)	0.016 (0.887)	0.248 *** (0.000)
R^2	0.467	0.141	——
alpha	——	(-0.342, 0.128)	——
Vuong	——	——	1.92 ** (0.028)

注：括号内为回归 P 值；上标 ***、**、* 分别代表在 1%、5% 和 10% 水平上显著。

对比泊松回归和负二项回归的结果可以发现，负二项回归 alpha
值的 95% 置信区间为 (-0.342, 0.128)，无法在 5% 的水平上拒绝
alpha = 0 的原假设，说明在泊松回归和负二项回归的比较中不适合使
用负二项回归。再对比泊松回归和零膨胀回归，可以发现零膨胀回归
的 Vuong 检验统计值在 5% 的水平上显著，说明对于本节的回归方程
而言应拒绝泊松回归，而是用零膨胀回归。基于此，本节使用零膨胀
回归的结果分析影响浙江省企业集群对外直接投资的东道国各类因
素。从表 4-3-4 零膨胀的回归结果中可以发现 $\ln Ex_{it}$ 的系数显著为
正，说明与我国经贸关系越好的国家越易于吸引浙江省的企业集群对
外直接投资；$\ln GDP_{it}$ 的系数显著为负，反映出经济规模较小的国家更
能吸引浙江企业对其的集群投资，该结论从侧面反映出民营企业居多
的浙江省企业对竞争的规避，民营企业仍不具备在大市场国家参与激
烈竞争的实力；$\ln PGPD_{it}$ 的系数显著为正，说明浙江省企业倾向于对
人均收入水平较高的国家进行集群对外直接投资，从这类国家易于获
得更高的消费收入；$Rpgdp_{it}$ 的系数显著为正，说明经济增长越快，经
济预期越好的国家更易于吸引浙江省企业对其的集群对外直接投资；
$Trade_{it}$ 的系数不显著，但 $\ln Cx_{it}$ 的系数显著为负，说明越低的贸易成
本，即便利的贸易条件也是吸引浙江省企业对一国集群对外直接投资
的主要因素；Eng_{it} 的系数显著为正，较高的资源出口度反映了较低的
资源成本，该结论说明浙江省企业在海外的集群也存在获取资源的意
向；$\ln Inc_{it}$ 的系数显著为负，说明浙江省企业更倾向于向政府行政更

腐败的国家进行集群对外直接投资，这个结论说明了成长于我国市场不完善背景下的民营企业具有较强的政府寻租能力，更适应不完善的市场制度，在越腐败的国家反而更能体现这种政府公关的竞争优势；$\ln Dis_i$的系数显著为正，说明浙江省企业更多地在离家乡较远的国家进行集群投资，也体现了浙商敢为天下先、开拓新市场的特质，况且对外直接投资不同于出口贸易，成本受距离的影响并不大。

3. 分样本回归结果及解释

发达国家和发展中国家无论在经济发展水平、国际贸易以及政治环境等方面均存在较大的差异，因此吸引浙江省企业集群对外直接投资的影响因素也可能存在较大的差别。基于此考虑，本节分别使用发达国家和发展中国家样本对回归方程（R）进行回归，得到表4-3-5和表4-3-6的结果。

表4-3-5　发达国家样本回归结果

变量	泊松回归	负二项回归	零膨胀回归
C	-13.317 *** (0.000)	-10.246 *** (0.001)	-12.588 *** (0.000)
$\ln Ex_{it}$	1.065 *** (0.000)	0.910 *** (0.000)	1.011 *** (0.000)
$\ln GDP_{it}$	-0.550 *** (0.004)	-0.352 ** (0.045)	-0.499 *** (0.000)
$\ln PGPD_{it}$	1.532 *** (0.000)	1.289 *** (0.000)	1.510 *** (0.000)
$Rpgdp_{it}$	-0.637 (0.711)	-1.819 (0.378)	-0.572 (0.574)
$Trade_{it}$	-0.228 (0.181)	-0.193 (0.198)	-0.175 ** (0.030)
$\ln Cx_{it}$	-1.381 *** (0.000)	-1.456 *** (0.000)	-0.144 *** (0.000)
Eng_{it}	4.520 *** (0.001)	4.177 *** (0.000)	4.516 *** (0.000)
$\ln Inc_{it}$	-2.852 *** (0.000)	-2.441 *** (0.000)	-2.819 *** (0.000)

变量	泊松回归	负二项回归	零膨胀回归
$\ln Dis_i$	0.412 *** (0.000)	0.369 *** (0.003)	0.428 *** (0.000)
R^2	0.629	0.223	——
alpha	——	(-1.404, 0.244)	——
Vuong			0.85 (0.196)

注：括号内为回归 P 值；上标 *** , ** , * 分别代表在 1% , 5% 和 10% 水平上显著。

表 4 - 3 - 6　　发展中国家样本回归结果

变量	泊松回归	负二项回归	零膨胀回归
C	-6.150 *** (0.000)	-5.036 ** (0.014)	-5.918 *** (0.000)
$\ln Ex_{it}$	0.493 *** (0.000)	0.460 *** (0.000)	0.448 *** (0.000)
$\ln GDP_{it}$	0.304 *** (0.000)	0.303 *** (0.004)	0.309 *** (0.000)
$\ln PGPD_{it}$	-0.458 *** (0.000)	-0.501 *** (0.000)	-0.464 *** (0.000)
$Rpgdp_{it}$	1.777 (0.196)	0.927 (0.654)	0.458 (0.790)
$Trade_{it}$	0.524 *** (0.000)	0.405 * (0.052)	0.670 *** (0.000)
$\ln Cx_{it}$	0.072 (0.559)	0.138 (0.474)	0.056 (0.693)
Eng_{it}	0.605 (0.125)	0.729 (0.148)	0.863 ** (0.048)
$\ln Inc_{it}$	-0.152 (0.546)	0.303 (0.417)	-0.465 * (0.093)
$\ln Dis_i$	0.089 (0.365)	-0.046 (0.739)	0.194 * (0.088)
R^2	0.271	0.116	——
alpha	——		——
Vuong			1.77 ** (0.039)

注：括号内为回归 P 值；上标 *** , ** , * 分别代表在 1% , 5% 和 10% 水平上显著。

从表 4-3-5 和表 4-3-6 回归结果的统计量中可以发现，发达国家样本较适合使用泊松回归，发展中国家样本较适合使用零膨胀回归，因此本节分别用发达国家样本的泊松回归结果和发展中国家样本的零膨胀回归结果进行分析。对比三个表的回归结果，可以发现 $Rpgdp_{it}$ 的系数在发达国家和发展中国家样本回归结果中均不再显著，这是因为各东道国经济增长率的差异在于发达国家和发展中国家之间，而这两类国家内部经济增长率差异不大，因而浙江省企业对发达国家和发展中国家的集群对外直接投资并不考虑经济增长率的内部差异。除此之外，发达国家样本回归结果的其他变量符合和显著性均与全样本回归结果一致，而发展中国家样本回归结果则出现了较大差异。在发展中国家样本回归结果中，$\ln GDP_{it}$ 的系数显著为正，$\ln PGPD_{it}$ 的系数显著为负，恰好与全样本回归结果以及发达国家样本回归结果相反，造成这种结果的原因是由浙江省企业对发展中国家的对外直接投资兼具市场开拓和生产转移动机（余官胜和林俐，2014）。一方面，尽管浙江省企业针对发达国家的集群投资因规避竞争而倾向于市场规模较小的国家，但发展中国家国内竞争较小，市场规模越大反而因产品需求较大而吸引浙江省企业的集群对外直接投资。另一方面，人均 GDP 较低的发展中国家人均收入和劳动成本也较低，更易于吸引浙江省企业因生产转移动机的集群对外直接投资。$Trade_{it}$ 的系数在发展中国家显著为正，而 $\ln Cx_{it}$ 的系数不显著，尽管与全样本回归结果和发达国家回归结果产生了差别，但仍表明一国便利的国际贸易条件更易于吸引浙江省企业对其的集群对外直接投资，只是国际贸易的影响方式不同。发展中国家样本回归结果的其他变量系数及显著性与全样本及发达国家样本回归结果并无差异。

第四节　企业海外集群与新晋企业对外直接投资区位选择

一　方程构建与变量说明

本节以 2011 年为样本时间点研究新晋企业对外直接投资的区位选

择行为，并以东道国（地区）2005～2010年吸引的浙江省企业对外直接投资项目数衡量企业海外集群。根据商务部发布的《境外企业（机构）名录》统计，2011年浙江省企业共在57个国家（地区）新设对外直接投资项目，为了体现企业海外集群的影响，本节的样本去除掉了10个在2005～2010年仅吸引1个浙江省对外直接投资项目的东道国（地区），因此本节的样本包含260家浙江省企业在47个国家（地区）新设的299家境外企业，即2011年浙江省新增了299个对外直接投资项目。为了研究这299个新晋对外直接投资项目的区位选择，本节构建如下的二值指标：将260家企业和47个东道国（地区）进行匹配，如果某东道国（地区）吸引某家浙江省企业对其进行对外直接投资则计为1；如果某东道国（地区）没有吸引某企业对其的直接投资项目则计为0。这种方法度量了浙江省对东道国（地区）的对外直接投资倾向，反映出该东道国（地区）吸引投资的区位优势。为了研究企业海外集群对新晋企业对外直接投资区位选择的影响，本节构建如下的回归方程：

$$Y_i = \alpha_0 + \alpha_1 \ln Num_i + \alpha_2 \ln GDP_i + \alpha_3 \ln PGDP_i + \alpha_4 Trade_i + \alpha_5 Eng_i + \varepsilon_i \quad (R)$$

这里 Y_i 为按上文方式匹配度量的0和1二值指标，以1代表2011年浙江省某个企业对 i 东道国（地区）进行了对外直接投资行为；0代表东道国（地区）i 没有吸引某企业的对外直接投资项目。$\ln Num_i$ 为浙江省2005～2010年在东道国（地区）i 设立的境外企业总数的对数值，即这6年间对东道国（地区）i 的对外直接投资项目总数，用以衡量浙江省企业在该东道国（地区）的海外集群状况。$\ln GDP_i$ 为 i 东道国（地区）的GDP对数值（亿美元，2000年固定美元价格），反映东道国（地区）经济规模对新晋企业对外直接投资区位选择的影响；$\ln PGDP_i$ 为 i 东道国（地区）的人均GDP对数值（2000年美元价格），衡量东道国（地区）人均收入状况对区位选择的影响；$Trade_i$ 为 i 东道国（地区）的进出口贸易占GDP的比重，反映东道国（地区）贸易开放度对区位选择的影响；Eng_i 为 i 东道国（地区）矿物资源和金属资源出口占总出口的比重，目的在于研究东道国（地区）的资源状况是否影响浙江省企业的对外直接投资区位选择。东道国（地区）的各经济变量均为 2005～2010 年的平均值，这样处理的目的在于消除经济波动带来的不稳定影响，而且企业进行对外直接投资区位选择决策时也往往根据东道国（地区）多年的经济表现进行综合判断。

浙江省企业对外直接投资区位选择指标构建的数据和企业海外集群构建的数据均由商务部发布的《境外企业（机构）名录》整理而得。东道国（地区）的各经济变量数据均由世界银行发布的《世界发展指标》（*World Development Indicator*）整理统计而得。表 4 - 4 - 1 列出了本节实证研究的样本国（地区）。

表 4 - 4 - 1　本节实证研究样本国（地区）

亚洲	阿联酋、巴基斯坦、菲律宾、哈萨克斯坦、韩国、柬埔寨、老挝、马来西亚、蒙古国、孟加拉国、日本、泰国、土耳其、新加坡、伊朗、印度、印度尼西亚、越南、中国香港
欧洲	比利时、波兰、德国、俄罗斯、荷兰、瑞典、瑞士、乌克兰、西班牙、意大利、英国
非洲	埃及、埃塞俄比亚、安哥拉、刚果（金）、加纳、马里、摩洛哥、南非、尼日利亚、坦桑尼亚
北美洲	加拿大、美国、墨西哥
拉丁美洲	巴拿马、巴西、秘鲁
大洋洲	澳大利亚

二　二值选择模型回归结果

在回归方程（R）中，被解释变量 Y_i 为取值是 1 或 0 的二值离散变量，因此需要使用二值选择模型进行回归。本节分别使用 Probit 和 Logit 模型对方程（R）进行回归，得到表 4 - 4 - 2 的结果。

表 4 - 4 - 2　二值选择模型回归结果

变量	Probit 模型			Logit 模型		
	(1)	(2)	(3)	(1′)	(2′)	(3′)
C	-4.085 *** (0.000)	-3.935 *** (0.000)	-2.965 *** (0.000)	-8.974 *** (0.000)	-8.947 *** (0.000)	-6.300 *** (0.000)

续表

变量	Probit 模型			Logit 模型		
	(1)	(2)	(3)	(1′)	(2′)	(3′)
$\ln Num_i$	0.354 *** (0.000)	0.330 *** (0.000)	− 0.011 (0.885)	0.821 *** (0.000)	0.770 *** (0.000)	0.094 (0.566)
$\ln GDP_i$	0.136 *** (0.000)	0.129 *** (0.000)	——	0.349 *** (0.000)	0.330 *** (0.000)	——
$\ln PGDP_i$	− 0.054 * (0.070)	− 0.056 * (0.062)	− 0.064 ** (0.016)	− 0.124 * (0.071)	− 0.123 * (0.073)	− 0.114 * (0.075)
$Trade_i$	0.268 *** (0.000)	0.262 *** (0.000)	0.303 *** (0.000)	0.552 *** (0.000)	0.531 *** (0.000)	0.589 *** (0.000)
Eng_i	1.125 *** (0.000)	——	0.827 *** (0.000)	2.706 *** (0.000)	——	1.844 *** (0.008)
$\ln Num_i \cdot Eng_i$	——	0.477 *** (0.000)	——	——	1.042 *** (0.000)	——
$\ln Num_i \cdot \ln GDP_i$	——	——	0.045 *** (0.000)	——	——	0.090 *** (0.000)
R^2	0.210	0.209	0.217	0.219	0.219	0.224
样本数	12220	12220	12220	12220	12220	12220

注：括号内为回归 P 值；上标 ***，**，* 分别代表在 1%，5% 和 10% 水平上显著。

由于本节将 260 家企业和 47 个东道国（地区）进行匹配，因此共有 12220 个样本观测值。对比 Probit 模型和 Logit 模型的回归结果可以发现，对应解释变量的系数符合和显著性均保持一致，在回归结果（1）和（1′）中，$\ln Num_i$ 的系数显著为正，说明浙江省企业在东道国（地区）的海外集群确实构成该东道国吸引新对外直接投资项目的区位优势，也体现了企业对外直接投资集群效应的自我延续性。在控制变量中，$\ln GDP_i$ 的系数显著为正，说明经济规模越大的国家（地区）越具有吸引浙江省企业对其进行直接投资的区位优势；$\ln PGDP_i$ 的系数显著为负，说明浙江省企业倾向于向收入水平较低的国家（地区）进行对外直接投资，这是因为收入水平较低的国家（地区）劳动力成本也较低，有助于生产转移动机企业对外直接投资的成本节约；$Trade_i$ 的系数显著为正，说明贸易开放度越高的国家（地区）具有越大的吸引浙江省企业对外直接投资的区位优势，这同样是由于贸易开放为生产转移型对外直接投资企业提供了便利；Eng_i 的系数显著为正，说明资源丰富的国家（地区）具有更大的优势，这是因为资源丰富的国家（地区）能为对外直接投资企业提供廉价的资源要素。

（2）和（2′）的回归结果中加入了企业海外集群变量和资源开放度的乘积项 $\ln Num_i \cdot Eng_i$，为了消除共线性产生的影响，在回归方程中去掉了 Eng_i，目的在于考察在资源状况不同的东道国（地区），企业海外集群对所在东道国（地区）吸引新晋企业对外直接投资的影响力度是否存在差异。回归结果显示 $\ln Num_i$ 的系数仍显著为正，$\ln Num_i \cdot Eng_i$ 的系数也显著为正，说明在资源越丰富的国家（地区），企业海外集群对新晋企业对外直接投资区位选择的正向影响也越大。出现这种结果的原因是，企业往往因为资源获取而对资源丰富的国家（地区）进行直接投资，资源获取则涉及与东道国（地区）政府以及当地民众之间的社会关系处理，需要更多更复杂的信息，因而国内企业在该东道国（地区）的集群程度越高，这种信息的传递也将更为简便，东道国（地区）的区位优势才能更好地体现出来。（3）和（3′）的回归结果中添加了企业海外集群和东道国（地区）经济规模的乘积项 $\ln Num_i \cdot \ln GDP_i$，同样为了消除共线性而在回归方程中去掉了 $\ln GDP_i$，旨在研究在经济规模不同的国家（地区），企业集群影响新晋企业对外直接投资区位选择的力度是否相同。回归结果显示 $\ln Num_i$ 不再显著，而 $\ln Num_i \cdot \ln GDP_i$ 显著为正，说明了在经济规模越大的东道国（地区），企业海外集群产生的影响也越大，这是因为市场规模越大的国家（地区）信息量也越大，竞争也越激烈，一方面需要通过企业集群进行风险抵御，另一方面也更需要企业集群为新晋企业传递信息。

表 4 - 4 - 2 的回归结果包含了本节的所有样本国（地区），但在我国及浙江省的企业对外直接投资中，大量的企业选择中国香港作为投资目的地，其中一部分企业将香港作为中转站将资金转移至其他国家。在本节的样本中，2011 年共有 88 家浙江省企业在香港新设 93 个对外直接投资项目，占比非常高。为了消除香港作为异常值可能

带来的影响，本节将香港从样本中去掉重新对方程（R）进行回归，得到表4-4-3的结果。将香港从本节的样本去除后，本节将172家浙江省企业和46个东道国进行匹配，共有7912个样本观测值。从表4-4-3的回归结果中可以发现，各列回归结果的变量系数和显著性均和表4-4-2一致，说明本节将香港作为样本并不影响最终的回归结果。

表4-4-3　二值选择模型回归结果（不含香港）

变量	Probit 模型			Logit 模型		
	(1)	(2)	(3)	(1′)	(2′)	(3′)
C	-4.203 *** (0.000)	-3.933 *** (0.000)	-2.860 *** (0.000)	-8.783 *** (0.000)	-8.417 *** (0.000)	-5.977 *** (0.000)
$\ln Num_i$	0.390 *** (0.000)	0.362 *** (0.000)	-0.021 (0.789)	0.861 *** (0.000)	0.805 *** (0.000)	0.090 (0.585)
$\ln GDP_i$	0.149 *** (0.000)	0.140 *** (0.000)	——	0.368 *** (0.000)	0.346 *** (0.000)	——
$\ln PGDP_i$	-0.061 * (0.058)	-0.064 ** (0.049)	-0.074 *** (0.009)	-0.135 * (0.051)	-0.133 * (0.053)	-0.126 * (0.051)
$Trade_i$	0.308 *** (0.000)	0.303 *** (0.000)	0.350 *** (0.000)	0.612 *** (0.000)	0.590 *** (0.000)	0.648 *** (0.000)
Eng_i	1.264 *** (0.000)	——	0.943 *** (0.000)	2.967 *** (0.000)	——	2.045 *** (0.003)
$\ln Num_i \cdot Eng_i$	——	0.540 *** (0.000)	——	——	1.142 *** (0.000)	——
$\ln Num_i \cdot \ln GDP_i$	——	——	0.050 *** (0.000)	——	——	0.096 *** (0.000)
R^2	0.237	0.237	0.246	0.249	0.249	0.255
样本数	7912	7912	7912	7912	7912	7912

注：括号内为回归 P 值；上标 ***，**，* 分别代表在 1%，5% 和 10% 水平上显著。

三　工具变量回归结果

在本节的回归方程中，解释变量包含了浙江省企业海外集群变量和东道国经济发展变量，由于企业集群也受东道国经济发展的影响，因此本节的回归方程可能出现东道国变量共同决定企业海外集群和新晋企业对外直接投资区位选择的内生性问题，导致回归出现谬误结果。为了解决这种谬误回归问题，也确保回归结果的稳健性，本节需构建企业海外集群的工具变量进行进一步的回归分析。一个恰当的工具变量需要满足两个条件：一是外生性，即与回归的扰动项不相关；二是与内生解释变量相关。基于这两方面考虑，本节选取地理距离变量，即以浙江省会杭州与东道国首都之间的距离对数值 $\ln Dis_i$ 作为浙江省企业海外集群的工具变量。一方面，地理距离不受任何因素的影响，高度外生；另一方面，地理距离影响出口成本，进而影响浙江省与相应东道国的经贸关系，而经贸关系是影响企业对外直接投资的重要因素。图4-4-1简单描绘了本节工具变量选取的基本逻辑。

图4-4-1 本节工具变量基本逻辑

本节使用世界时钟（World Clock）设计的距离计算器计算地理距离，并使用地理距离变量 $\ln Dis_i$ 作为企业海外集群变量 $\ln Num_i$ 的工具变量，运用二阶段二值选择模型对方程（R）进行回归，得到表4-4-4的结果。

表4-4-4 工具变量二阶段回归结果

变量	Probit 模型			Logit 模型		
	(1)	(2)	(3)	(1′)	(2′)	(3′)
C	-4.222*** (0.000)	-3.906*** (0.000)	-3.073*** (0.000)	-9.235*** (0.000)	-8.608*** (0.000)	-6.143*** (0.000)
$\ln Num_i$	0.358*** (0.000)	0.317*** (0.000)	-0.986*** (0.000)	0.836*** (0.000)	0.723*** (0.000)	-2.591*** (0.000)
$\ln GDP_i$	0.332*** (0.000)	0.298*** (0.000)	——	0.803*** (0.000)	0.747*** (0.000)	——
$\ln PGDP_i$	-0.130*** (0.000)	-0.119*** (0.000)	0.065*** (0.002)	-0.307*** (0.000)	-0.292*** (0.000)	0.122** (0.032)

变量	Probit 模型			Logit 模型		
	（1）	（2）	（3）	（1′）	（2′）	（3′）
$Trade_i$	0.489 *** (0.000)	0.453 *** (0.000)	0.317 *** (0.000)	1.080 *** (0.000)	1.012 *** (0.000)	0.733 *** (0.000)
Eng_i	1.331 *** (0.000)	——	0.225 (0.381)	3.199 *** (0.000)	——	0.628 (0.347)
$\ln Num_i \cdot$ Eng_i	——	0.943 *** (0.063)	——	——	2.975 ** (0.030)	——
$\ln Num_i \cdot$ $\ln GDP_i$	——	——	0.177 *** (0.000)	——	——	0.448 *** (0.000)
R^2	0.208	0.203	0.188	0.218	0.214	0.197

注：括号内为回归 P 值；上标 *** , ** , * 分别代表在 1%、5% 和 10% 水平上显著；为简化起见，本节未列出一阶段回归结果。

对比表 4 - 4 - 2 和表 4 - 4 - 4 的回归结果，可以发现（1）、（2）和（1′）、（2′）回归结果中的各变量系数符合和显著性均未发生变化，而（3）和（3′）的结果则出现较大的不同。在工具变量二阶段二值选择模型回归结果（3）和（3′）中，$\ln Num_i$ 的系数显著为负，$\ln Num_i \cdot \ln GDP_i$ 的系数显著为正，说明在控制了内生性后，回归结果显示在经济规模较小的国家，浙江省企业在东道国集群反而不利于该东道国吸引新晋企业的对外直接投资，这是由于东道国经济规模较小，企业集群导致市场饱和，留下的市场空间有限，难以再吸引新的企业进行直接投资；在市场规模较大的国家，企业集群对新晋企业对外直接投资区位选择的正向影响依然较大。$\ln PGDP_i$ 的系数在（3）和（3′）中显著为正，Eng_i 的系数不再显著，$Trade_i$ 的系数依然显著为正，说明东道国人均收入和资源开放度对企业对外直接投资区位选择影响的稳健性不高，而贸易开放带来的影响具有较高的稳健性。

四　分样本回归结果

发达国家和发展中国家经济发展存在较大差异，因此国内各种因素以及浙江省对其的企业海外集群将可能会对新晋企业对外直接投资区位选择产生不同的影响。为了对此进行检验，本节分别使用发达国家和发展中国家样本对方程（R）进行回归。表4-4-5和表4-4-6分别列出了普通二值选择模型和工具变量二值选择模型的回归结果。

表 4-4-5 分样本二值选择模型回归结果

变量	发达国家样本		发展中国家样本	
	Probit 模型	Logit 模型	Probit 模型	Logit 模型
C	-5.849 ***	-13.094 ***	-2.981 ***	-6.436 ***
	(0.000)	(0.000)	(0.000)	(0.000)
$\ln Num_i$	0.414 ***	0.889 ***	0.195 ***	0.525 ***
	(0.000)	(0.000)	(0.002)	(0.001)
$\ln GDP_i$	0.226 ***	0.460 ***	0.073	0.182
	(0.000)	(0.000)	(0.226)	(0.250)
$\ln PGDP_i$	0.003	0.135	-0.069	-0.161
	(0.982)	(0.689)	(0.314)	(0.366)
$Trade_i$	0.313 ***	0.598 ***	0.211	0.529
	(0.000)	(0.000)	(0.117)	(0.127)
Eng_i	2.074 ***	4.391 ***	0.301	0.829
	(0.001)	(0.002)	(0.387)	(0.394)
R^2	0.241	0.247	0.041	0.041
样本数	4680	4680	7540	7540

注：括号内为回归 P 值；上标 ***，**，* 分别代表在 1%，5% 和 10% 水平上显著。

表 4-4-6 分样本工具变量二阶段回归结果

变量	发达国家样本		发展中国家样本	
	Probit 模型	Logit 模型	Probit 模型	Logit 模型
C	-7.743 ***	-16.656 ***	-2.796 ***	-5.946 ***
	(0.000)	(0.000)	(0.000)	(0.000)
$\ln Num_i$	0.411 ***	0.884 ***	0.206 ***	0.549 ***
	(0.000)	(0.000)	(0.001)	(0.001)
$\ln GDP_i$	0.499 ***	1.038 ***	0.186 ***	0.490 ***
	(0.000)	(0.000)	(0.000)	(0.000)
$\ln PGDP_i$	0.024	0.193	-0.163 ***	-0.415 ***
	(0.850)	(0.566)	(0.005)	(0.006)
$Trade_i$	0.565 ***	1.149 ***	0.410 ***	1.067 ***
	(0.000)	(0.000)	(0.001)	(0.000)

变量	发达国家样本		发展中国家样本	
	Probit 模型	Logit 模型	Probit 模型	Logit 模型
Eng_i	3. 134 ***	6. 802 ***	0. 402	1. 116
	(0. 000)	(0. 002)	(0. 242)	(0. 244)
R^2	0. 238	0. 245	0. 042	0. 042
样本数	4680	4680	7540	7540

注：括号内为回归 P 值；上标 ***，**，* 分别代表在 1%，5% 和 10% 水平上显著；为简化起见，本节未列出一阶段回归结果。

对比表 4 - 4 - 5 和表 4 - 4 - 6 的回归结果可以发现，在发达国家样本回归结果中各变量系数符合和显著性均保持一致，而在发展中国家样本中，使用工具变量回归后，原先不显著的东道国经济变量基本变成显著，说明内生性问题在发展中国家普通二值选择模型回归中较为严重。从工具变量回归结果中可以发现，$\ln Num_i$ 的系数在各样本中均显著为正，说明无论是在发达国家还是在发展中国家的东道国，浙江省企业对其的集群均构成了吸引新晋企业对外直接投资的区位优势。$\ln PGDP_i$ 的系数在发达国家样本中不再显著，这是因为发达国家人均收入水平都较高，浙江省企业对其进行直接投资时并不考虑该因素；类似地，由于发展中国家基本靠资源吸引企业对外直接投资，反而使得资源丰富度不是企业着重考虑的因素，因而发展中国家样本回归结果中 Eng_i 的系数不再显著；其他东道国经济变量的系数符合和显著性基本与表 4 - 4 - 2 保持一致。

第五节　小　结

本章从投资动机出发，通过理论和实证研究我国企业对外直接投资的东道国影响因素，首先通过理论分析构建横向和纵向动机对外直接投资决定因素的逻辑框架，在机理上明确东道国各经济因素对我国企业对外直接投资规模的影响如何体现其动机类型。在此基础上，本节通过构建跨国动态面板数据回归方程研究，发现我国企业对外直接投资兼具横向和纵向动机，针对发展中国家的企业对外直接投资具有较为明显的横向和纵向动机；而在针对发达国家的企业对外直接投资中，两种类型的动机均较弱。温州民营企业样本的实证研究得出类似的结论，民营企业对发达国家的对外直接投资仅出于市场开拓动机，针对发展中国家的对外直接投资则兼具市场开拓和生产转移动机；制造业民营企业因两类动机进行对外直接投资，而销售服务业民营企业仅因市场开拓动机进行对外直接投资。在企业对外直接投资海外集群方面，本章的浙江企业样本计数模型实证研究发现，与我国经贸关系越好、国内经济规模越小、人均收入越高、人均收入增长越快、贸易条件越便利、资源越丰富的国家更能吸引浙江省企业对其的集群对外直接投资；此外，由于我国民营企业的特征和浙商的特质，浙江省企业更倾向于对政府行政腐败程度更高以及地理距离更远的国家进行集群对外直接投资。发展中国家吸引浙江省集群对外直接投资的因素则存在较大差别，由于我国企业对发展中国家的直接投资兼具市场开拓和生产转移动机，并且发展中国家国内竞争较弱，因而较大的市场规模和较低的人均收入反而更能吸引浙江省企业对其的集群对外直接投资。进一步地，本章发现企业海外集群也构成了我国企业对外直接投资区位选择的正向影响因素。

本章的理论与实证研究也具有一定的政策参考意义。首先，本章的研究表明，我国企业对外直接投资兼具横向和纵向动机，因此政府促进政策应从横向和纵向两方面同时着手，在为企业提供东道国市场信息的同时也提供生产成本信息，为不同动机类型的企业提供不同的信息服务。其次，本章的研究表明，横向和纵向动机在我国针对发展中国家的对外直接投资中更为明显，意味着更易推动对发展中国家的投资规模，因此政府应与发展中东道国建立更多的经贸合作，为向发展中国家进行对外直接投资的企业提供更多的政策服务。再次，本章实证研究的动态回归也发现针对发展中国家的对外直接投资与其前期值有正相关，意味着投资过程存在信息和社会关系的累积性，因此政府应采取措施鼓励各企业实行东道国信息与社会关系网络的贡献制

度，降低平均信息与关系成本，减少针对发展中国家对外直接投资的
阻碍因素。最后，本章的研究也表明，民营企业更倾向对政治较为稳
定的国家进行对外直接投资，意味着民营企业家对政治风险的回避，
因此政府应通过外交部门确保对外直接投资主体在东道国的政治安
全，确保不因政治因素阻碍我国民营企业的对外直接投资。

第五章　企业对外直接投资与
经济发展

　　企业对外直接投资将会对国内经济发展的多个方面产生影响，而且经济发展也是企业对外直接投资影响国内就业的重要传递途径，国内投资和出口贸易构成国内就业生产量方面的传递途径，而技术创新和劳动生产率提升则构成结构方面的传递途径。第一节从理论机理和实证检验出发研究企业对外直接投资对国内投资的影响，第二节构建跨国面板数据联立方程组研究企业对外直接投资和出口贸易之间的相互关系，从量上分析影响途径，第三节从地区吸收能力差异出发研究企业对外直接投资对国内技术创新的影响，第四节基于短期和长期效应检验企业对外直接投资对劳动生产率产生的影响，从质上分析影响途径。

第一节　对外直接投资与国内投资

一　相关文献

　　国外的文献较早便开始讨论企业对外直接投资如何影响国内投资，但得出的结论却大相径庭。Stevens 和 Lipsey（1992）以及 Hejazi 和 Pauly（2003）等利用不同国家样本发现发达国家企业对外直接投资能促进国内投资。Feldstein（1995）以及 Andersen 和 Hainaut（1998）等则利用美国和英国等发达国家样本通过实证研究发现企业对外直接投资减少了国内投资；Al-Sadig（2013）利用 121 个发展中国家和转型国家跨国数据实证研究得出了企业对外直接投资会减少国内投资的类似结论。更为复杂的是，Desai et al.（2005）利用不同的方法得出了不同的结论，他们利用 OECD 国家跨国面板数据发现企业对外直接投资减少了国内投资，但是当他们利用美国跨国公司时间序列数据进行实证研究时则发现企业对外直接投资促进了国内投资。Herzer 和 Schrooten（2007）有关美国和德国的比较实证研究则发现，德国的对外直接投资在短期内能促进国内投资，而在长期内则减少国内投资；相反，美国的企业对外直接投资在长期内则会增加国内投资。国外文献得出的差异化结论意味着企业对外直接投资是促进还是挤出国内投资因国别和经济环境存在较大的差异，应根据各个国家展开针对性的实证研究。

在国内的研究中，项本武（2007）认为由于我国对外直接投资的境外融资杠杆效应和海外股权参与程度较低，因此企业对外直接投资挤出了国内投资，两者之间存在替代效应，并通过协整分析进行了实证检验。綦建红和魏庆广（2009）则发现我国企业对外直接投资对国内投资存在挤入效应，并且这种效应存在明显的区域差异，他们的门槛效应实证检验发现，出口贸易额是产生这种区域差异的主要门槛因素。崔日明等（2011）在分析传导机制的基础上通过时间序列模型发现我国企业对外直接投资在总体上能促进国内投资。辛晴和邵帅（2012）则认为由于我国资源寻求型和技术寻求型对外直接投资的快速发展导致企业对外直接投资对国内投资存在正向的促进效应，并通过省际面板数据实证研究对此进行了验证。

二　影响机理

企业对外直接投资对国内经济会产生两种影响，一是资金转移，二是生产转移，这也构成了企业对外直接投资影响国内投资的两条途径。在宏观经济学理论中，投资决策取决于投资成本和预期收益的相对大小，投资成本受资金供给状况的影响，资金越充足时投资成本越低，资金越稀缺时则成本越高；投资预期收益则受生产需求的影响，生产需求越大则预期收益越高，反之预期收益越低。企业对外直接投资的双重影响恰好对应国内投资决策的两类影响因素，资金转移改变了国内资金供给状况，而生产转移则改变了国内生产需求状况。由此可见，可以通过资金转移途径和生产转移途径展开分析企业对外直接投资对国内投资的影响机理。

首先，资金转移产生的影响较为直接，企业对外直接投资意味着企业部分资金被转移至国外，在金融上等同于部分私人储蓄从母国转移走，国内资金供给将会减少，提高了国内的投资成本。在金融资源稀缺和金融市场发展不完善的条件下，企业的投资活动主要依靠自有资金进行内部融资，这种情况在发展中国家尤为常见。当前我国企业对外直接投资面临的较大问题之一便是企业海外融资，海外融资困难也构成了限制对外直接投资发展的主要瓶颈，这也使得我国大部分对外直接投资的资金来源于企业内部。此时，企业对外直接投资将减少企业在国内的自有资金，从而收紧了其在国内资金的流动性，国内新增投资的可能性也将降低。由此可以归纳，企业对外直接投资将通过资金转移途径对国内投资产生挤出效应，并且这种挤出效应在金融程度发展程度较低时产生的作用强，而在金融发展程度较高时产生的作用弱。

生产转移途径产生的影响则具有多样性，它取决于企业对外直接投资的动机类型以及由此产生的效果是增加还是减少了国内的生产规模。在西方主流国际经济学理论中，企业对外直接投资动机被分为横向和纵向两类，这两类动机将产生完全不同的国内经济效应。横向动机对外直接投资指的是企业在东道国生产与母国市场类似的产品和服务，旨在东道国开拓新的市场，因此这种类型的对外直接投资是对出口贸易的一种替代，最终减少了国内出口和生产。国内生产减少自然减少了对投资的需求，因此从需求面来看，横向动机企业对外直接投资挤出了国内投资。不同的是，纵向动机对外直接投资指的是企业将产品的不同阶段分散在东道国进行，目的在于通过生产转移而节约成本，较低的成本将会增加产品在东道国的生产，从而也增加了母国中间产品的出口和生产，因而这种动机类型的企业对外直接投资构成了对出口贸易的互补。在这种情况下，国内中间产品生产的扩大增加了对国内投资的需求，由此可以推断纵向动机企业对外直接投资能促进国内投资。最终可以归纳，在生产转移途径中，企业对外直接投资对国内投资的影响是不确定的，横向动机类型对外直接投资挤出了国内投资，而纵向动机类型对外直接投资则促进了国内投资。

综合资金转移途径和生产转移途径，可以发现，企业对外直接投资是促进还是挤出国内投资并无明确的定论，依具体情况而存在不同的结果，这也与国外文献得出的结论一致。在资金转移影响途径中起主要作用的是金融发展程度，而生产转移影响途径的方向则取决于企业对外直接投资的动机，两者也构成了实证研究的关注点。图 5-1-1 绘制了企业对外直接投资对国内投资的影响机理，清晰地展现了资金转移途径和生产转移途径的影响过程。

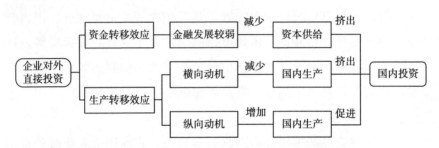

图 5-1-1　企业对外直接投资对国内投资的影响机理

三　模型构造和变量说明

除企业对外直接投资以外，国内投资也受国内经济其他变量的影响，因此本节实证研究也添加了国内经济因素作为控制变量。由于当企业对外直接投资规模较小时，资金转移效应较为明显，而生产转移影响途径只有在企业对外直接投资达到一定规模时才能显现，因而本节构建如下的回归方程研究企业对外直接投资对国内投资的影响：

$$\ln Inv_{it} = \alpha_0 + \alpha_1 \ln Odi_{it} + \alpha_2 (\ln Odi_{it})^2 + \alpha_3 Sec_{it} + \alpha_4 \ln GDP_{it} + \alpha_5 \ln PGDP_{it}$$
$$+ \alpha_6 \ln Pro_{it} + \alpha_7 Hum_{it} + \alpha_8 \ln Tec_{it} + u_i + v_t + \varepsilon_{it} \tag{R1}$$

这里 $\ln Inv_{it}$ 为 i 地区 t 年固定资产投资额（亿元）的对数值，度量国内投资规模。$\ln Odi_{it}$ 为 i 地区 t 年的对外直接投资流量（万美元）规模对数值，$(\ln Odi_{it})^2$ 为其平方项，两者研究不同规模企业对外直接投资如何影响国内投资。Sec_{it} 为 i 地区 t 年第二产业的 GDP 占比，衡量产业结构对国内投资的影响。$\ln GDP_{it}$ 为 i 地区 t 年的 GDP（亿元）对数值，$\ln PGDP_{it}$ 为 i 地区 t 年人均 GDP（元/人）对数值，两者衡量经济规模和发展程度对国内投资的影响。$\ln Pro_{it}$ 为 i 地区 t 年的劳动生产率（元/劳动力）对数值，反映生产率提升的影响。Hum_{it} 为 i 地区 t 年就业人员中大专以上学历人数的占比，用来衡量人力资本存量产生的影响。$\ln Tec_{it}$ 为 i 地区 t 年的专利受理数，反映技术创新对国内投资产生的影响。u_i 和 v_t 分别为地区和时间变量，ε_{it} 为回归残差。

此外，本节的影响机理论述表明在资金转移途径中，金融发展程度是影响资金转移途径负向效应力度的重要因素，这也直接关系到综合影响效应的方向和力度。因此，本节构建如下回归方程检验金融发展在企业对外直接投资对国内投资影响过程中所起的作用：

$$\ln Inv_{it} = \beta_0 + \beta_1 \ln Odi_{it} + \beta_2 Fin_{it} \cdot \ln Odi_{it} + \beta_3 Sec_{it} + \beta_4 \ln GDP_{it} + \beta_5 \ln PGDP_{it}$$
$$+ \beta_6 \ln Pro_{it} + \beta_7 Hum_{it} + \beta_8 \ln Tec_{it} + \phi_i + \varphi_t + e_{it}$$
（R2）

这里 Fin_{it} 为 i 地区 t 年的金融发展指标，用全部金融机构贷款总额占当年 GDP 的比重进行度量；$Fin_{it} \cdot \ln Odi_{it}$ 为金融发展和企业对外直接投资的乘积项，目的在于检验当金融发展程度不同时，企业对外直接投资对国内投资的影响力度是否存在差异；其他变量均与方程（R1）中的变量一致。

本节的样本为 2003~2010 年我国 25 个省区市的面板数据，海南、重庆、贵州、西藏、青海和宁夏由于数据不全未纳入本节的样本中，以此保障面板数据的平衡性。在本节的变量中，企业对外直接投资的数据来源于商务部发布的《2010 年度中国对外直接投资统计公报》，其他变量的数据均由历年《中国统计年鉴》整理而得。表 5-1-1 列出了变量的基本信息，图 5-1-2 则绘制了分区域企业对外直接投资和国内投资的散点相关关系。

表 5 - 1 - 1 变量基本信息

变量	全国样本	东部地区样本	中西部地区样本
$\ln Inv_{it}$	8.309 (0.726)	8.738 (0.619)	8.024 (0.648)
$\ln Odi_{it}$	3.737 (0.859)	4.231 (0.648)	3.408 (0.826)
Sec_{it}	0.487 (0.066)	0.499 (0.799)	0.479 (0.541)
$\ln GDP_{it}$	3.324 (0.302)	3.530 (0.271)	3.187 (0.238)
$\ln PGDP_{it}$	3.703 (0.259)	3.923 (0.195)	3.556 (0.181)
$\ln Pro_{it}$	3.951 (0.344)	4.195 (0.201)	3.788 (0.324)
Hum_{it}	0.111 (0.105)	0.168 (0.146)	0.074 (0.028)
Tec_{it}	8.586 (1.215)	9.595 (0.969)	7.914 (0.840)
Fin_{it}	1.023 (0.371)	1.212 (0.479)	0.897 (0.194)

注：表内为均值，括号内为标准差。

资料来源：历年《中国对外直接投资统计公报》以及《中国统计年鉴》。

从图 5 - 1 - 2 中可以发现无论是东部地区还是中西部地区，企业对外直接投资和国内投资之间均存在正向相关性，并且这种相关性在东部地区较强，在中西部地区较弱，并且东部地区的拟合优度也较高。从表 5 - 1 - 1 的数据信息中可以看出东部地区的企业对外直接投资规模和金融发展程度均高于中西部地区，因此图 5 - 1 - 2 的相关性

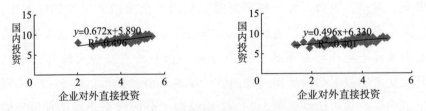

图 5 - 1 - 2 企业对外直接投资和国内投资相关关系

注：左图为东部地区，右图为中西部地区。

资料来源：历年《中国对外直接投资统计公报》以及《中国统计年鉴》。

状况也基本可以验证本节第二部分的影响机理分析。

四 企业对外直接投资规模实证研究

考虑到国内投资是影响我国经济发展各个方面的主要因素，为了避免内生性问题产生的谬误回归，本节在回归方程中均使用解释变量的滞后一期值作为工具变量。另外，由于国内投资决策也受上一期国内投资规模的影响，因而本节在回归方程中加入了被解释变量的滞后一期值，使方程具备了动态性。为了研究不同规模企业对外直接投资如何影响国内投资，本节利用动态面板数据回归方法对方程（R1）进行回归，得到表 5-1-2 的结果。

表 5-1-2　企业对外直接投资规模回归结果

变量	（1）	（2）	（3）	（4）
C	0.655 *** (0.000)	0.865 *** (0.000)	-0.115 (0.839)	-0.422 (0.623)
$\ln Inv_{it-1}$	0.933 *** (0.000)	0.925 *** (0.000)	0.670 *** (0.000)	0.656 *** (0.000)
$\ln Odi_{it}$	0.027 *** (0.000)	-0.068 *** (0.000)	0.022 *** (0.002)	-0.071 *** (0.008)
$(\ln Odi_{it})^2$	——	0.015 *** (0.000)	——	0.015 *** (0.000)
Sec_{it}	——	——	0.379 *** (0.002)	0.500 *** (0.002)
$\ln GDP_{it}$	——	——	-0.506 (0.581)	-0.715 (0.498)
$\ln PGDP_{it}$	——	——	1.306 (0.227)	1.050 (0.270)
$\ln Pro_{it}$	——	——	-0.444 (0.307)	0.123 (0.841)
Hum_{it}	——	——	-0.571 *** (0.000)	-0.435 *** (0.002)
Tec_{it}	——	——	0.170 *** (0.000)	0.158 *** (0.000)
Sargan	24.133 (0.237)	24.272 (0.231)	22.430 (0.318)	22.204 (0.330)

注：括号内为 P 值，上标 ***，**，* 分别代表在 1%，5% 和 10% 水平上显著。

在表 5 - 1 - 2 中，回归结果（1）和（2）未添加国内经济因素作为控制变量，而（3）和（4）则添加了国内经济因素控制变量，从表中可以发现在（1）和（3）中 $\ln Odi_{it}$ 的系数均显著为正，（2）和（4）中 $\ln Odi_{it}$ 的系数均显著为负，$(\ln Odi_{it})^2$ 均显著为正，说明控制变量的添加并不改变企业对外直接投资及其平方项的系数符合和显著性，即企业对外直接投资对国内投资的影响方式是稳健的。（1）和（3）的结果表明总体而言，我国企业对外直接投资能促进国内投资；（2）和（4）的结果则意味着当企业对外直接投资规模较小时会挤出国内投资，只有当其达到一定规模时，企业对外直接投资才能促进国内就业。根据本节第二部分理论影响机理的分析，这两个结果表明，总体上我国企业对外直接投资以纵向动机为主，且已具备一定规模；同时，这种正向的生产转移途径影响方式只有在企业对外直接投资规模较大时才能显现出来，较小规模的企业对外直接投资仅展现资金转移影响途径。

在（3）和（4）的控制变量中，$\ln Inv_{it-1}$ 的系数显著为正，说明国内投资具有延续性，受上一期的正向影响较大。Sec_{it} 的系数显著为正，说明固定资产投资较多集中在第二产业，该产业比重的提高显然能促进国内投资。$\ln GDP_{it}$、$\ln PGDP_{it}$ 和 $\ln Pro_{it}$ 的系数均不显著，说明经济规模、经济发展程度以及劳动生产率均不影响国内投资，事实上在大部分研究中是国内投资影响了这些变量。Hum_{it} 的系数显著为负，说明人力资本存量的提高会减少国内投资，这是因为人力资本增加会诱使经济偏向科技和知识密集的低投资产业。$\ln Tec_{it}$ 的系数显著为正，说明技术进步能提高国内投资，这是因为技术水平的提升增加了投资的边际收益，有益于激励新增国内投资。四个回归结果的 Sargan 统计量均不显著，说明本节的动态回归方程不存在过度识别问题，即本节回归模型的设置和工具变量的采用是合理的。

五　金融发展催化作用实证研究

在本节的影响理论分析中，金融发展程度被认为在资金转移影响

途径中起到了重要作用，金融发展程度较高的地方，资金转移途径的
负面效应较弱，因而金融发展可能在企业对外直接投资影响国内投资
的过程中起到了催化剂的作用。为了对此进行检验，本节用类似于上
一部分的方法对方程（R2）进行回归，得到表 5 - 1 - 3 的结果。

表 5 - 1 - 3　金融发展催化作用实证研究

变量	（1）	（2）	（3）
C	0.472*** (0.000)	0.725*** (0.000)	-0.341 (0.452)
$\ln Inv_{it-1}$	0.943*** (0.000)	0.914*** (0.000)	0.595*** (0.000)
$\ln Odi_{it}$	0.030*** (0.000)	0.030*** (0.000)	0.026*** (0.000)
Fin_{it}	0.093*** (0.000)	——	——
$Fin_{it} \cdot \ln Odi_{it}$	——	0.019*** (0.000)	0.017** (0.030)
Sec_{it}	——	——	0.501*** (0.006)
$\ln GDP_{it}$	——	——	-0.049 (0.895)
$\ln PGDP_{it}$	——	——	0.144 (0.128)
$\ln Pro_{it}$	——	——	-0.073 (0.875)
Hum_{it}	——	——	-0.562*** (0.000)
Tec_{it}	——	——	0.148*** (0.000)
Sargan	22.847 (0.296)	21.836 (0.349)	24.069 (0.239)

注：括号内为 P 值，上标 ***，**，* 分别代表在 1%，5% 和 10% 水平上显著。

　　与表 5 - 1 - 2 相似，这里回归结果（1）和（2）未添加其他控制
变量，（3）则添加了控制变量。回归结果（1）中 Fin_{it} 的系数显著为
正，说明金融发展本身也是促进国内投资的重要因素；$\ln Odi_{it}$ 的系数

仍与表 5 - 1 - 2 的结果一致。（2）和（3）添加了企业对外直接投资和金融发展的乘积项 $Fin_{it} \cdot \ln Odi_{it}$，目的在于研究当金融发展程度不同时，企业对外直接投资对国内投资产生的影响是否存在差异，为了防止出现多重共线性问题，（2）和（3）中去除了金融发展变量。在（2）和（3）中 $\ln Odi_{it}$ 的系数均显著为正，$Fin_{it} \cdot \ln Odi_{it}$ 的系数也均显著为正，该结果说明在金融发展程度较高的地区，企业对外直接投资对国内投资的正向边际效应的也较大，验证了金融发展具备企业对外直接投资促进国内投资的催化剂作用。回归结果（3）中其他变量的系数符合和显著性均与表 5 - 1 - 2 回归结果（3）和（4）一致，Sargan 统计量也说明本部分回归模型的设计是恰当的。

第二节 对外直接投资与出口贸易

一 模型设定及变量描述

为了研究我国对外直接投资与出口贸易之间的内在相互关系，本节建立以下的联立方程组系统进行估计：

$$\begin{cases} \ln EX_{it} = \alpha_0 + \alpha_1 \ln GDP_{it} + \alpha_2 \ln PGDP_{it} + \alpha_3 \ln ODI_{it} + \alpha_4 TR_{it} + \alpha_5 \ln DIS_i + u_i + v_i + \varepsilon_{it} & (1) \\ \ln ODI_{it} = \beta_0 + \beta_1 \ln GDP_{it} + \beta_2 \ln PGDP_{it} + \beta_3 \ln EX_{it} + \beta_4 FDI_{it} + \beta_5 POL_{it} + \phi_i + \varphi_i + \tau_{it} & (2) \end{cases}$$

联立方程组系统中方程（1）考察对外直接投资对出口贸易的影响，方程（2）则考察出口贸易对对外直接投资的影响。在系统中，$\ln EX_{it}$ 为我国 t 年对 i 国出口贸易额（万美元）的对数值；$\ln ODI_{it}$ 为我国 t 年对 i 国的对外直接投资额（万美元）对数值。$\ln GDP_{it}$ 为 i 国 t 年的 GDP（亿美元，2000 年美元价格）对数值，$\ln PGDP_{it}$ 为 i 国 t 年的人均 GDP（亿美元，2000 年美元价格）对数值，该两项共同出现在方程（1）和（2）中，分别为了研究一国经济规模和经济发展水平如何影响我国对该国的出口贸易和对外投资。TR_{it} 为 i 国 t 年的贸易开放度，用 i 国进出口额占 GDP 的比重衡量，贸易开放度体现了一国的综合贸易政策，会影响我国对该国的出口贸易；$\ln DIS_i$ 则为我国与 i

国的距离对数值，用我国首都与 i 国首都的直线距离（千米）衡量，按照引力模型，两国距离也是影响两国间贸易额的重要因素；FDI_{it} 为 i 国 t 年的外资开放度，用 i 国引进外资额占 GDP 的比重度量，较高的外资开放度有利于吸引我国对 i 国的对外直接投资；POL_{it} 为 i 国 t 年的政治稳定变量，由 Gastil（1991）构造的定性指标度量，较高的政治稳定度有助于吸引我国的对外直接投资。u_i 和 ϕ_i 为地区变量，v_t 和 φ_t 为时间变量，ε_{it} 和 τ_{it} 则为回归残差。

本节模型的数据为 2003～2010 年 55 个国家的跨国面板数据，包括 18 个亚洲国家、18 个非洲国家、9 个欧洲国家、8 个美洲国家和 2 个大洋洲国家。[①] 我国对这些国家的出口贸易数据来源于历年《中国贸易外经统计年鉴》；对这些国家的对外投资数据来源于商务部发布的历年《中国对外投资统计公告》；各个国家的 GDP、人均 GDP、贸易开放度、外资开放度数据均来自于世界银行发布的《世界发展指标》；我国与各个国家的距离则由距离计算器[②]测算而得；各国政治稳定指标则来自于自由之家（Freedom House）依据 Gastil 方法计算发布的《2011 年世界自由度》（*Freedom in World 2011*），由数字 1～7 衡量各国的政治稳定，越高的指标代表越高的政治稳定度。

二　回归结果及分析

联立方程组的回归分为单方程估计方法和系统估计方法，本节首先使用单方程估计方法中的普通最小二乘法和二阶段普通最小二乘法对系统进行估计，得到表 5 - 2 - 1 的结果。

---

① 本节的样本国包含孟加拉国、柬埔寨、印度、印度尼西亚、日本、哈萨克斯坦、吉尔吉斯斯坦、韩国、老挝、马来西亚、蒙古、巴基斯坦、菲律宾、沙特阿拉伯、新加坡、泰国、土耳其、越南、阿尔及利亚、安哥拉、博茨瓦纳、喀麦隆、刚果（金）、科特迪瓦、埃及、埃塞俄比亚、加纳、肯尼亚、马达加斯加、毛里塔尼亚、毛里求斯、摩洛哥、尼日利亚、南非、乌干达、赞比亚、丹麦、法国、德国、意大利、荷兰、罗马尼亚、俄罗斯、乌克兰、英国、阿根廷、巴西、厄瓜多尔、墨西哥、秘鲁、委内瑞拉、加拿大、美国、澳大利亚、新西兰。

② http://www.timeanddate.com/worldclock/distance.html.

表 5 - 2 - 1　单方程估计回归结果

变量	方程（1）		方程（2）	
	OLS	2SLS	OLS	2SLS
C	3. 248 *** (0. 000)	4. 894 *** (0. 000)	0. 846 (0. 394)	0. 336 (0. 743)
$\ln GDP_{it}$	0. 835 *** (0. 000)	0. 902 *** (0. 000)	- 0. 600 *** (0. 000)	- 0. 260 * (0. 076)
$\ln PGDP_{it}$	- 0. 236 *** (0. 003)	- 0. 222 ** (0. 024)	0. 307 (0. 144)	0. 319 (0. 139)
$\ln EX_{it}$	——	——	1. 149 *** (0. 000)	0. 745 *** (0. 000)
$\ln ODI_{it}$	0. 183 *** (0. 000)	- 0. 036 (0. 759)	——	——
TR_{it}	0. 588 *** (0. 000)	0. 716 *** (0. 000)	——	——
FDI_{it}	——	——	0. 031 (0. 156)	0. 049 ** (0. 031)
$\ln DIS_i$	- 1. 293 *** (0. 000)	- 1. 623 *** (0. 000)		
POL_{it}	——	——	0. 133 ** (0. 015)	0. 152 *** (0. 007)
R^2	0. 889	0. 835	0. 366	0. 336

注：括号内为 P 值，*，**，*** 分别表示在 10%，5% 和 1% 水平上显著。

从回归结果可以发现，在方程（1）出口贸易的影响因素中，$\ln GDP_{it}$ 的系数显著为正，说明我国对经济规模较大的国家有较多的出口；$\ln PGDP_{it}$ 的系数显著为负，反映在控制经济规模后，我国对经济发展水平较高的国家出口较少，这是因为我国的出口品仍然是低档产品，需求在高收入水平国家反而较少；TR_{it} 的系数显著为正，说明我国在对贸易开放度较高的国家有较多的出口，这是因为贸易开放度较高的国家往往有较为自由的贸易政策；$\ln DIS_i$ 的系数显著为负，说明与我国距离较远的国家贸易较少，符合引力模型的预期；$\ln ODI_{it}$ 的系数在 OLS 回归结果中显著为正，但在 2SLS 回归结果中却不显著，说明单方程回归并没有得出我国对外直接投资能促进出口贸易的确切结论。在方程（2）对外直接投资的影响因素中，$\ln GDP_{it}$ 的系数显著为负，说明我国对经济规模较大国家的对外直接投资较少；$\ln PGDP_{it}$ 的系数不显著，说明东道国经济发展水平并不影响我国对其的对外直接投资；FDI_{it} 的系数在 OLS 的结果中不显著，但在 2SLS 的回归结果中显著为正，尚未得出东道国外资开放能促进我国对外直接投资的准确结论；POL_{it} 的系数显著为正，说明政治稳定度较高的国家更能吸引我国的对外直接投资；$\ln EX_{it}$ 的系数显著为正，反映了我国对一国的出口贸易能显著地推动对该国的对外直接投资，这是因为出口贸易是企业国际化的先导，出口贸易的发展有助于企业对东道国的合作与了解，有利于其在当地投资的发展。

单方程回归方法的缺点在于忽略了方程之间的联系，并未将方程组作为一个系统进行估计，因此可能导致回归结果的信息不充分。为了弥补这一缺陷，本节进一步使用联立方程组系统估计方法中的三阶段最小二乘法和迭代式三阶段最小二乘法对系统进行估计，得到表 5 - 2 - 2 的结果。

表 5 - 2 - 2　系统估计回归结果

变量	方程（1）		方程（2）	
	3SLS	迭代式 3SLS	3SLS	迭代式 3SLS
C	4.761 *** (0.000)	4.733 *** (0.000)	0.203 (0.841)	0.189 (0.852)
$\ln GDP_{it}$	0.917 *** (0.000)	0.920 *** (0.000)	-0.262 * (0.070)	-0.263 * (0.070)
$\ln PGDP_{it}$	-0.241 ** (0.013)	-0.244 ** (0.016)	0.350 (0.100)	0.353 * (0.096)
$\ln EX_{it}$	——	——	0.746 *** (0.000)	0.747 *** (0.000)
$\ln ODI_{it}$	-0.059 (0.609)	-0.064 (0.595)	——	——
TR_{it}	0.766 *** (0.000)	0.777 *** (0.000)	——	——
FDI_{it}	——	——	0.041 * (0.060)	0.040 * (0.063)

变量	方程（1）		方程（2）	
	3SLS	迭代式 3SLS	3SLS	迭代式 3SLS
$\ln DIS_i$	-1.597 *** (0.000)	-1.592 *** (0.000)	——	——
POL_{it}	——	——	0.173 *** (0.001)	0.176 *** (0.001)
R^2	0.823	0.820	0.336	0.336

注：括号内为 P 值，*，**，*** 分别表示在 10%，5% 和 1% 水平上显著。

系统估计方法中三阶段最小二乘法和迭代式三阶段最小二乘法得出的结论与单方程估计结果基本类似，不同的是，在方程（1）中，系统估计法回归结果中 $\ln ODI_{it}$ 的系数均不显著，在方程（2）中 $\ln EX_{it}$ 则均显著为正，该结果说明了在考虑内生性问题后，我国对外直接投资并没有对出口贸易产生影响，而出口贸易却对我国的对外直接投资有明显的推动作用。根据各类文献的分析，对外直接投资因动机不同可能是出口替代型或出口互补型，本节的结果则表明，综合地看，我国对外直接投资的出口替代和互补效应正好相抵，对出口贸易并不产生影响；出口贸易则通过企业在东道国率先进行国际化而促进对外直接投资的发展。

三 分类别国家回归结果及分析

为了进一步明确我国对不同国家对外直接投资与出口贸易之间的关系，本节分别利用发达国家和发展中国家样本数据对联立方程组系统进行回归。按照联合国的标准，人均 GDP 在 1 万美元以上的国家为发达国家，1 万美元以下的为发展中国家，本节据此将样本中的国家分类进行 3SLS 回归，得到表 5 - 2 - 3 的结果。

表 5 - 2 - 3　发达国家与发展中国家 3SLS 回归结果

变量	发达国家		发展中国家	
	方程（1）	方程（2）	方程（1）	方程（2）
C	0.270 (0.909)	-0.400 (0.950)	4.606 *** (0.008)	1.498 (0.200)

续表

变量	发达国家		发展中国家	
	方程（1）	方程（2）	方程（1）	方程（2）
$\ln GDP_{it}$	0.881 *** (0.000)	− 0.101 (0.766)	0.962 *** (0.000)	− 0.280 * (0.077)
$\ln PGDP_{it}$	0.280 (0.679)	− 0.400 (0.820)	− 0.393 *** (0.005)	0.163 (0.559)
$\ln EX_{it}$	——	0.828 ** (0.035)	——	0.699 *** (0.000)
$\ln ODI_{it}$	− 0.043 (0.884)	——	− 0.090 (0.520)	——
TR_{it}	0.541 ** (0.032)	——	1.287 *** (0.000)	——
FDI_{it}	——	0.091 * (0.074)	——	0.032 (0.193)
$\ln DIS_i$	− 0.819 *** (0.000)	——	− 1.665 *** (0.000)	——
POL_{it}	——	——	——	0.194 *** (0.001)
R^2	0.779	0.331	0.718	0.286

注：括号内为 P 值，*，**，*** 分别表示在 10%，5% 和 1% 水平上显著。

由于发达国家的政治稳定性指标较为相似，为了避免产生共线性问题，本节在发达国家样本回归中并没有添加政治稳定性变量。从表 5 - 2 - 3 的结果可以发现，变量系数的符合和显著性均基本与表 5 - 2 - 2 相似。无论是在发达国家还是在发展中国家样本回归结果中，我国对外直接投资对出口的影响均不显著，而出口贸易对我国对外直接投资均有明显的推动作用，进一步明确了表 5 - 2 - 2 的回归结果，也表明本节回归结果是稳健的。

四 面板数据因果关系检验

为了进一步明确我国对外直接投资与出口贸易之间的内在关系，本节使用动态面板数据估计方法对两者之间的因果关系进行检验。分别使用对外直接投资和出口贸易的滞后一期和滞后二期值作为解释变量，本节建立如下的动态面板数据估计方程：

$$\ln EX_{it} = \gamma_0 + \gamma_1 \ln EX_{it-1} + \gamma_2 \ln EX_{it-2} + \gamma_3 \ln ODI_{it-1} + \gamma_4 \ln ODI_{it-2} + \sigma_i + \zeta_t + \omega_{it} \quad (3)$$

$$\ln ODI_{it} = \lambda_0 + \lambda_1 \ln EX_{it-1} + \lambda_2 \ln EX_{it-2} + \lambda_3 \ln ODI_{it-1} + \lambda_4 \ln ODI_{it-2} + \tau_i + \psi_t + \upsilon_{it} \quad (4)$$

这里下标 $t-1$ 和 $t-2$ 分别表示滞后一期和滞后二期。分别利用全样本数据、发达国家数据和发展中国家数据对方程（3）和（4）进行回归，得到表 5-2-4 的结果。

表 5-2-4　动态面板数据因果检验估计结果

变量	方程（3）			方程（4）		
	全样本	发达国家	发展中国家	全样本	发达国家	发展中国家
C	4.764 *** (0.000)	7.027 (0.954)	4.338 *** (0.000)	-23.11 *** (0.000)	-38.527 (0.476)	-20.219 *** (0.000)
$\ln EX_{it-1}$	0.253 *** (0.000)	0.033 (0.999)	0.300 *** (0.000)	1.244 *** (0.000)	0.278 (0.970)	1.421 *** (0.000)
$\ln EX_{it-2}$	0.356 *** (0.000)	0.520 (0.973)	0.325 *** (0.000)	1.614 *** (0.000)	3.430 (0.459)	1.305 *** (0.001)
$\ln ODI_{it-1}$	0.031 (0.140)	0.004 (0.999)	0.029 (0.180)	-0.442 *** (0.000)	-0.572 (0.361)	-0.370 *** (0.000)
$\ln ODI_{it-2}$	0.025 (0.219)	-0.027 (0.954)	0.038 * (0.079)	-0.255 *** (0.007)	-0.289 (0.664)	-0.298 *** (0.004)

注：括号内为 P 值，*，**，*** 分别表示在 10%，5% 和 1% 水平上显著。

从回归结果可以发现，在方程（3）出口贸易的动态面板数据回归结果中，除了发展中国家样本的滞后二期值在 10% 水平上显著外，其他对外直接投资滞后值的系数均不显著，说明了我国对外直接投资并不是出口贸易的原因。而在方程（4）对外直接投资的动态面板数据中，除发达国家样本的回归系数不显著外，全样本和发展中国家样本的出口贸易滞后一期和二期值回归系数均在 1% 的水平上显著为正，说明了我国出口贸易是推动对外直接投资发展的重要原因。由此可见表 5-2-4 的因果检验结果有效地验证了本节联立方程组系统的回归结果。

第三节　对外直接投资与国内技术创新

一　传导途径

1. 反向传导途径

在新增长理论的框架内，"干中学"被认为是促进技术创新的一个重要来源（Young，1993），人们在生产过程中的积累与创造将有效地产生知识溢出，有利于开发出新产品或提升产品质量，推动技术创新。按照该逻辑，由于在生产过程中，资本是较为重要的要素投入，资本投入的增多也将提高产出和促进技术创新，这也是新增长理论中 AK 模型推断的出发点，以此强调资本投入的重要性。尽管企业进行对外直接投资有多种复杂的动机，但其形式都是将国内资本投资到国外，同时将生产过程也转移至国外。Markusen（2002）将对外直接投资分为横向和纵向两类，横向对外直接投资指的是企业在国外生产与国内相同的产品，因此是对出口贸易的一种替代，显然会减少国内的产出水平；纵向对外直接投资指的是企业在国外投资生产与国内不同的产品，是企业出于成本节约的动机将本来在国内生产的部分工序阶段转移至国外，明显也减少了国内的产出。

企业对外直接投资行为减少了国内部分的资本投入和产出，按照"干中学"模式技术创新的视角，这显然会减少生产过程中溢出的知识，从而不利于技术创新的进行。更有甚者，如果在纵向对外直接投资中，转移至国外的生产阶段恰好为产品的研发工序部分，那么对国内技术创新的影响将更为不利，因为这部分生产阶段的知识溢出性最强。由此可见，按照新增长理论，总体而言对外直接投资会通过减少国内资本投入与产出对国内技术创新产生负面影响，构成了反向传导途径。

2. 正向传导途径

除了"干中学"的偶然性技术创新外，创新资源的增多和投入也是决定技术创新的关键因素，企业进行横向和纵向对外直接投资将以不同的方式为本国带来可利用的创新资源。横向对外直接投资企业以对外投资的形式替代出口，将在东道国市场上面临激烈的竞争，而按照 Hymer（1967）的理论，技术垄断优势是跨国公司对外直接投资的竞争力来源。因此为了能在激烈的海外竞争中占有一席之地，企业不得不加大研发投入，开发新产品、新技术以保持竞争优势。此外，由于进入新的市场，消费者对产品的偏好与国内不同，企业必须开发研制符合当地居民偏好的产品，进而基于东道国偏好信息改进产品技术并外溢至本国国内。与此同时，在与国外企业的竞争中，本国对外直接投资企业也可将从竞争者中学到的知识技术带回国内，有助于国内的技术创新与产品开发。由此可见，市场开拓驱动的横向对外直接投资将通过迫使企业增加技术开发投入以及逆向知识溢出的方式促进国内技术创新。

纵向对外直接投资将生产阶段转移至国外，该阶段在国外具有较低的成本，这种低成本的来源之一是国外具有先进的技术。在这种情况下，本国母公司将通过技术购买、企业并购等各种方式获取东道国的先进技术，并在运用这些技术的过程中产生知识积累，这些技术和知识最终都将被传递至本国母公司，产生逆向技术溢出，在本国具备吸收能力的条件下，能有效地促进国内技术创新。此外，生产阶段的转移使本国母公司不可避免地在东道国进行中间产品采购，与当地企业将产生紧密的商业联系，借此可以学习当地企业先进的技术与管理模式，这些知识也将会逆向回流至国内，有利于国内技术创新；当地人才就业的流动也能带来类似的知识技术溢出效应。需要强调的是，纵向对外直接投资带来的逆向知识技术溢出仍不一定必然促进国内技术创新，其还需依赖国内是否能吸收消化这些回流的知识技术。

图5-3-1归纳了对外直接投资影响国内技术创新的正向和反向传导途径。

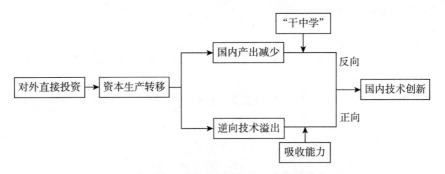

图 5 – 3 – 1 企业对外直接投资影响国内技术创新传导途径

二 基本理论模型框架

在新增长理论中，技术创新被界定为产品种类的增多以及产品质量的提升，由于质量提升难以量化，本节从产品种类增多角度研究技术创新。按照 Grossman 和 Helpman（1991）的框架，产品种类增多具有规模经济的特征，同时与从国外获得的知识正相关；此外，新增长理论模型也强调技术创新的"干中学"过程。本节将这些因素归纳在一起，构建本节的技术创新基本框架。

$$\dot{n} = F[q\phi(K^*),n,f(K,L)],K^* + K = \overline{K} \tag{1}$$

这里 $\dot{n}$ 为新增的产品种类数，代表技术创新；q 为国内对国外技术的吸收能力，从国外获取的知识 $\phi(K^*)$ 与对外直接投资量 K^* 正相关；n 为国内现有产品种类数，用以反映新产品开发和技术创新的规模经济特征；$f(K,L)$ 为国内产出，K 和 L 分别为投入的资本和劳动量，反映生产过程中的"干中学"对技术创新的影响；假定投资到国外和国内的资本总量规模不变，因此国内生产投入的资本为总资本与对外直接投资的差值，即 $K = \overline{K} - K^*$。

按照新增长理论，本节的 F 函数与其三个自变量均正相关，即：

$$\frac{\partial F}{\partial \phi} > 0, \ \frac{\partial F}{\partial n} > 0 \ 以及 \ \frac{\partial F}{\partial f} > 0$$

由此可以考察对外直接投资 K^* 的变动如何影响国内技术创新 $\dot{n}$，

$\dot{n}$ 对 K^* 求导，可以得到：

$$\frac{\partial \dot{n}}{\partial K^*} = \frac{\partial F}{\partial \phi} \cdot q \cdot \frac{\partial \phi}{\partial K^*} + \frac{\partial F}{\partial f} \cdot \frac{\partial f}{\partial K^*} = q \frac{\partial F}{\partial \phi} \cdot \frac{\partial \phi}{\partial K^*} - \frac{\partial F}{\partial f} \cdot \frac{\partial f}{\partial K} \quad (2)$$

由知识吸收函数和生产函数的递增性可得 $\frac{\partial \phi}{\partial K^*} > 0$ 和 $\frac{\partial f}{\partial K} > 0$，因此由（2）可以推导：

$$\frac{\partial \dot{n}}{\partial K^*} \begin{cases} > 0, \ q > \frac{\partial F}{\partial f} \cdot \frac{\partial f}{\partial K} \bigg/ \frac{\partial F}{\partial \phi} \cdot \frac{\partial \phi}{\partial K^*} > 0 \\[2mm] = 0, \ q = \frac{\partial F}{\partial f} \cdot \frac{\partial f}{\partial K} \bigg/ \frac{\partial F}{\partial \phi} \cdot \frac{\partial \phi}{\partial K^*} > 0 \\[2mm] < 0, \ 0 < q < \frac{\partial F}{\partial f} \cdot \frac{\partial f}{\partial K} \bigg/ \frac{\partial F}{\partial \phi} \cdot \frac{\partial \phi}{\partial K^*} \end{cases} \quad (3)$$

通过公式（3）可以得出本节的推论。

推论：当地区对国外知识的吸收能力较弱时，对外直接投资会减少国内技术创新；当地区对国外知识的吸收能力较强时，对外直接投资会促进国内技术创新。

从逻辑上讲，这是因为对外直接投资影响国内技术创新存在正反两种传导途径：一方面，从"干中学"角度，对外直接投资将使投入国内生产的资本减少，不利于产出增加及其带来的技术创新；另一方面，对外直接投资可以从国外带来前沿知识技术，有利于国内知识积累和技术创新，但该正向传导途径的强度取决于国内的吸收能力。由此可以阐明本节的推论，即只有当吸收能力足够大时，正向传导途径的强度才能大于反向传导途径。

三 实证研究

1. 模型设定与变量说明

按照本节的基本理论框架，在实证研究中可以将影响国内技术创新的变量分为国内因素和国外因素两类构建本节的计量回归模型：

$$\ln INV_{it} = \alpha_0 + \alpha_1 \ln GT_{it} + \alpha_2 \ln SK_{it} + \alpha_3 \ln USK_{it} + \alpha_4 \ln EX_{it} + \alpha_5 \ln IM_{it}$$
$$+ \alpha_6 \ln ODI_{it} + \alpha_7 p_{it} \cdot \ln ODI_{it} + \mu_i + \upsilon_t + \varepsilon_{it} \quad (R)$$

这里 $\ln INV_{it}$ 为 i 地区 t 年的专利授权数对数值，代表新产品的种类增多，用以衡量技术创新；$\ln GT_{it}$ 为 i 地区 t 年政府投入到科学技术开发中的财政支出（万元）对数值，反映政府财政投入对技术创新的影响；$\ln SK_{it}$ 和 $\ln USK_{it}$ 分别为 i 地区 t 年的高技能和低技能劳动就业量（万人）对数值，分别用大专学历以上及以下学历就业人数衡量，反映各类劳动投入对技术创新的影响；$\ln EX_{it}$ 和 $\ln IM_{it}$ 分别为 i 地区 t 年的出口和进口额（万美元）对数值，衡量对外贸易带来的知识溢出如何影响技术创新；$\ln ODI_{it}$ 为 i 地区 t 年的对外直接投资额（万美元）对数值；p_{it} 为 i 地区 t 年的人均 GDP（元/人）对数值，用以衡量综合技术吸收能力，因此 $\ln ODI_{it}$ 和 $p_{it} \cdot \ln ODI_{it}$ 两项共同反映当吸收能力不同时，对外直接投资如何影响国内技术创新。下标 i 和 t 分别代表地区和时间，μ_i、υ_t 和 ε_{it} 分别为地区变量、时间变量和回归残差。

本节的样本为 2003~2010 年 25 个省区市的面板数据，海南、重庆、贵州、西藏、宁夏和青海则因数据不全未包含在本节的样本内。在本节中，$\ln INV_{it}$、$\ln GT_{it}$、$\ln EX_{it}$、$\ln IM_{it}$ 和 p_{it} 的数据由历年《中国统计年鉴》整理而得；$\ln SK_{it}$ 和 $\ln USK_{it}$ 的数据由历年《中国劳动统计年鉴》整理而得；$\ln ODI_{it}$ 的数据则由商务部发布的《2010 年中国对外直接投资公报》整理而得。

图 5 - 3 - 2 绘制了东部地区和中西部地区对外直接投资与国内技术创新之间的相关关系。

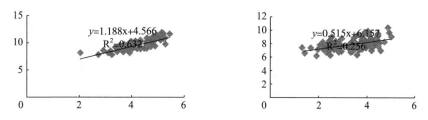

图 5 - 3 - 2 对外直接投资和国内技术创新相关关系

注：左图为东部地区，右图为中西部地区；横坐标为对外直接投资对数值，纵坐标为国内技术创新对数值。

资料来源：历年《中国统计年鉴》和《中国对外直接投资公报》。

从图 5 - 3 - 2 可以发现，相对于中西部地区，东部地区对外直接投资与国内技术创新的相关斜率较大，且拟合优度较高。由于东部地区人均 GDP 水平高于中西部地区，对国外知识技术的吸收能力也较高，这在一定程度上说明吸收能力较高的地区，对外直接投资与国内技术创新的相关性可能更大。

2. 回归结果及分析

使用全国样本和分区域样本对方程（R）分别进行回归，得到表 5 - 3 - 1 的结果。

表 5 - 3 - 1　全国样本和分地区回归结果

变量	全国样本		东部地区样本		中西部地区样本	
	（1）	（2）	（3）	（4）	（5）	（6）
C	- 5.447 *** (0.000)	- 3.886 *** (0.000)	- 11.391 ** (0.014)	- 2.553 ** (0.019)	- 6.220 *** (0.000)	- 6.569 *** (0.000)
$\ln GT_{it}$	0.388 *** (0.000)	0.262 *** (0.000)	0.190 ** (0.040)	0.086 (0.330)	0.683 *** (0.000)	0.713 *** (0.000)
$\ln SK_{it}$	0.461 *** (0.000)	0.369 *** (0.000)	0.552 *** (0.001)	0.405 *** (0.008)	0.438 *** (0.000)	0.460 *** (0.000)
$\ln USK_{it}$	0.270 *** (0.002)	0.409 *** (0.000)	1.489 ** (0.037)	0.304 ** (0.039)	0.330 ** (0.016)	0.296 ** (0.034)
$\ln EX_{it}$	0.117 ** (0.035)	0.106 * (0.051)	0.133 (0.567)	0.359 ** (0.011)	- 0.005 (0.934)	- 0.001 (0.979)
$\ln IM_{it}$	0.214 *** (0.000)	0.178 *** (0.002)	0.083 (0.716)	0.015 (0.902)	0.121 ** (0.045)	0.132 ** (0.040)
$\ln ODI_{it}$	0.080 ** (0.029)	- 0.725 *** (0.003)	0.225 ** (0.019)	- 1.089 ** (0.045)	- 0.002 (0.965)	0.144 (0.655)
$p_{it} \cdot \ln ODI_{it}$	——	0.218 *** (0.001)	——	0.319 ** (0.013)	——	- 0.042 (0.642)
Hausman	3.38 (0.769)	9.37 (0.227)	14.60 ** (0.024)	8.12 (0.322)	6.58 (0.361)	2.89 (0.895)
R^2	0.929	0.932	0.503	0.932	0.863	0.864

注：括号内为 P 值；上标 ***，**，* 分别表示在1%，5%和10%的水平上显著；本节依据 Hausman 统计量判断使用固定效应模型还是随机效应模型。

在表 5 - 3 - 1 的回归结果中，（1）、（3）和（5）未添加人均 GDP 和对外直接投资的乘积项，而（2）、（4）和（6）则添加了该乘积项。从回归结果中可以发现，$\ln GT_{it}$ 的系数在各回归结果中显著为正，说明政府对科学技术财政投入的增多有利于国内技术创新。$\ln SK_{it}$ 和 $\ln USK_{it}$ 的系数在各回归结果中也均显著为正，由于该两项反映各类劳动投入，由此可以说明高技能和低技能劳动投入的增加能促进技术创新，体现了技术创新的"干中学"特征。$\ln EX_{it}$ 和 $\ln IM_{it}$ 的系数在全国样本中均显著，在东部地区样本仅回归（4）中 $\ln EX_{it}$ 显著为正，在中西部地区样本中则仅 $\ln IM_{it}$ 显著为正，说明对全国而言进出口贸易带来技术知识溢出，东部地区则不存在进口知识溢出，而中西部地区仅存在进口技术溢出。

分析 $\ln ODI_{it}$ 和 $p_{it} \cdot \ln ODI_{it}$ 的系数可以发现，当不添加乘积项时，（1）、（3）和（5）的结果显示 $\ln ODI_{it}$ 在全国样本和东部地区样本回归结果中显著为正，而在中西部地区样本回归结果中则不显著，说明总体而言对外直接投资能促进国内技术创新，但中西部地区由于对外直接投资规模较小而未体现出这种促进效应。在添加乘积项后，（2）、（4）和（6）的结果显示，在全国样本和东部地区样本回归结果中，$\ln ODI_{it}$ 的系数显著为负，$p_{it} \cdot \ln ODI_{it}$ 的系数显著为正，在中西部地区则两者皆不显著。由于人均 GDP 反映综合吸收能力，该结果说明全国范围和东部地区对外直接投资影响国内技术创新的方式符合本节的推论，即当吸收能力较弱时，对外直接投资不利于国内技术创新；而当吸收能力较强时，对外直接投资则能促进国内技术创新。中西部地区则因对外直接投资规模较小而未体现这种特征。

3. 计数模型回归结果

本节在实证研究中遵循新增长理论的方式，采用专利授权数衡量国内产品种类增长和技术创新，而专利授权数为非负整数，这使得回归方程的因变量不是连续变量，呈现离散被解释变量的特征。在这种情况下，计数模型是较为理想的稳健性回归检验选择。将回归模型（R）中被解释变量 $\ln INV_{it}$ 的对数去掉，得到方程：

$$INV_{it} = \beta_0 + \beta_1 \ln GT_{it} + \beta_2 \ln SK_{it} + \beta_3 \ln USK_{it} + \beta_4 \ln EX_{it} + \beta_5 \ln IM_{it} \quad (\text{R}')$$
$$+ \beta_6 \ln ODI_{it} + \beta_7 p_{it} \cdot \ln ODI_{it} + \lambda_i + \tau_t + \iota_{it}$$

由于方程（R′）中被解释变量 INV_{it} 为专利授权数，其属性为非负整数，因此可以使用计数模型中的泊松回归和负二项回归方法对其进行回归，得到表 5 - 3 - 2 的结果。

表 5 - 3 - 2　计数模型回归结果

变量	全国样本		东部地区样本		中西部地区样本	
	泊松回归	负二项回归	泊松回归	负二项回归	泊松回归	负二项回归
C	- 2.756 *** (0.000)	- 4.646 *** (0.000)	- 2.537 *** (0.000)	- 3.462 *** (0.000)	- 9.593 *** (0.000)	- 8.722 *** (0.000)
$\ln GT_{it}$	0.156 * (0.077)	0.321 *** (0.000)	- 0.006 (0.952)	0.120 (0.339)	0.428 ** (0.042)	0.732 *** (0.000)
$\ln SK_{it}$	0.538 *** (0.000)	0.415 *** (0.000)	0.620 *** (0.001)	0.542 *** (0.000)	0.807 *** (0.000)	0.700 *** (0.000)
$\ln USK_{it}$	0.438 *** (0.002)	0.369 *** (0.000)	0.463 ** (0.010)	0.154 ** (0.191)	0.164 (0.304)	0.112 (0.362)
$\ln EX_{it}$	0.381 *** (0.000)	0.185 *** (0.000)	0.577 *** (0.000)	0.559 *** (0.000)	0.147 * (0.056)	0.033 (0.569)
$\ln IM_{it}$	- 0.176 ** (0.016)	0.120 ** (0.015)	- 0.254 *** (0.009)	- 0.107 (0.274)	0.417 *** (0.000)	0.282 *** (0.000)
$\ln ODI_{it}$	- 1.530 *** (0.002)	- 0.799 ** (0.010)	- 2.551 *** (0.002)	- 0.880 * (0.071)	0.247 (0.634)	0.324 (0.505)
$p_{it} \cdot \ln ODI_{it}$	0.443 *** (0.000)	0.227 *** (0.006)	0.662 *** (0.001)	0.259 ** (0.022)	- 0.065 (0.645)	- 0.108 (0.417)
alpha		0.097 [0.079,0.118]		0.063 [0.044,0.089]		0.086 [0.070,0.104]
R^2	0.948	——	0.940	——	0.889	——

注：括号内为 P 值；上标 ***，**，* 分别表示在 1%，5% 和 10% 的水平上显著；本节依据 alpha 统计量判断使用泊松回归还是负二项回归。

从负二项回归结果中可以发现 alpha 值的系数均在其 95% 置信区间内，该结果说明对于本节的计数模型而言，负二项回归较为恰当。对比表 5 - 3 - 1 中回归结果（2）、（4）、（6）与表 5 - 3 - 2 中负二项回归结果可以发现各变量系数符合和显著性基本一致，而 $\ln ODI_{it}$ 和 $p_{it} \cdot \ln ODI_{it}$ 的系数符合和显著性则完全一致，即在全国样本和东部地区样本回归中 $\ln ODI_{it}$ 显著为负，$p_{it} \cdot \ln ODI_{it}$ 的系数显著为正，在中西部地区回归结果中两个变量的系数则均不显著。该结果一方面验证了本节回归结果的稳健性，另一方面也进一步说明了只有当吸收能力较强时，对外直接投资才能促进国内技术创新。

4. 分位数回归及结果分析

在本节的基本理论模型框架内，技术创新被设定具有规模经济特征，由此可以判断，技术创新速度较快的地区因其创新积累对国外知识的吸收能力也较强，即技术创新本身也构成吸收能力的一部分。为了对此进行验证，可以采用分位数回归方法进行估计，分位数回归方法估计被解释变量处在不同分位水平时的分布函数，可以估计出不同分位数水平下的变量系数及显著性。本节估计国内技术创新在不同分位数水平时各变量的函数，由不同技术创新水平下 $\ln ODI_{it}$ 和 $p_{it} \cdot \ln ODI_{it}$ 的系数相对大小可以验证技术创新本身是否构成吸收能力的一部分。表 5 - 3 - 3 列出了技术创新分别在 0.2、0.4、0.6 和 0.8 分位数下的回归结果。

表 5 - 3 - 3　分位数回归结果

分位数	0.2	0.4	0.6	0.8
C	-5.312 *** (0.000)	-4.590 *** (0.000)	-3.692 *** (0.000)	-4.648 *** (0.000)
$\ln GT_{it}$	0.375 *** (0.000)	0.380 *** (0.000)	0.361 *** (0.002)	0.343 *** (0.003)
$\ln SK_{it}$	0.315 ** (0.015)	0.241 (0.108)	0.373 *** (0.003)	0.377 *** (0.007)
$\ln USK_{it}$	0.389 *** (0.001)	0.458 *** (0.000)	0.353 *** (0.006)	0.466 *** (0.000)
$\ln EX_{it}$	0.268 *** (0.000)	0.143 * (0.061)	0.197 *** (0.002)	0.119 (0.168)
$\ln IM_{it}$	0.058 (0.393)	0.125 * (0.074)	0.040 (0.644)	0.152 * (0.069)
$\ln ODI_{it}$	-0.884 * (0.058)	-1.366 *** (0.003)	-1.197 *** (0.006)	-1.086 *** (0.008)
$p_{it} \cdot \ln ODI_{it}$	0.232 * (0.050)	0.364 *** (0.003)	0.323 *** (0.004)	0.297 *** (0.009)

分位数	0.2	0.4	0.6	0.8
R^2	0.748	0.743	0.750	0.762
P 临界值	3.810	3.753	3.706	3.657

注：括号内为 P 值；上标 ***，**，* 分别表示在 1%，5% 和 10% 的水平上显著。

本节分位数模型回归旨在验证国内技术创新本身是否也构成对外直接投资影响国内技术创新的吸收能力之一，从回归中可以发现，一方面各分位数下的变量回归系数符合及显著性均与表 5-3-1 和表 5-3-2 基本一致；另一方面，综合吸收能力人均 GDP 对数值的临界值随着分位数的提高不断缩小。该结果意味着，随着技术创新本身水平的提高，对外直接投资促进国内技术创新所需的吸收能力逐步减少，即高技术创新水平与吸收能力形成互补，反映出技术创新水平也是吸收能力的构成部分。

第四节　对外直接投资与国内劳动生产率

一　传导机制

1. 短期传导机制

对于发展中国家而言，金融市场发展不完善导致企业融资存在较高的难度和成本，尤其是非国有企业，因此在短期内企业从事对外直接投资的最直接影响是减少了国内生产的资本投入。Stevens 和 Lispey（1992）详细论证了在外部融资成本较高情况下，国内和国外生产的资本竞争情形，尤其是发展中国家对外直接投资企业规模较小，不存在企业内部资本市场，且面临发达国家大型跨国公司的资本竞争，难以在东道国进行融资，因而国内外资本竞争更为激烈。这种替代性意味着每一单位的对外直接投资必然会减少相同单位的国内生产资本投入，对于发展中国家而言，稀缺资本往往被用于机器购买、技术引进、人员培训等用途，资本的减少必然会减少工人生产过程中的配套设备，从而降低平均劳动生产率。这种通过减少人均资本不利于劳动生产率的传导途径构成了对外直接投资影响劳动生产率的金融效应，是短期影响的主要构成。

　　生产层面的联结也是短期内对外直接投资影响劳动生产率提升的重要来源。对外直接投资按动机被分为横向和纵向两类，其中横向对外直接投资指的是企业在东道国生产与国内类似的产品，因而是对出口的一种替代（Markusen，2002）。按照异质性企业国际贸易理论，出口企业的生产率往往高于无出口行为的企业，因此通过在国外进行对外直接投资的行为替代出口，显然会降低国内企业的平均劳动生产率，这在短期内也构成了负面的传导效应。纵向对外直接投资对国内劳动生产率的影响则呈现相反的情形，由于纵向对外直接投资是将生产过程的部分阶段转移至国外，目的在于获取成本较低的生产投入品，该过程一方面能使国内生产的工人获得更多的生产配置，另一方面也通过最终产品成本的降低而促进国内出口，两者俱能起到提高劳动生产率的效果。

　　综上所述，短期内对外直接投资通过金融和生产层面影响国内劳动生产率，正向和反向效应均在起作用，最终结果取决于不同方向作用力的相对大小。图 5 - 4 - 1 归纳了对外直接投资影响国内劳动生产率的短期传导机制。

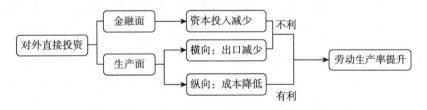

图 5 - 4 - 1　对外直接投资对劳动生产率影响的短期传导机制

2. 长期传导机制

　　在横向与纵向对外直接投资中，企业进入东道国当地进行生产，一方面横向对外直接投资企业将面临更大的市场竞争，并且面对与国内不同偏好的消费者，为维持竞争力，企业不得不进行技术创新以开发新产品或改进产品质量；另一方面纵向对外直接投资企业在东道国当地生产中间投入品，需开发新技术以适应当地的生产条件。两者的共同结果是都迫使对外直接投资企业开发新技术，随着时间推移，这些技术会转移至国内，经改造与国内的生产相匹配，增加工人生产过程中的技术可选性，最终起到提升国内劳动生产率的效果。同时，长期内对外直接投资带来的效率提升也会促使国内母公司调整经济规模，在竞争力提高的条件下扩大国内生产规模，规模经济的产生也将使国内生产过程中各种设备能更有效地使用，分工也将更为细致，并进一步提高国内生产过程的劳动生产率。在充分的时间内，这种劳动生产率提升效应也会通过劳动力流动而进行外溢，提升同行业其他企业甚至其他行业企业的劳动生产率。

发展中国家企业进行对外直接投资的另一主要动机是向发达国家进行技术学习（Athreye 和 Kapar，2009），部分对外直接投资企业将研发部门在国外，以期获得国外的先进知识技术。事实上，国内外已有文献表明我国对外直接投资确实能获得国外的先进技术和知识溢出（Herzer，2010；沙文兵，2012），但这种逆向知识溢出转化为国内劳动生产率则需要足够的时间。由于发达国家与发展中国家存在较大的市场与生产差别，外溢回国内的先进知识技术需要与国内具体生产环境相结合，并通过国内企业吸收才能实际应用于生产过程中，因而只有在长期内才可能转化，有利于劳动生产率的提升。此外，发展中国家也存在向其他发展中国家进行对外直接投资的"南南"直接投资现象，尽管与发达国家相比，发展中国家东道国的技术水平较为落后，但与发展中国家的技术差距较小，因而这类知识技术的吸收虽然也需要耗费时间，却相对较短，也能在一定时间内转化，有利于国内劳动生产率的提升。

综上所述，在长期内，一方面对外直接投资会通过自身技术开发及技术转移提高国内生产的劳动生产率，另一方面也会通过逆向技术溢出提高国内劳动生产率。图 5 - 4 - 2 描述了这种长期传导机制。

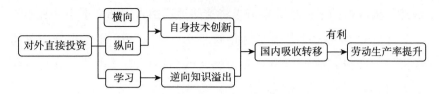

图 5 - 4 - 2　对外直接投资对劳动生产率影响的长期传导机制

二　方程构建与变量描述

本节基于影响劳动生产率提升的国内和国外两类因素构建实证研究方程，得到如下回归方程：

$$\ln pro_{it} = \alpha_0 + \alpha_1 \ln pro_{it-1} + \alpha_2 inv_{it} + \alpha_3 hum_{it} + \alpha_4 sec_{it} \quad\quad (R)$$
$$+ \alpha_5 \ln ex_{it} + \alpha_6 \ln odi_{it} + u_i + v_t + \varepsilon_{it}$$

这里 $\ln pro_{it}$ 为 i 地区 t 年的劳动生产率（元/人），用 GDP 与就业人员数的比值衡量。影响劳动生产率提升的国内因素包括物质资本和人力资本要素投入以及经济结构，在方程中 inv_{it} 为 i 地区 t 年的固定资产投资率，用固定资产投资占 GDP 的比重衡量，反映物质资本投入状况。hum_{it} 为就业人员中大专以上学历人员所占的比重，反映人力资本投入状况。sec_{it} 为 i 地区 t 年的第二产业 GDP 占比，反映经济结构对劳动生产率的影响。此外，考虑到生产过程中的"干中学"与规模效应，劳动生产率提升可能存在自我积累效应，为了反映这种可能性，本节在回归方程中添加了劳动生产率的滞后一期项 $\ln pro_{it-1}$。在影响劳动生产率的国外因素中，本节依据异质性企业国际贸易理论考虑了出口额和对外直接投资流量额，这里 $\ln ex_{it}$ 为 i 地区 t 年的出口额（万美元）对数值，$\ln odi_{it}$ 为 i 地区 t 年的对外直接投资流量（万美元）对数值。为了验证对外直接投资影响国内劳动生产率的短期和长期效应，本节在回归中添加了对外直接投资的各期滞后项。u_i、v_t 和 ε_{it} 分别为地区变量、时间变量和回归残差。

本节的样本为我国 25 个省区市 2003 ~ 2010 年的面板数据，海南、重庆、贵州、西藏、青海和宁夏缺乏部分年度的对外直接投资数据，为了保持面板数据的平衡性，本节未将这些地区纳入回归样本中。在本节中，各地区对外直接投资数据由商务部发布的《2010 年度中国对外直接投资统计公报》整理而得；劳动就业数据由历年《中国劳动统计年鉴》整理而得；其他数据则均由《中国统计年鉴》整理而得。

三　全国样本回归结果及分析

由于回归方程（R）中解释变量包含了被解释变量的滞后一期项 $\ln pro_{it-1}$，因此为保证不存在谬误回归，本节使用动态面板数据回归方法对方程（R）进行回归，得到表 5 - 4 - 1 的结果。

从表 5 - 4 - 1 中可以发现，各回归结果的过度识别 Sargan 统计量均不显著，说明本节的动态回归方程不存在过度识别的问题。A - B(1) 和 A - B(2) 统计量至少在二阶层面上不显著，说明原方程的扰动误差项不存在自相关性，两者共同反映出本节的回归模型设计是合理的。在影响劳动生产率的国内因素中，$\ln pro_{it-1}$ 的系数在各回归结果中均显著为正，说明劳动生产率提升存在自我持续性，体现了自我学习和规模效应的特征。inv_{it} 的系数在大多数回归结果中显著为负，说明投资率的增加反而不利于我国劳动生产率的提升，这可能是由我国大部分固定资产投资重复率高，效率低下的原因造成的。hum_{it} 的系数在各回归结果中均显著为正，说明人力资本的提升与高学历就业人员的增加能提高劳动生产率，符合大多数理论的预期。sec_{it} 的系数在各回归结果中均显著为正，说明第二产业的发展有利于劳动生产率的提升，这是因为第二产业比其他产业配备更多的生产设备。在国外影响因素中，$\ln ex_{it}$ 的系数在各回归结果中均显著为正，说明出口贸易的发展能有效地提升劳动生产率，验证了国际贸易理论关于出口学习效应的论断，即出口贸易也可以通过向国外学习新知识技术而提高国内生产率。

表 5 - 4 - 1　全国样本回归结果

变量	当前值	滞后一期值	滞后二期值	滞后三期值
C	0.201 *** (0.000)	0.308 *** (0.000)	0.358 *** (0.000)	0.133 *** (0.000)

续表

变量	当前值	滞后一期值	滞后二期值	滞后三期值
$\ln pro_{it-1}$	0.855 *** (0.000)	0.827 *** (0.000)	0.791 *** (0.000)	0.852 *** (0.000)
inv_{it}	-0.043 *** (0.006)	-0.055 *** (0.000)	-0.016 (0.248)	-0.074 *** (0.000)
hum_{it}	0.142 *** (0.000)	0.116 *** (0.000)	0.121 *** (0.000)	0.332 *** (0.000)
$\sec_{it}$	0.001 *** (0.000)	0.001 *** (0.000)	0.002 *** (0.000)	0.003 *** (0.000)
$\ln ex_{it}$	0.026 *** (0.000)	0.025 *** (0.000)	0.027 *** (0.000)	0.025 *** (0.000)
$\ln odi_{it}$	-0.001 (0.912)	——	——	——
$\ln odi_{it-1}$	——	0.008 *** (0.000)	——	——
$\ln odi_{it-2}$	——	——	0.005 *** (0.004)	——
$\ln odi_{it-3}$	——	——	——	0.004 *** (0.000)
Sargan	19.470 (0.492)	20.066 (0.454)	20.870 (0.344)	19.220 (0.316)
A-B(1)	-2.207 ** (0.039)	-2.009 ** (0.047)	-1.323 (0.186)	-1.270 (0.204)
A-B(2)	-1.453 (0.146)	-1.318 (0.188)	-1.381 (0.167)	-1.287 (0.198)

注：括号内为 P 统计量；上标 *** , ** , * 分别代表在 1% , 5% 和 10% 水平上显著。

　　本节最为关注的是对外直接投资对国内劳动生产率的影响，表 5-4-1 第 2 列考察了当前对外直接投资对劳动生产率的影响，第 3~5 列分别使用对外直接投资的滞后一期到滞后三期项进行回归。从表 5-4-1 中可以发现，当期值 $\ln odi_{it}$ 的系数不显著，说明在短期内对外直接投资并不影响国内劳动生产率的提升，按照本节第二部分短期传导机制的分析，这可能是在短期内对外直接投资影响劳动生产率的正向和反向传导因素大小相抵的原因造成的。第 3~5 列的回归结果显示 $\ln odi_{it-1}$、$\ln odi_{it-2}$ 和 $\ln odi_{it-3}$ 的系数均显著为正，说明随着时间的延续，长期内对外直接投资能有效提升我国国内劳动生产率，按照本节的长期传导机制分析，这是因为长期内对外直接投资在东道国进行的技术创新以及逆向知识溢出能反馈转移至国内，通过吸收结合后能起到促进国内劳动生产率提升的效果。总体而言，本节的全国样本回归结果恰好能验证第二部分的短期与长期传导机制的分析。

四　分区域回归结果及分析

我国区域经济发展极不平衡，尤其是东部地区和中西部地区之间存在较大的经济发展差异，这种差异可能会导致对外直接投资影响国内劳动生产率的短期和长期效应存在较大的区别。为了对这种区域差别进行研究，本节分别使用东部地区和中西部地区的样本数据对方程（R）再次进行回归，得到表 5 - 4 - 2 和表 5 - 4 - 3 的结果。

表 5 - 4 - 2　东部地区样本回归结果

变量	当前值	滞后一期值	滞后二期值	滞后三期值
C	0.478 (0.128)	0.753 ** (0.030)	0.756 *** (0.004)	- 0.158 (0.683)
$\ln pro_{it-1}$	0.466 *** (0.000)	0.478 *** (0.009)	0.554 *** (0.000)	0.867 *** (0.000)
inv_{it}	0.139 (0.186)	0.123 (0.512)	0.137 * (0.060)	- 0.072 (0.628)
hum_{it}	0.169 (0.371)	0.065 (0.692)	- 0.003 (0.988)	0.179 (0.259)
sec_{it}	- 0.001 (0.783)	0.002 (0.447)	- 0.001 (0.608)	0.002 (0.120)
$\ln ex_{it}$	0.105 *** (0.000)	0.090 ** (0.025)	0.067 *** (0.003)	0.043 (0.210)
$\ln odi_{it}$	0.024 *** (0.000)	——	——	——
$\ln odi_{it-1}$	——	0.029 *** (0.000)	——	——
$\ln odi_{it-2}$	——	——	0.158 (0.127)	——
$\ln odi_{it-3}$	——	——	——	0.001 (0.936)

续表

变量	当前值	滞后一期值	滞后二期值	滞后三期值
Sargan	7.842 (0.993)	7.356 (0.995)	7.632 (0.990)	7.015 (0.983)
A－B(1)	－1.755* (0.079)	－1.913* (0.055)	－1.126 (0.260)	－1.161 (0.246)
A－B(2)	－1.031 (0.303)	0.101 (0.919)	0.080 (0.936)	0.241 (0.809)

注：括号内为 P 统计量；上标 *** , ** , * 分别代表在 1% , 5% 和 10% 水平上显著。

表 5 - 4 - 3 中西部地区样本回归结果

变量	当前值	滞后一期值	滞后二期值	滞后三期值
C	0.152*** (0.000)	0.149* (0.050)	0.459*** (0.000)	0.301*** (0.000)
$\ln pro_{it-1}$	0.872*** (0.000)	0.882*** (0.000)	0.751*** (0.000)	0.846*** (0.000)
inv_{it}	－0.061*** (0.002)	－0.682*** (0.002)	－0.048** (0.031)	－0.046*** (0.005)
hum_{it}	0.334*** (0.000)	0.371*** (0.000)	0.657*** (0.000)	0.329*** (0.000)
$\sec_{it}$	0.001** (0.035)	0.001** (0.010)	0.001*** (0.000)	0.003*** (0.000)
$\ln ex_{it}$	0.028*** (0.000)	0.025*** (0.000)	0.031*** (0.000)	0.011*** (0.009)
$\ln odi_{it}$	－0.001 (0.706)	——	——	——
$\ln odi_{it-1}$	——	0.001 (0.930)	——	——
$\ln odi_{it-2}$	——	——	0.013*** (0.004)	——
$\ln odi_{it-3}$	——	——	——	0.006*** (0.005)
Sargan	7.462 (0.995)	8.513 (0.998)	8.722 (0.978)	10.339 (0.889)
A－B(1)	－2.201** (0.028)	－2.143** (0.032)	－1.917* (0.055)	－2.394** (0.017)

变量	当前值	滞后一期值	滞后二期值	滞后三期值
A－B(2)	－2.885 (0.594)	－2.915 (0.555)	－1.152 (0.249)	－1.048 (0.295)

注：括号内为 P 统计量；上标 ***，**，* 分别代表在1%，5%和10%水平上显著。

从表 5 - 4 - 2 东部地区回归结果中可以发现，当解释变量为对外直接投资当期值和滞后一期值时，其回归系数显著为正；而当解释变量为对外直接投资滞后二期和滞后三期值时，其回归系数并不显著。该结果说明，东部地区对外直接投资对劳动生产率的影响仅存在短期效应，而不存在长期效应。之所以出现这种现象，是因为东部地区经济较为发达，对从国外转移回国内的知识技术吸收消化能力也较强，能在短期内将逆向知识溢出转化为直接生产力，快速提高劳动生产率；而在长期内，这种外溢回国的知识技术已经被完全吸收，无法再进一步提升劳动生产率。

从表 5 - 4 - 3 中西部地区样本的回归结果中可以发现，对外直接投资的当期值和滞后一期值对劳动生产率的影响并不显著；而对外直接投资滞后二期值和滞后三期值对劳动生产率的影响显著为正。该结果恰好与东部地区样本回归结果相反，意味着中西部地区对外直接投资对劳动生产率提升的影响仅存在长期效应，而不存在短期效应。这是因为中西部地区经济较为落后，对国外知识溢出的吸收能力也较弱，因此当前和滞后一期时不存在知识外溢所带来的劳动生产率提升，而短期传导机制的正反效应正好相抵；只有当滞后期较长时，当地才能吸收消化外溢回国内的先进知识技术，将之转化为劳动生产率，因此长期内才出现对外直接投资影响劳动生产率的正向传导效应。

五　因果关系检验

按照 Helpman et al.（2004）的分析，生产率最高的企业将选择从事对外直接投资行为，由此可以推断劳动生产率也可能会影响对外直接投资规模，这意味着劳动生产率和对外直接投资之间可能存在互为因果的关系。为了对这种因果关系进行验证，本节构建如下的动态面板数据回归方程进行检验：

$$\ln pro_{it} = \beta_0 + \beta_1 \ln pro_{it-1} + \beta_2 \ln pro_{it-2} + \beta_3 \ln pro_{it-3} + \beta_4 \ln odi_{it-1} + \beta_5 \ln odi_{it-2}$$
$$+ \beta_6 \ln odi_{it-3} + \sigma_i + \zeta_t + \tau_{it}$$

$$\ln odi_{it} = \lambda_0 + \lambda_1 \ln pro_{it-1} + \lambda_2 \ln pro_{it-2} + \lambda_3 \ln pro_{it-3} + \lambda_4 \ln odi_{it-1} + \lambda_5 \ln odi_{it-2}$$
$$+ \lambda_6 \ln odi_{it-3} + \phi_i + \varphi_t + \iota_{it}$$

使用动态面板数据回归方法对两个方程进行回归，得到表 5 - 4 - 4 的结果。

表 5 - 4 - 4 因果检验动态回归

变量	劳动生产率	对外直接投资
C	1.319 *** (0.000)	- 26.741 *** (0.000)
$\ln pro_{it-1}$	0.216 *** (0.000)	4.455 *** (0.000)
$\ln pro_{it-2}$	0.198 *** (0.000)	1.352 *** (0.000)
$\ln pro_{it-3}$	0.242 *** (0.000)	2.885 *** (0.000)
$\ln odi_{it-1}$	0.008 *** (0.004)	- 0.507 *** (0.000)
$\ln odi_{it-2}$	0.067 *** (0.000)	- 0.262 *** (0.000)
$\ln odi_{it-3}$	0.023 *** (0.000)	- 0.111 *** (0.000)
Sargan	22.580 (0.125)	20.071 (0.217)
A - B(1)	- 1.141 (0.254)	- 0.193 (0.846)
A - B(2)	0.336 (0.739)	- 0.469 (0.639)

注：括号内为 P 统计量；上标 ***，**，* 分别代表在 1%，5% 和 10% 水平上显著。

从表 5 - 4 - 4 回归结果中可以发现，Sargan 统计量和 A - B 统计量均表明模型的设定是合理的。在劳动生产率和对外直接投资方程中，所有解释变量均显著，并且在劳动生产率方程中，对外直接投资各滞后期的系数均显著为正；而在对外直接投资方程中，劳动生产率各滞后期的系数也均显著为正，充分说明劳动生产率和对外直接投资之间存在相互促进的因果关系。

第五节　小　结

本章从国内投资、出口贸易、技术创新以及劳动生产率提升等四个维度出发研究企业对外直接投资对国内经济发展的影响，得出以下结论：首先，我国企业对外直接投资总体上能促进国内投资，并且金融发展起到了催化剂的作用，然而这种影响却会因对外直接投资规模的不同而存在相反的结果；其次，对外直接投资和出口之间关系的联立方程组研究显示我国对外直接投资并不影响出口贸易，相反出口贸易却会影响对外直接投资；再次，企业对外直接投资能否促进技术创新取决于地区吸收能力，只有在吸收能力较高的地区才能实现这种促进效应；最后，企业对外直接投资对劳动生产率的影响存在短期和长期的差异，在短期对外直接投资不影响劳动生产率，而在长期则存在正向的促进效应。

本章的研究也具有相应的政策含义。首先，本章的实证研究发现，金融发展是企业对外直接投资促进国内投资的催化剂，因此政府在推行对外直接投资战略的同时应采取各种措施提高金融发展程度，使企业在对外直接投资过程中能较为便捷地获得各种外部资金的支持，尤其是能获得海外信贷的资金支持，保障企业对外直接投资不挤压国内的投资资金。其次，本章的研究发现，不同动机的对外直接投资对国内投资和技术创新均存在不同影响，纵向对外直接投资对两者均产生正向影响，因此政府在推动对外直接投资时应先判断企业投资动机，依动机有针对性地采取促进措施，将政策更多地偏向纵向对外直接投资，以达成利用企业对外直接投资促进国内投资和技术创新的效果。又次，本章的研究也表明，出口贸易能有效地促进对外直接投资的发展，因此政府应鼓励企业通过以出口为先导有效推动对外直接投资的发展，政府部门应配合企业在出口行为中处理好和东道国的关系，在出口行为中逐步推行企业国际化，以实现出口贸易更加有效地促进对外直接投资的效果。又次，本章的研究表明，只有在吸收能力较强的地区，对外直接投资才能促进国内技术创新，因此政府在推行以技术创新为目的的对外直接投资时，应先审视当地的经济发展状况是否能有效吸收国外先进的知识技术，否则将可能因资本外流反而不利于国内技术创新。最后，本章的实证研究发现，在长期内对外直接投资确实能促进劳动生产率提升，且这种效应来源与本国逆向技术溢出的吸收，因此为了提升劳动生产率，政府一方面应鼓励对外直接投资的发展，推动企业"走出去"；另一方面，政策扶持应更倾斜于以技术学习为动机的对外直接投资企业，使其对劳动生产率的提升效应能在更大程度上发挥。

第六章　企业对外直接投资与
国内就业规模

就业不足仍是我国当前经济社会发展的主要问题，也构成了社会各界对企业对外直接投资负面影响的担忧，本章全面研究企业对外直接投资对国内就业规模的影响。第一节基于第五章的研究构建企业对外直接投资对国内就业影响的传导机制；第二节设计理论模型推导不同规模对外直接投资对国内就业的影响方式，这两节构成了本章的理论部分；第三节构建动态面板数据展开实证研究，检验理论模型的推导；第四节通过实证研究检验企业对外直接投资对不同产业就业影响的差异性；第五节研究当劳动力市场存在刚性的情况下，企业对外直接投资如何影响国内就业；第六节利用温州民营企业对外直接投资数据进行微观层面的初步实证研究。

第一节　对外直接投资影响国内就业的
传导机制

在微观经济学中，劳动需求属于派生需求，企业根据生产规模状况决定生产要素需求，包括对劳动的需求。同时，我国目前经济发展水平较为落后，存在大量的剩余劳动力，劳动供给充足，因此当前我国的总体就业仍由劳动需求决定。对外直接投资正是通过改变国内经济发展方式及结构而对就业产生影响，由于本书第五章分别从出口贸易、技术创新和劳动生产率提升角度研究了对外直接投资对国内经济发展的影响，因此本部分也从这三个维度分析对外直接投资影响国内就业的传导机制。

一　出口贸易传导机制

在主流国际经济学框架内，对外直接投资被认为是对出口贸易行为的一种替代（Helpman，1984），尤其是基于市场开拓动机的横向对外直接投资。后续的研究则更为详细地阐述了对外直接投资影响出口贸易的正反两种传导机制，反向传导机制与主流经济学相同，认为企业在东道国设立分支机构会挤占国内母公司及同行其他企业在东道国的市场份额，从而相应地减少国内的出口贸易；正向传导机制则认为国外分支机构的建立会增加对国内原材料、零部件等中间投入品的需求，从而增加母国企业对东道国的中间产品出口。正反传导机制不会同时作用于相同类型的对外直接投资行为，不同动机对外直接投资对出口贸易产生的影响方向也是不同的，横向动机倾向于减少出口，纵向动机则倾向于增加对东道国的出口。

在发展经济学中，出口贸易的增加被认为是推动国内就业的主要渠道之一，因此对外直接投资通过出口贸易影响国内就业的传导机制也存在正反两种效应，而这两种方向相反效应导致的最终结果则取决于不同类型出口的劳动需求密集度。我国当前最终产品的出口仍以劳动密集型产品为主，包含的劳动要素较多；而出口的中间产品多为资本密集型，包含的劳动要素较少，同等出口规模下，最终产品出口对就业的推动效应要大于中间产品出口。因此，对外直接投资对就业的影响机制既取决于横向与纵向动机对外直接投资规模的相对大小，也取决于不同出口产品的劳动密集度，若横向对外直接投资规模较大，由于减少的最终产品出口包含大量的就业需求，总就业将会减少；若纵向对外直接投资规模较大，但由于中间产品包含的就业需求较少，总就业是否增加仍需衡量两类出口产品的相对劳动密集度。尽管在理论上，对外直接投资影响就业的出口贸易传导机制最为直接，但本书第五章的研究却表明我国的情况较为特殊，在我国是出口贸易推动了对外直接投资，而并非对外直接投资影响出口贸易，这也使得出口贸易的就业影响渠道可能并不明显。

二　技术创新传导机制

技术创新对就业的影响历来备受争议，经济学家也一度认为技术创新是减少就业的罪魁祸首。而对外直接投资对经济发展的另一直接影响便是技术创新，尤其是技术水平较为落后的发展中国家，可以借此通过向发达国家东道国学习先进技术而提高国内的技术创新水平。本书第五章详细讨论了对外直接投资对国内技术创新的影响，分析了各种传导途径并通过实证研究表明地区吸收能力在该过程中所起的重要作用，然而这个过程是否必然会减少国内就业仍需结合我国现实经济状况进一步挖掘。从微观经济学的逻辑角度看，技术创新对劳动需求的影响也存在正反两种传导机制，一方面新技术的应用必然会通过竞争效应淘汰一批技术落后的传统产业与企业，且可能产生机器代替劳动的模式，在生产规模不变的情况下会减少劳动需求和就业，构成了反向传导机制；但另一方面，技术创新会通过效率提升或成本降低而为企业带来更多的利润，将可能会扩大企业的生产规模，引致企业产生更多的劳动需求及就业。正反传导机制的相对大小既取决于对外直接投资带来的技术创新类型及其匹配的资本和劳动要素密集程度。

我国区域经济发展差异较大，不同地区企业面临不同的经济约束条件，其进行技术引进型对外直接投资的目的也大相径庭。在经济较为发达的东部地区，居民生活水平较高，企业面临着劳动成本不断增加的发展趋势，企业更渴望通过引进国外先进机器设备及技术对高价劳动进行替代，因此其进行的技术引进型对外直接投资也带有这种目的，这进而会减少劳动需求及就业。中西部地区企业面临的约束则迥然相异，尽管劳动成本较低，但由于技术较为落后导致企业效率较低而无法扩大生产规模，因而企业倾向于通过对外引进技术提升内部效率和规模，因此这种目的的对外直接投资能增加企业的劳动需求及就业。根据本书第五章的分析，技术创新传导机制能否发挥作用还需取决于各地区的吸收能力，只有在吸收能力较高的地区，对外直接投资才能促进技术创新，此时对外直接投资对就业影响的正反技术创新传导机制才能发挥作用；而在吸收能力较低的地区，技术创新传导机制将可能是不显著的。

三　产业结构调整和生产率提升传导机制

对外直接投资通过生产要素在产业间的重置而改变产业结构，由于各产业生产率并不相同，因此这也将影响生产率的提升。各产业的生产率及劳动密集度差异也构成了对外直接投资影响就业的主要传导机制之一。发达国家企业进行对外直接投资多是将即将淘汰的传统产业转移至国外，尽管提升了产业结构和生产率水平，但由于传统产业的劳动密集度较高，该过程可能会减少国内就业规模。发展中国家则存在多种可能性，由于发达国家东道国有较多的知识技术资源，发展中国家高端产业将会选择转移至发达国家以充分利用这些资源，这一方面降低了国内的产业级别，有利于增加简单劳动的就业机会，另一方面也通过逆向知识技术溢出而提高国内生产率，减少对劳动的需求量，综合效应则取决于两者的相对大小。此外，发展中国家企业也可能出于节约成本的考虑而将低级的传统产业转移至更为落后的其他发展中国家东道国，如果这些外移的产业具有较高的劳动密集度，该过程无疑将减少国内的就业规模。

本书第五章的实证研究论证了对外直接投资影响劳动生产率提升的短期和长期效应，发现地区间也存在短期和长期差异。在东部地区，由于经济基础较好，对外直接投资在短期内能提升劳动生产率并优化产业结构，意味着该传导机制对就业的影响也将在短期内发挥作用。中西部地区则由于经济基础较为落后，表现出对外直接投资影响劳动生产率提升和产业结构调整需要一定的时滞，也意味着对就业的影响需要一定时间进行传导。随着生产率的提升，产业结构的不断调整优化，资本和技术将越来越容易替代劳动，就业机会将不断缩小，从长期来看对外直接投资的产业结构调整和生产率提升效应将不利于就业。但是，与此同时，产业结构的调整也将催生新的劳动需求，这种劳动需求偏向高技能劳动类型，但在足够长的时间内，被替代的劳动者也可通过技能培训实现再次就业，由此将存在该传导机制同时优化产业结构和就业结构的可能性。

第二节　理论模型

假设经济中存在两个行业，行业 1 和行业 2，每个行业的生产均投入三种要素：资本、劳动和土地，行业 1 和行业 2 的生产函数分别为：

$$Q_1 = A_1 K_1^{\alpha_1} L_1^{\beta_1} \overline{T}_1^{\gamma_1}; \quad Q_2 = A_2 K_2^{\alpha_2} L_2^{\beta_2} \overline{T}_2^{\gamma_2}; \quad \overline{T}_1 + \overline{T}_2 = \overline{T} \tag{1}$$

这里 K、L、$\overline{T}$ 分别为投入生产的资本、劳动与土地资源，下标 1 和 2 分别代表行业 1 和行业 2；两个行业的生产均满足规模报酬不变，因此 $\alpha_1 + \beta_1 + \gamma_1 = \alpha_2 + \beta_2 + \gamma_2 = 1$；$A_1$ 和 A_2 分别为参数；$\overline{T}$ 为土地总量，并且土地是稀缺资源，因此被两个行业充分利用。

假设只有行业 1 有对外直接投资行为，对外直接投资使行业 1 的资本量 K_1 减少，并且相应地影响劳动和土地需求量。考虑中国的实际情况，劳动力仍是供大于求，且劳动力保护不足，因此劳动力的需求变化依市场进行边际调整。但是土地资源的出让一方面涉及较大的固定成本，另一方面土地转让手续较为烦琐，因此对于行业 1 而言土地的需求是离散的：当对外直接投资较小时，国内资本较大，土地资源使用量不变；而当对外直接投资较大时，国内资本较小，土地资源需求量由资本决定。为简化起见，假设第二种情况行业 1 的土地使用量与资本量线性相关，即：

$$T_1 = \begin{cases} \overline{T}_1, & K_1 > \overline{K}_1 \\ \dfrac{K_1}{\overline{K}_1}\overline{T}_1, & K_1 \leq \overline{K}_1 \end{cases}$$

本节分两种情况讨论行业 1 的对外直接投资对两个行业总就业的影响。

①情况 1，$K_1 > \overline{K}_1$

此时生产函数如公式（1）所示，行业 1 和行业 2 的土地资源使用量均固定，并且两个行业均依据边际收益等于边际成本的原则确定劳动和资本需求量，因此有：

$$\frac{\partial P_1 Q_1}{\partial L_1} = \beta_1 P_1 A_1 K_1^{\alpha_1} \overline{T}_1^{\gamma_1} L_1^{\beta_1-1} = w, \quad \frac{\partial P_2 Q_2}{\partial L_2} = \beta_2 P_2 A_2 K_2^{\alpha_2} \overline{T}_2^{\gamma_2} L_2^{\beta_2-1} = w$$

这里 w 为劳动报酬，P_1 和 P_2 分别为行业 1 和行业 2 的产品价格，为分析简便起见，假设劳动报酬和产品价格均不变，可得行业 1 和行业 2 的劳动需求及就业分别为：

$$L_1 = \eta_1 K_1^{\frac{\alpha_1}{1-\beta_1}}, \qquad L_2 = \eta_2 K_2^{\frac{\alpha_2}{1-\beta_2}}$$

这里 $\eta_1 = \left(\frac{w}{\beta_1 P_1 A_1 \overline{T}_1^{\gamma_1}}\right)^{\frac{1}{\beta_1-1}} > 0$，$\eta_2 = \left(\frac{w}{\beta_2 P_2 A_2 \overline{T}_2^{\gamma_2}}\right)^{\frac{1}{\beta_2-1}} > 0$。因此总就业为：

$$L = L_1 + L_2 = \eta_1 K_1^{\frac{\alpha_1}{1-\beta_1}} + \eta_2 K_2^{\frac{\alpha_2}{1-\beta_2}}$$

可得：

$$\frac{\partial L}{\partial K_1} = \frac{\alpha_1}{1-\beta_1} \eta_1 K_1^{\frac{\alpha_1+\beta_1-1}{1-\beta_1}} > 0$$

即总就业量随着行业 1 资本量 K_1 的增加而递增，由于行业 1 的国内资本量与对外直接投资量 ODI 负相关，因此有 $\frac{\partial L}{\partial ODI} < 0$，即对外直接投资的增加会减少就业。

②情况 2，$K_1 \leq \overline{K}_1$

此时行业 1 的土地资源使用量随资本量变化而变化，行业 2 则使用行业 1 剩余的土地，因此生产函数为：

$$Q_1 = A_1 K_1^{\alpha_1} L_1^{\beta_1} \left(\frac{K_1}{\overline{K}_1}\overline{T}_1\right)^{\gamma_1}, \quad Q_2 = A_2 K_2^{\alpha_2} L_2^{\beta_2} \left(\overline{T} - \frac{K_1}{\overline{K}_1}\overline{T}_1\right)^{\gamma_2}$$

类似地，两个行业均根据边际成本等于边际收益的原则确定劳动需求，因此可得：

$$\frac{\partial P_1 Q_1}{\partial L_1} = \beta_1 P_1 A_1 \left(\frac{\overline{T}_1}{\overline{K}_1}\right)^{\gamma_1} K_1^{\alpha_1+\gamma_1} L_1^{\beta_1-1} = w, \quad \frac{\partial P_2 Q_2}{\partial L_2} = \beta_2 P_2 A_2 K_2^{\alpha_2} \left(\overline{T} - \frac{K_1}{\overline{K}_1}\overline{T}_1\right)^{\gamma_2} L_2^{\beta_2-1} = w$$

由此可以得出行业 1 和行业 2 的劳动需求和就业分别为：

$$L_1 = \theta_1 K_1^{\frac{\alpha_1 + \gamma_1}{1-\beta_1}}, \quad L_2 = \theta_2 \left(\overline{T} - \frac{K_1}{K_1} \overline{T}_1 \right)^{\frac{\alpha_2}{1-\beta_2}}$$

这里 $\theta_1 = \left(\dfrac{w}{\beta_1 P_1 A_1 \left(\dfrac{\overline{T}_1}{\overline{K}_1} \right)^{\gamma_1}} \right)^{\frac{1}{\beta_1 - 1}} > 0$，$\theta_2 = \left(\dfrac{w}{\beta_2 P_2 A_2} \right)^{\frac{1}{\beta_2 - 1}} K_2^{\frac{\alpha_2}{1-\beta_2}} > 0$，因此总

就业为：

$$L = L_1 + L_2 = \theta_1 K_1^{\frac{\alpha_1 + \gamma_1}{1-\beta_1}} + \theta_2 \left(\overline{T} - \frac{K_1}{K_1} \overline{T}_1 \right)^{\frac{\alpha_2}{1-\beta_2}}$$

通过计算可得：

$$\frac{\partial L}{\partial K_1} = \theta_1 - \theta_2 \frac{\gamma_2}{1-\beta_2} \frac{\overline{T}_1}{K_1} \left(\overline{T} - \frac{K_1}{K_1} \overline{T}_1 \right)^{\frac{\alpha_2}{\beta_2 - 1}} \tag{2}$$

对于公式（2），在参数恰当的条件下，将存在 $K_1^0 < \overline{K}_1$，情况 2 的结论可以归纳为：

$$\frac{\partial L}{\partial K_1} \begin{cases} > 0, & K_1 < K_1^0 \\ \leqslant 0, & K_1 \geqslant K_1^0 \end{cases}$$

综合情况 1 和情况 2，可以得到以下结论：

$$\frac{\partial L}{\partial K_1} \begin{cases} > 0, & K_1 < K_1^0 \\ \leqslant 0, & K_1^0 \leqslant K_1 \leqslant \overline{K}_1 \\ > 0, & K_1 > \overline{K}_1 \end{cases} \tag{3}$$

由于对外直接投资 ODI 与行业 1 的国内资本量负相关，因此公式（3）意味着存在 $\overline{ODI}$ 和 ODI^0，使得：

$$\frac{\partial L}{\partial ODI} \begin{cases} < 0, & ODI < \overline{ODI} \\ \geqslant 0, & \overline{ODI} \leqslant ODI \leqslant ODI^0 \\ > 0, & ODI > ODI^0 \end{cases} \tag{4}$$

公式（4）的含义是：当对外直接投资规模较小时，对外直接投

资行业的规模减小，但土地资源未出让给其他产业导致其他行业的规模并未扩大，因此对外直接投资的增加会减少母国国内就业；而当对外直接投资达到一定规模后，由于对外直接投资行业开始将土地资源出让给其他行业而扩大其他行业的规模，因此在其他行业具有更大就业弹性的条件下，对外直接投资的提高会增加母国国内就业；但是当对外直接投资达到一个较高的规模后，对外直接投资行业规模缩小导致的边际就业损失大于其他行业的边际就业贡献，因此对外直接投资规模进一步的扩大会减少母国国内就业。

第三节　实证研究

一　模型设定和变量说明

根据本章第二节理论模型的分析，对外直接投资对就业的影响应呈现先减少、后提高、再减少的趋势，考虑到我国对外直接投资的规模仍较小，尚未出现国内行业大规模对外直接投资的现象，因此本节的实证研究仅考虑对外直接投资对就业先减少后提高的影响趋势。除对外直接投资外，国内经济规模和经济结构均是影响就业的重要因素，因此本节建立以下回归方程：

$$\ln EM_{it} = \alpha_0 + \alpha_1 \ln GDP_{it} + \alpha_2 \ln POP_{it} + \alpha_3 STR_{it} \\ + \alpha_4 \ln ODI_{it} + \alpha_5 \left(\ln ODI_{it} \right)^2 + u_i + v_t + \varepsilon_{it} \tag{R1}$$

这里 $\ln EM_{it}$ 为就业量（万人）的对数值；$\ln GDP_{it}$ 为实际 GDP（亿元，1978 年价格）的对数值，用以反映经济规模对就业的影响；$\ln POP_{it}$ 为经济活动人口（万人）的对数值，用 15 ~ 64 岁年龄人口数衡量，以反映劳动力供给对就业的影响；STR_{it} 为第三产业占 GDP 的比重，以反映经济结构对就业的影响；$\ln ODI_{it}$ 为对外直接投资额（万美元）的对数值，由于在对外直接投资中，金融类对外直接投资对就业的影响不大，因此本节的对外直接投资指的是非金融类对外直接投资；$\left(\ln ODI_{it} \right)^2$ 为对外直接投资对数值的平方项，加入此项的目的是为了反映对外直接投资对就业影响的非线性方式；下标 i 和 t 分别代表地区和时间，u_i 为地区变量，v_t 为时间变量，ε_{it} 为回归残差。

此外，考虑到就业存在滞后性所产生的影响，本节也在回归方程中添加了就业量对数值的滞后一期项作为解释变量，回归方程如下：

$$\ln EM_{it} = \beta_0 + \beta_1 \ln EM_{it-1} + \beta_2 \ln GDP_{it} + \beta_3 \ln POP_{it} + \beta_4 STR_{it} \quad \text{(R2)}$$
$$+ \beta_5 \ln ODI_{it} + \beta_6 \left(\ln ODI_{it}\right)^2 + \phi_i + \varphi_t + \tau_{it}$$

本节的样本数据为 2003～2010 年我国 25 个省区市的面板数据，由于数据的缺失，为了保持面板数据的平衡性，本节的样本中未包含海南、重庆、贵州、西藏、青海和宁夏等地区。对外直接投资的数据来源于历年《中国对外直接投资统计公报》，其他数据均有历年《中国统计年鉴》整理而得。表 6-3-1 归纳了数据的基本信息。

表 6-3-1　数据基本信息

变量	全国	东部	中西部
$\ln EM_{it}$	3.334 (0.287)	3.335 (0.345)	3.333 (0.243)
$\ln GDP_{it}$	3.324 (0.302)	3.530 (0.271)	3.187 (0.238)
$\ln POP_{it}$	3.488 (0.240)	3.484 (0.306)	3.491 (0.185)
STR_{it}	0.394 (0.078)	0.431 (0.106)	0.369 (0.032)
$\ln ODI_{it}$（流量）	3.737 (0.859)	4.231 (0.648)	3.408 (0.826)
$\ln ODI_{it}$（存量）	4.505 (0.717)	5.003 (0.565)	4.173 (0.608)

注：表内为均值，括号内为标准差；对外直接投资存量数据时间段为 2004～2010 年，其他数据时间段均为 2003～2010 年。

资料来源：历年《中国对外直接投资统计公报》和《中国统计年鉴》。

从数据信息中可以发现，东部地区的对外直接投资流量和存量均明显高于中西部地区；且除了经济活动人口规模外，其他国内经济变量也均高于中西部地区。为了更为形象地展现出对外直接投资和就业之间的关系，图 6 - 3 - 1 分别描绘全国样本、东部地区、中部地区以及西部地区样本的对外直接投资和就业散点图及拟合线。

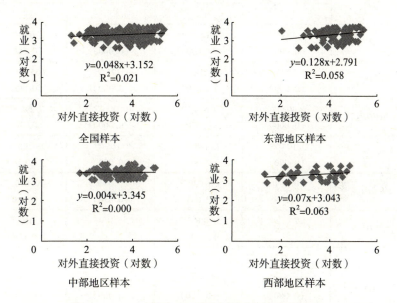

图 6 - 3 - 1　分区域对外直接投资和就业相关关系

资料来源：历年《中国对外直接投资统计公报》和《中国统计年鉴》。

从图 6 - 3 - 1 中拟合结果可以发现，东部地区拟合直线的斜率最大且拟合优度最高，由于东部地区对外直接投资规模最大，因此该结果在一定程度上能反映当对外直接投资规模较大时，其与国内就业的正向相关性也较大。中部地区和西部地区的拟合线对比则能更为生动地反映问题，中部地区的对外直接投资规模大于西部地区，但其与就业相关关系的斜率及拟合优度均小于西部地区，反映出在对外直接投资规模小于东部的中西部地区内部，对外直接投资相对较少的区域反而与国内就业的正向相关性更强，该结果也能在一定程度上验证本章的推断，当对外直接投资规模较小时，对外直接投资的增加可能不利于国内就业。

二　回归结果及解释

利用普通最小二乘法对回归方程（R1）进行回归，得到表6 - 3 - 2 的结果。

表 6 - 3 - 2　普通最小二乘法回归结果

变量	对外直接投资流量		对外直接投资存量	
	（1）	（2）	（3）	（4）
C	1. 453 ***	1. 666 ***	1. 503 ***	2. 022 ***
	（0. 000）	（0. 000）	（0. 000）	（0. 000）
$\ln GDP_{it}$	0. 120 ***	0. 118 ***	0. 126 ***	0. 125 ***
	（0. 000）	（0. 000）	（0. 000）	（0. 000）
$\ln POP_{it}$	0. 402 ***	0. 359 ***	0. 385 ***	0. 290 ***
	（0. 000）	（0. 000）	（0. 000）	（0. 000）
STR_{it}	0. 193 ***	0. 153 ***	0. 165 ***	0. 105 **
	（0. 000）	（0. 000）	（0. 000）	（0. 016）
$\ln ODI_{it}$	0. 001	- 0. 027 ***	0. 001	- 0. 079 ***
	（0. 644）	（0. 001）	（0. 870）	（0. 000）
$(\ln ODI_{it})^2$	——	0. 004 ***	——	0. 010 ***
		（0. 000）		（0. 000）
R^2	0. 883	0. 870	0. 879	0. 829
Hausman	269. 04 ***	372. 11 ***	192. 57 ***	314. 32 ***
	（0. 000）	（0. 000）	（0. 000）	（0. 000）

注：括号内为回归 P 值；*，**，*** 分别表示在 10%、5% 和 1% 水平上显著；本节依据 Hausman 统计量判断采用固定效应还是随机效应模型；对外直接投资流量方程的样本时间为 2003 ~ 2010 年，对外直接投资存量方程的样本时间为 2004 ~ 2010 年。

　　进一步地，考虑到就业的滞后性，本节对回归方程（R2）进行回归。由于在方程（R2）中解释变量包含了被解释变量的滞后一期值，利用普通最小二乘法直接进行估计将产生回归谬误，因此为了确保回归结果的稳健性，本节使用动态面板数据回归方法对方程（R2）进行估计，得到表 6 - 3 - 3 的结果。

表 6 - 3 - 3　动态面板数据回归结果

变量	对外直接投资流量		对外直接投资存量	
	（1′）	（2′）	（3′）	（4′）
C	0. 558 ***	0. 646 ***	0. 494 ***	0. 942 ***
	（0. 000）	（0. 000）	（0. 000）	（0. 000）
$\ln EM_{it-1}$	0. 836 ***	0. 787 ***	0. 855 ***	0. 764 ***
	（0. 000）	（0. 000）	（0. 000）	（0. 000）

变量	对外直接投资流量		对外直接投资存量	
	（1'）	（2'）	（3'）	（4'）
$\ln GDP_{it}$	0.032 ***	0.038 ***	0.039 ***	0.049 ***
	（0.000）	（0.000）	（0.000）	（0.000）
$\ln POP_{it}$	− 0.027 **	− 0.009	− 0.027 ***	− 0.062 ***
	（0.011）	（0.241）	（0.004）	（0.000）
STR_{it}	− 0.0005 ***	− 0.0005 ***	− 0.0007 ***	− 0.0005 ***
	（0.003）	（0.000）	（0.000）	（0.000）
$\ln ODI_{it}$	0.0003	− 0.004 **	− 0.002	− 0.036 ***
	（0.335）	（0.047）	（0.225）	（0.000）
$(\ln ODI_{it})^2$	——	0.0007 **	——	0.004 ***
		（0.023）		（0.000）
A − B AR(1)	− 1.619	− 1.585	− 1.679 *	− 1.686 *
	（0.105）	（0.113）	（0.093）	（0.092）
A − B AR(2)	− 0.717	− 0.725	− 0.698	− 0.756
	（0.473）	（0.469）	（0.485）	（0.450）
Sargan	18.630	21.829	21.993	19.125
	（0.415）	（0.240）	（0.232）	（0.384）

注：括号内为回归 P 值；*，**，*** 分别表示在 10%，5% 和 1% 水平上显著；对外直接投资流量方程的样本时间为 2003 ~ 2010 年，对外直接投资存量方程的样本时间为 2004 ~ 2010 年。

　　在表 6 − 3 − 2 和表 6 − 3 − 3 中，回归结果（1）、（2）以及（1'）、（2'）考虑对外直接投资流量对就业的影响；（3）、（4）以及（3'）、（4'）则考虑对外直接投资存量对就业的影响。表 6 − 3 − 2 中 R^2 均在 0.8 以上；表 6 − 3 − 3 中 A − B AR(1) 和 A − B AR(2) 检验结果表明残差不存在二阶序列相关，即原模型的误差项不存在序列相关，Sargan 检验则表明模型不存在过度识别问题；这些均表明两个方程的模型设定是恰当的。综合两个表的结果可以发现 $\ln EM_{it-1}$ 的系数均显著为正，说明了就业确实存在滞后性，本期就业在很大程度上取决于上一期就业量。$\ln GDP_{it}$ 的系数在所有回归结果中均显著为正，反映了经济规模较大的地区有较多的就业量，这是因为经济规模较大的地区有较多的劳动需求。$\ln POP_{it}$ 在不包含就业滞后项的回归中显著为正，说明了劳动供给较多的地区就业也较多；但在包含了就业滞后项的回归中却显著为负，这是因为就业的滞后一期项已经在很大程度上反映了上一期的劳动供给状况，由于就业滞后一期项的系数较大，因此综合地看劳动供给较多的地区仍有较高的就业。STR_{it} 的系数在不包含就业滞后一期项的回归结果中显著为正，说明了第三产业的发展有利于促进就业；但是在包含就业滞后一期项的回归结果中却显著为负，类似地，这也是因为就业滞后一期值在很大程度上包含了上一期的经济结构，考虑到就业滞后一期项的系数较大，因此从综合的角度看，第三产业的发展仍是有利于就业的。

从表 6 - 3 - 2 和表 6 - 3 - 3 中可以发现，在相同的方程形式下，对外直接投资流量和对外直接投资存量的回归结果系数和显著性是一致的，说明了对外直接投资流量和对外直接投资存量对就业的影响方式是相同的。两个表中回归结果（1）、（3）和（1′）、（3′）未添加对外直接投资的平方项（$\ln ODI_{it}$）^{2}，结果显示对外直接投资项 $\ln ODI_{it}$ 的系数不显著，说明了不管是对外直接投资流量还是对外直接投资存量，其对就业均不存在单一的线性影响。回归结果（2）、（4）和（2′）、（4′）则添加了对外直接投资平方项（$\ln ODI_{it}$）^{2}，此时 $\ln ODI_{it}$ 的系数显著为负，（$\ln ODI_{it}$）^{2} 的系数显著为正，说明了不管是对外直接投资流量还是对外直接投资存量，对就业的影响均存在如下趋势：当对外直接投资规模较小时，对外直接投资的增加会减少就业；而当对外直接投资规模较大时，对外直接投资的继续增加会促进就业。正如本章第二节理论模型所分析的，出现该现象的原因是当对外直接投资规模较小时，本国对外直接投资产业尚未出让土地资源，从而尚未增加其他行业的规模和劳动需求，因而总就业会减少；而当对外直接投资达到一定规模后，对外直接投资行业开始出让土地资源，进而扩大其他行业的生产规模，在其他行业边际就业吸收量较高时将增加国内总就业。

三　因果关系检验

企业对外直接投资行为跟国内经济息息相关，而就业是影响国内经济重要因素，因此就业状况也将影响一国的对外直接投资规模，即两者可能存在相互作用的因果关系，为了对这种关系进行检验，本节构建如下动态方程组进行回归：

$$\ln EM_{it} = \alpha_0 + \alpha_1 \ln EM_{it-1} + \alpha_2 \ln EM_{it-2} + \alpha_3 \ln EM_{it-3} + \alpha_4 \ln ODI_{it-1}$$

$$+ \alpha_5 \ln ODI_{it-2} + \alpha_6 \ln ODI_{it-3} + \upsilon_i + \lambda_t + \varepsilon_{it}$$

$$\ln ODI_{it} = \beta_0 + \beta_1 \ln EM_{it-1} + \beta_2 \ln EM_{it-2} + \beta_3 \ln EM_{it-3} + \beta_4 \ln ODI_{it-1}$$

$$+ \beta_5 \ln ODI_{it-2} + \beta_6 \ln ODI_{it-3} + \sigma_i + \zeta_t + \tau_{it}$$

利用动态面板数据估计方法对这两个方程进行估计，得到表6-3-4的结果。

表6-3-4　对外直接投资与就业因果关系检验结果

变量	流量		存量	
	就业	对外直接投资	就业	对外直接投资
C	0.934 *** (0.000)	-50.799 *** (0.000)	1.542 *** (0.000)	-5.822 * (0.097)
$\ln EM_{it-1}$	0.458 *** (0.000)	18.829 *** (0.000)	0.129 ** (0.011)	2.384 (0.221)
$\ln EM_{it-2}$	-0.020 (0.163)	-6.960 ** (0.028)	0.080 *** (0.000)	0.487 (0.763)
$\ln EM_{it-3}$	0.278 *** (0.000)	4.574 (0.128)	0.301 *** (0.000)	-0.489 (0.708)
$\ln ODI_{it-1}$	0.003 * (0.070)	-0.307 *** (0.000)	0.009 ** (0.042)	0.183 ** (0.037)
$\ln ODI_{it-2}$	0.005 *** (0.000)	0.150 *** (0.000)	0.012 *** (0.000)	0.103 * (0.077)
$\ln ODI_{it-3}$	0.003 *** (0.000)	0.184 *** (0.000)	0.006 * (0.087)	0.346 *** (0.000)
A-B AR(1)	-1.404 (0.160)	-0.083 (0.934)	-0.564 (0.573)	-1.555 (0.120)
A-B AR(2)	0.454 (0.650)	-0.715 (0.475)	-0.064 (0.949)	-1.758 * (0.079)
Sargan	15.547 (0.413)	16.031 (0.415)	17.383 (0.136)	11.571 (0.315)

注：同表6-3-3。

从表6-3-4中可以发现，在两个就业方程中，对外直接投资的一至三期滞后项均显著为正，说明对外直接投资确实是就业的原因。而在两个对外直接投资方程中，当被解释变量是对外直接投资流量时，就业量仅在滞后一期和二期显著，滞后三期值则不显著；当被解释变量是对外直接投资存量时，就业量的三期滞后值均不显著，该结果说明了就业量作为对外直接投资的原因变量解释力并不强。因此，从综合角度看，表6-3-4很强地反映出对外直接投资是就业原因，而就业并不是对外直接投资的主要决定因素，即存在对外直接投资决定就业的单向关系，不存在互为因果的相互关系。

第四节　对外直接投资对各产业就业的影响

一　对第一产业就业的影响

采用第一产业的就业数据分别对第三节中的方程（R1）和（R2）进行回归，得到表6-4-1和表6-4-2的结果。

表6-4-1　第一产业就业普通最小二乘法回归结果

变量	对外直接投资流量		对外直接投资存量	
	（1）	（2）	（3）	（4）
C	8.739 ***	8.108 ***	9.047 ***	8.705 ***
	(0.000)	(0.000)	(0.000)	(0.000)
$\ln GDP_{it}$	-0.129 **	-0.125 **	-0.119	-0.119
	(0.023)	(0.026)	(0.202)	(0.205)
$\ln POP_{it}$	-0.396 *	-0.270	-0.509 **	-0.447 *
	(0.074)	(0.230)	(0.036)	(0.087)
STR_{it}	-0.006 ***	-0.004 **	-0.004 **	-0.004 *
	(0.002)	(0.015)	(0.024)	(0.051)
$\ln ODI_{it}$	-0.018 *	0.066 *	-0.016	0.037
	(0.098)	(0.085)	(0.472)	(0.657)
$(\ln ODI_{it})^2$	——	-0.012 **	——	-0.006
		(0.023)		(0.510)

续表

变量	对外直接投资流量		对外直接投资存量	
	（1）	（2）	（3）	（4）
R^2	0.198	0.112	0.340	0.301
Hausman	117.71 *** （0.000）	114.81 *** （0.000）	105.98 *** （0.000）	102.02 *** （0.000）

注：同表 6 - 3 - 2。

表 6 - 4 - 2　第一产业就业动态面板数据回归结果

变量	对外直接投资流量		对外直接投资存量	
	（1′）	（2′）	（3′）	（4′）
C	1.720 *** （0.000）	1.694 *** （0.000）	1.544 *** （0.000）	2.100 *** （0.000）
$\ln EM_{it-1}$	0.987 *** （0.000）	0.987 *** （0.000）	0.994 *** （0.000）	0.999 *** （0.000）
$\ln GDP_{it}$	0.129 *** （0.000）	0.131 *** （0.000）	0.222 *** （0.000）	0.220 *** （0.000）
$\ln POP_{it}$	- 0.602 ** （0.011）	- 0.598 *** （0.000）	- 0.611 *** （0.000）	- 0.732 *** （0.000）
STR_{it}	0.001 *** （0.000）	0.001 *** （0.000）	0.001 *** （0.004）	0.001 （0.376）
$\ln ODI_{it}$	- 0.013 *** （0.000）	- 0.007 （0.349）	- 0.040 *** （0.000）	0.113 *** （0.000）
$(\ln ODI_{it})^2$	——	- 0.001 （0.295）	——	- 0.090 *** （0.000）
A - B AR(1)	- 1.73 * （0.084）	- 1.661 * （0.097）	- 1.598 （0.110）	- 1.738 * （0.082）
A - B AR(2)	0.750 （0.453）	0.820 （0.412）	0.964 （0.335）	0.706 （0.480）
Sargan	23.092 （0.415）	23.219 （0.278）	21.667 （0.359）	19.029 （0.520）

注：同表 6 - 3 - 3。

从回归结果中可以发现，控制变量的系数符合在表 6 - 4 - 1 和表 6 - 4 - 2 中有较大的区别，说明考虑了第一产业就业的动态性后，各变量对第一产业就业的影响将产生区别，体现出第一产业就业确实存在较强的动态时滞性，这是因为第一产业劳动就业层次较低，较难在短期内向其他产业进行转移。表6-4-1和表6-4-2中，当未加入对外直接投资的平方项时，对外直接投资系数显著为负或者不显著，说明对外直接投资对第一产业就业的总体影响是不利的，这反映出从综合上对外直接投资增加了第二和第三产业的劳动需求，导致第一产业劳动力转移的产生。当加入对外直接投资的平方项后，表6-4-1和表6-4-2显示对外直接投资及其平方项的系数要么均不显著，要么前者显著为正，后者显著为负，说明当对外直接投资规模较小时，其会增加第一产业就业；而当对外直接投资规模较大时，则会减少第一产业就业。产生这种现象的原因是，当对外直接投资规模较小时，第二和第三产业的生产规模和劳动需求减少，因此劳动力回流至第一产业，就业增加；而当对外直接投资规模达到一定程度后，按本章的理论模型分析，第二和第三产业的规模及劳动需求增加，第一产业的劳动力将转移至这些产业，就业规模缩小。

二　对第二产业就业的影响

采用第二产业就业数据对方程（R1）和（R2）进行回归，得到表6-4-3和表6-4-4的结果。

表6-4-3　第二产业就业普通最小二乘法回归

变量	对外直接投资流量		对外直接投资存量	
	（1）	（2）	（3）	（4）
C	5.972 *** (0.000)	6.789 *** (0.000)	5.534 *** (0.000)	5.276 *** (0.000)
$\ln GDP_{it}$	0.788 *** (0.000)	0.782 *** (0.000)	0.768 *** (0.000)	0.768 *** (0.000)
$\ln POP_{it}$	-0.707 ** (0.035)	-0.871 ** (0.012)	-0.596 * (0.092)	-0.549 (0.150)
STR_{it}	-0.001 (0.620)	-0.003 (0.305)	-0.001 (0.735)	-0.001 (0.828)
$\ln ODI_{it}$	0.044 *** (0.009)	-0.065 (0.264)	0.059 * (0.068)	0.099 (0.414)

变量	对外直接投资流量		对外直接投资存量	
	（1）	（2）	（3）	（4）
$(\ln ODI_{it})^2$	——	0.016*	——	−0.005
		(0.052)		(0.733)
R^2	0.089	0.025	0.140	0.173
Hausman	58.49***	63.62***	52.95***	44.36***
	(0.000)	(0.000)	(0.000)	(0.000)

注：同表 6 – 3 – 3。

表 6 – 4 – 4　第二产业就业动态面板数据回归结果

变量	对外直接投资流量		对外直接投资存量	
	（1′）	（2′）	（3′）	（4′）
C	2.505***	2.345***	2.393***	1.688***
	(0.000)	(0.000)	(0.000)	(0.000)
$\ln EM_{it-1}$	0.533***	0.532***	0.547***	0.560***
	(0.000)	(0.000)	(0.000)	(0.000)
$\ln GDP_{it}$	0.419***	0.422***	0.432***	0.417***
	(0.000)	(0.000)	(0.000)	(0.000)
$\ln POP_{it}$	−0.287***	−0.254***	−0.285***	−0.160**
	(0.000)	(0.000)	(0.000)	(0.019)
STR_{it}	0.001	0.001	0.001*	0.001***
	(0.355)	(0.222)	(0.093)	(0.003)
$\ln ODI_{it}$	0.003*	0.021***	−0.001	0.087***
	(0.051)	(0.000)	(0.712)	(0.000)
$(\ln ODI_{it})^2$	——	−0.003***	——	−0.011***
		(0.002)		(0.000)
A – B AR(1)	−0.665	−0.618	−0.756	−1.113
	(0.506)	(0.537)	(0.449)	(0.266)
A – B AR(2)	−0.868	−0.872	−0.898	−0.910
	(0.385)	(0.383)	(0.369)	(0.363)
Sargan	20.325	20.146	20.032	20.405
	(0.438)	(0.449)	(0.456)	(0.433)

注：同表 6 – 3 – 3。

从表 6 – 4 – 3 和表 6 – 4 – 4 中可以发现，控制变量的系数符合和表 6 – 3 – 2、表 6 – 3 – 3 基本一致，说明第二产业就业和总就业变化趋势较为一致，这是因为我国的经济增长在很大程度上是由第二产业的发展推动的。当回归方程未包含对外直接投资的平方项时，对外直接投资的系数基本显著为正，说明对外直接投资在总体上能促进第二产业的就业，这可能是因为在我国的对外直接投资中，第三产业企业所占份额最大，能释放出资源扩大第二产业的规模及劳动需求。当加入对外直接投资的平方项后，表6-4-3普通最小二乘法显示对外直接投资及其平方项均不显著，而表6-4-4动态面板数据回归则表明对外直接投资项显著为正，而其平方项显著为负，这是因为当对外直接投资规模较小时，第三产业投资为主，此时释放的资源能扩大第二产业的就业规模；而当对外直接投资达到一定程度后，第二产业企业的对外直接投资开始增多，此时减少了第二产业的资本投入，相应地减少了生产规模及劳动需求。

三　对第三产业就业的影响

利用第三产业就业数据对方程（R1）和（R2）进行回归，得到表6-4-5和表6-4-6的结果。

表6-4-5　第三产业就业普通最小二乘法回归

变量	对外直接投资流量		对外直接投资存量	
	(1)	(2)	(3)	(4)
C	1.097	2.079 ***	1.184	3.910 ***
	(0.143)	(0.000)	(0.163)	(0.000)
$\ln GDP_{it}$	0.488 ***	0.481 ***	0.384 ***	0.379 ***
	(0.000)	(0.000)	(0.000)	(0.000)
$\ln POP_{it}$	1.001 ***	0.804 ***	1.050 ***	0.552 **
	(0.000)	(0.002)	(0.000)	(0.049)
STR_{it}	0.008 ***	0.006 ***	0.006 ***	0.003
	(0.000)	(0.000)	(0.003)	(0.114)
$\ln ODI_{it}$	0.018	-0.112 ***	0.046 *	-0.376 ***
	(0.124)	(0.000)	(0.074)	(0.000)
$(\ln ODI_{it})^2$	——	0.019 ***	——	0.051 ***
		(0.001)		(0.000)

变量	对外直接投资流量		对外直接投资存量	
	（1）	（2）	（3）	（4）
R^2	0.899	0.874	0.903	0.805
Hausman	40.16*** (0.000)	45.36*** (0.000)	43.46*** (0.000)	53.42*** (0.000)

注：同表6-3-3。

表6-4-6　第三产业就业动态面板数据回归结果

变量	对外直接投资流量		对外直接投资存量	
	（1'）	（2'）	（3'）	（4'）
C	1.385*** (0.000)	2.666*** (0.000)	1.662*** (0.000)	5.224*** (0.000)
$\ln EM_{it-1}$	0.525*** (0.000)	0.418*** (0.000)	0.438*** (0.000)	0.201*** (0.000)
$\ln GDP_{it}$	0.239*** (0.000)	0.294*** (0.000)	0.107*** (0.005)	0.265*** (0.000)
$\ln POP_{it}$	0.283*** (0.000)	0.098 (0.164)	0.418*** (0.000)	-0.113** (0.033)
STR_{it}	-0.001*** (0.008)	-0.001** (0.046)	-0.001** (0.048)	-0.001** (0.011)
$\ln ODI_{it}$	0.015*** (0.000)	-0.068*** (0.000)	0.065*** (0.000)	-0.294*** (0.000)
$(\ln ODI_{it})^2$	——	0.013*** (0.000)	——	0.043*** (0.000)
A-B AR(1)	-1.749* (0.080)	-1.571 (0.116)	-1.615 (0.106)	-1.157 (0.247)
A-B AR(2)	-1.533 (0.125)	-1.547 (0.112)	-1.513 (0.130)	-1.410 (0.159)
Sargan	17.367 (0.629)	20.671 (0.417)	20.772 (0.411)	19.154 (0.512)

注：同表6-3-3。

对比表6-4-5和表6-4-6可以发现，在表6-4-5中产业结构的系数显著为正，而表6-4-6中产业结构的系数则显著为负，说明当考虑到第三产业就业的动态性后，产业结构本身的影响会发生根本性的变化，反映出第三产业就业确实存在较大的滞后性，劳动就业难以在短期调整。其他的控制变量则基本与表6-4-3及表6-4-4较为类似，较符合一般的经济学逻辑。当解释变量中未加入对外直接投资的平方项时，对外直接投资的系数显著为正，说明总体而言其能促进第三产业的就业规模。当解释变量加入对外直接投资的平方项后，表6-4-5和表6-4-6的回归结果均显示对外直接投资显著为负，其平方项则显著为正，正好与本节表6-4-3和表6-4-4第二产业就业的回归结果相反。这是因为，我国对外直接投资项首先发生在第三产业，当对外直接投资规模较小时，第三产业的生产和劳动需求减少，而第二产业的劳动需求及就业增加；当对外直接投资达到一定规模后，一方面第二产业企业的对外直接投资行为开始增加，另一方面第三产业经过调整后开始吸收本产业让渡的生产资源，两者都能增加第三产业的劳动需求和就业规模。

第五节　对外直接投资、劳动力市场刚性与就业

一　方程构建与劳动力市场刚性度量

为了研究当劳动力市场存在刚性时，对外直接投资如何影响国内就业，本节在方程（R1）和（R2）的基础上构建如下回归方程：

$$
\ln EM_{it} = \alpha_0 + \alpha_1 \ln GDP_{it} + \alpha_2 \ln POP_{it} + \alpha_3 STR_{it} \\
+ \alpha_4 \ln ODI_{it} + \alpha_5 LAB_{it} \cdot \ln ODI_{it} + u_i + v_t + \varepsilon_{it}
\tag{R3}
$$

$$
\ln EM_{it} = \beta_0 + \beta_1 \ln EM_{it-1} + \beta_2 \ln GDP_{it} + \beta_3 \ln POP_{it} + \beta_4 STR_{it} \\
+ \beta_5 \ln ODI_{it} + \beta_6 LAB_{it} \cdot \ln ODI_{it} + \phi_i + \varphi_t + \tau_{it}
\tag{R4}
$$

与方程（R1）和（R2）一样，（R3）没有考虑就业的动态持续性，（R4）则对此进行了考虑。这里 LAB_{it} 代表 i 地区 t 年的劳动力市场刚性程度，其他变量及数据来源与方程（R1）和（R2）完全一致。任何的市场扭曲都会对劳动力市场刚性产生影响，因此劳动力市场刚

性的度量指标也存在多个维度，然而在众多的指标中，国外学者发现只有工会组织和政府雇员因素会对经济产生重大的不利影响，其他变量的影响并不大（Forteza 和 Rama，2001）。在此基础上，笔者曾利用工会会员占比以及公务员和国有企业就业占比度量劳动力市场刚性，并以此研究劳动力市场刚性条件下国际贸易对我国就业及劳动力配置的影响，发现这两个度量指标效果良好（马颖和余官胜，2010；余官胜，2012）。因此，本节继续使用工会会员数占总就业的比重以及公务员和国有企业就业占总就业的比重（代表政府就业占比）度量劳动力市场刚性，表 6-5-1 列出了劳动力市场刚性的基本信息。

表 6-5-1　各地区劳动力市场刚性基本信息

地区	工会会员占比		政府就业占比		地区	工会会员占比		政府就业占比	
	均值	标准差	均值	标准差		均值	标准差	均值	标准差
北京	0.329	0.028	0.186	0.038	山东	0.274	0.066	0.085	0.010
天津	0.679	0.112	0.192	0.026	河南	0.168	0.033	0.069	0.003
河北	0.264	0.056	0.097	0.09	湖北	0.328	0.047	0.109	0.015
山西	0.364	0.084	0.164	0.011	湖南	0.219	0.031	0.074	0.008
内蒙古	0.414	0.066	0.153	0.009	广东	0.300	0.043	0.077	0.009
辽宁	0.470	0.047	0.147	0.015	广西	0.140	0.029	0.072	0.003
吉林	0.350	0.030	0.159	0.021	四川	0.200	0.058	0.094	0.004
黑龙江	0.356	0.074	0.196	0.007	云南	0.111	0.017	0.071	0.004
上海	0.675	0.119	0.169	0.020	陕西	0.228	0.046	0.130	0.002
江苏	0.288	0.037	0.070	0.010	甘肃	0.180	0.030	0.110	0.008
浙江	0.288	0.055	0.056	0.002	新疆	0.347	0.043	0.237	0.016
安徽	0.145	0.024	0.058	0.004	东部	0.383	0.171	0.116	0.053
福建	0.264	0.037	0.077	0.006	中西部	0.251	0.106	0.119	0.052
江西	0.210	0.048	0.093	0.006	全国	0.304	0.150	0.118	0.052

注：时间区间为 2003~2010 年。

资料来源：《中国劳动统计年鉴》。

从表 6-5-1 中可以发现，度量劳动力市场刚性的两个指标所传导出的对比信息存在较大差异，东部地区的工会会员占比高于全国平

均及中西部地区，但东部地区的政府就业占比低于全国平均及中西部
地区。由此可见，这两个指标在度量劳动力市场刚性时存在一定的优
劣性，需通过实证研究结果进行判定。

为了更为形象地展现不同劳动力市场刚性条件下对外直接投资和
就业的关系，本节分别按工会会员占比和政府就业占比两个指标依据
表 6-5-1 的基本信息将样本内的所有省份分成低劳动力市场刚性和
高劳动力市场刚性两类，绘制对外直接投资和就业的散点图并进行拟
合。① 图 6-5-1 以工会会员占比和政府就业占比为度量指标给出了
四幅相关关系图，从图中可以发现，当以工会会员占比度量劳动力市
场刚性时，对外直接投资和就业拟合线的斜率和拟合优度在低劳动力
市场刚性地区和高劳动力市场刚性地区之间差别不大；而当以政府就

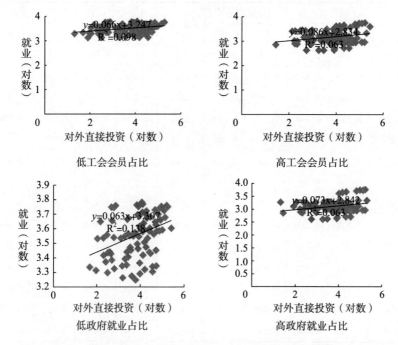

图 6-5-1　不同劳动力市场刚性程度下对外直接投资和就业相关关系

资料来源：历年《中国劳动统计年鉴》和《中国对外直接投资统计公报》。

---

① 指标较大的 12 个省份归为高劳动力市场刚性类，而指标较小的 13 个省份归为低劳动
力市场刚性类。

业占比度量劳动力市场刚性时，对外直接投资和就业拟合线的斜率及拟合优度在低劳动力市场刚性地区明显大于高劳动力市场刚性地区，说明了劳动力市场刚性较低时，对外直接投资和就业之间的正相关关系更为显著。此外，四幅图的对比也说明了使用政府就业占比变量度量劳动力市场刚性时，差异效果更为直观，意味着该指标可能更适合度量劳动力市场刚性。

二 回归结果及解释

分别使用工会会员占比以及政府就业占比度量劳动力市场刚性，使用普通最小二乘法和动态面板数据回归方法对方程（R3）和（R4）进行回归，得到表 6 – 5 – 2 和表 6 – 5 – 3 的结果。

表 6 – 5 – 2 工会会员占比度量回归结果

变量	对外直接投资流量		对外直接投资存量	
	（1）	（2）	（3）	（4）
C	1. 152 *** （0. 000）	0. 315 *** （0. 000）	1. 164 *** （0. 000）	0. 161 *** （0. 000）
$\ln EM_{it-1}$	——	0. 837 *** （0. 000）	——	0. 904 *** （0. 000）
$\ln GDP_{it}$	0. 115 *** （0. 000）	0. 054 *** （0. 000）	0. 156 *** （0. 005）	0. 052 *** （0. 000）
$\ln POP_{it}$	0. 487 *** （0. 000）	0. 023 （0. 121）	0. 452 *** （0. 000）	0. 006 （0. 628）
STR_{it}	0. 324 *** （0. 008）	– 0. 001 *** （0. 000）	0. 323 *** （0. 000）	– 0. 001 *** （0. 000）
$\ln ODI_{it}$	0. 004 （0. 117）	0. 006 *** （0. 000）	0. 001 （0. 987）	0. 006 *** （0. 000）
$LAB_{it} \cdot \ln ODI_{it}$	– 0. 020 *** （0. 000）	– 0. 022 *** （0. 000）	– 0. 026 *** （0. 000）	– 0. 024 *** （0. 000）
R^2	0. 888	——	0. 887	——
Hausman	68. 08 *** （0. 000）		60. 51 *** （0. 000）	
A – B AR(1)		– 1. 869 * （0. 062）		– 1. 794 * （0. 073）

变量	对外直接投资流量		对外直接投资存量	
	（1）	（2）	（3）	（4）
A – B AR（2）	——	- 0.834 （0.404）	——	- 0.305 （0.760）
Sargan	——	19.039 （0.389）	——	14.906 （0.668）

注：同表 6 - 3 - 3 与表 6 - 3 - 4。

表 6 - 5 - 3　政府就业占比度量回归结果

变量	对外直接投资流量		对外直接投资存量	
	（1）	（2）	（3）	（4）
C	1.682 *** （0.000）	0.729 *** （0.000）	2.030 *** （0.000）	1.133 *** （0.000）
$\ln EM_{it-1}$	——	0.741 *** （0.000）	——	0.618 *** （0.000）
$\ln GDP_{it}$	0.059 *** （0.000）	0.024 *** （0.000）	0.066 *** （0.005）	0.016 ** （0.018）
$\ln POP_{it}$	0.398 *** （0.000）	0.024 （0.187）	0.298 *** （0.000）	0.035 * （0.096）
STR_{it}	0.158 *** （0.008）	- 0.001 *** （0.000）	0.150 *** （0.000）	- 0.001 *** （0.000）
$\ln ODI_{it}$	0.023 *** （0.000）	0.011 *** （0.000）	0.027 *** （0.000）	0.023 *** （0.000）
$LAB_{it} \cdot \ln ODI_{it}$	- 0.167 *** （0.000）	- 0.081 *** （0.000）	- 0.246 *** （0.000）	- 0.189 *** （0.000）
R^2	0.946	——	0.931	——
Hausman	92.55 *** （0.000）		88.84 *** （0.000）	
A – B AR（1）	——	- 1.725 * （0.085）	——	- 1.448 （0.148）
A – B AR（2）	——	- 0.608 （0.543）	——	0.409 （0.683）
Sargan	——	22.710 （0.202）	——	19.177 （0.381）

注：同表 6 - 3 - 3 与表 6 - 3 - 4。

从表 6-5-2 和表 6-5-3 的回归结果中可以发现，大部分控制变量的系数符号与表 6-3-3 和表 6-3-4 基本一致，仅有产业结构变量的系数在普通最小二乘法和动态面板数据回归结果中发生较大的变化，反映出就业具有较大的持续动态性。本部分较为关注当劳动力市场存在刚性时，对外直接投资如何影响国内就业，从两个表的回归结果中发现，除了表 6-5-2 中（1）和（3）中 $\ln ODI_{it}$ 的系数不显著外，其他回归结果均显示出 $\ln ODI_{it}$ 的系数显著为正，$LAB_{it} \cdot \ln ODI_{it}$ 的系数显著为负。该结果反映出当劳动力市场刚性程度较小时，对外直接投资能增加国内就业规模；而当劳动力市场刚性程度较大时，对外直接投资则反而会减少国内就业。之所以出现这种现象可以由以下的逻辑进行解释：对外直接投资影响就业的一般渠道在于其影响不同产业的生产规模及劳动需求，进而导致劳动力在不同行业间进行转移，一旦劳动力转移受到阻碍，对外直接投资仅能减少投资行业的就业，而不能增加其他行业的就业规模，因此总体而言不利于国内就业；相反，当劳动力转移不受到阻碍时，劳动力的跨行业流动能使对外直接投资的要素配置效应得以充分体现，在对外直接投资企业劳动要素密集度小于非对外直接投资企业时，该过程可能进一步增加国内就业规模。此外，从两个表的实证研究结果中也可以发现，当政府就业占比作为度量劳动力市场刚性的指标时，回归结果更符合理论逻辑的预期，反映出相比于工会会员占比，该指标更适合度量劳动力市场刚性，这是因为在我国，工会组织的实质效应并不强，而政府就业则明显地将我国的劳动力市场分割为体制内和体制外两部分。

第六节　温州民营企业微观数据实证研究

一　问题提出

温州是我国民营经济的发源地之一，民营企业是经济发展的主要推动力量，温州民营企业家也具备敢为天下先的开创精神，各类行为均引领全国，其中自然包括民营企业对外直接投资行为。"十二五"期间温州共有140多家民营企业在全球37个国家和地区进行对外直接投资，这些民营企业对外直接投资规模各不相同，企业国内绩效表现也相差较大，为开展民营企业对外直接投资的国内就业影响提供了良好的样本素材。本节将温州民营企业对外直接投资数据和《中国工业企业数据库》中的温州民营企业数据进行匹配，研究民营企业对外直接投资对国内就业的影响，由于对行业内和跨行业的就业影响难以衡量，本节的实证研究仅关注对企业内就业的影响。本节是目前国内首例专注民营企业对外直接投资对就业影响的实证研究，通过计数模型回归发现民营企业对外直接投资减少了国内企业内就业，说明民营企业对外直接投资更多的是进行生产转移。考虑到企业内部绩效对民营企业对外直接投资产生的内生性问题，本节使用各民营企业对外直接投资东道国经济因素作为工具变量进行稳健性检验，在控制内生性问题后进一步验证发现民营企业对外直接投资确实减少了企业内就业。

针对民营企业对外直接投资的研究大多从定性角度展开论述。欧阳峣（2007）从民营企业的成长历程出发全面论述了我国民营企业对外直接投资的优势、战略和模式；孙佳琴和王玉钏（2008）以浙江为例论述了民营企业对外直接投资的动因、优势和产业区位选择。随着全球经济形势的转变，民营企业也被认为应在我国企业对外直接投资中扮演重要的角色，周立群和李京晓（2012）以及殷越男（2012）均认为后危机时代是我国民营企业开展对外直接投资的机遇期，民营企业应充分利用自身优势发挥先锋作用。尽管国内外文献能为后续研究提供良好的素材和可扩展的框架，但在民营企业逐步成为对外直接投资主力军的趋势下，需要在该领域充实民营企业对外直接投资对国内就业影响的研究，本节正是对此的一个尝试。本节的研究既传承了以往的研究方式，也对以往研究形成了有效的补充，丰富了我国企业对外直接投资的研究内容。一方面，与以往企业对外直接投资对国内就业影响的研究不同，本节首次专注于民营企业，构成了该领域研究对象上的创新;另一方面,与以往民营企业对外直接投资行为的研究不同,本节首次从定量角度研究了民营企业对外直接投资的国内就业效应,构成了研究内容上的创新。

二 方程设定和数据来源

由于难以评估企业对外直接投资对所在产业及其他产业就业影响的溢出效应,本节仅研究民营企业对外直接投资对企业内就业的影响。除了对外直接投资外,民营企业就业也受企业国内绩效的影响,因此本节建立如下的回归方程:

$$Em_i = \alpha_0 + \alpha_1 \ln Y_i + \alpha_2 \ln K_i + \alpha_3 \ln T_i + \alpha_4 \ln X_i + \alpha_5 \ln ODI_i + u_i \qquad (R)$$

这里 Em_i 为民营企业 i 的就业数(人),用该企业平均就业人员数度量;$\ln Y_i$ 为民营企业 i 的年产值对数值(千元),反映企业规模对就业的影响;$\ln K_i$ 为民营企业 i 的固定资产总额(千元)对数值,用来反映累计投资规模对就业的吸收作用;$\ln T_i$ 为民营企业 i 的中间投入品成本(千元)对数值,反映中间产品外购对企业就业的影响;$\ln X_i$ 为民营企业 i 的出口交货值(千美元)对数值,反映出口贸易对企业就业的影响;$\ln ODI_i$ 为民营企业 i 的对外直接投资额(美元)对数值,考察民营企业对外直接投资是否减少国内企业内的就业规模;u_i 为回归残差。

温州民营企业对外直接投资起步较早,1999 年起便开始从事该项业务。"十二五"期间温州共有 143 家民营企业对 37 个国家和地区进行对外直接投资,温州商务局提供了这些民营企业五年间的对外直接投资额、投资东道国以及所属行业数据,《中国工业企业数据库》则统计了规模以上企业的各项详细信息,包括企业从业人员数、产值、出口值以及成本投入等各项信息。考虑到民营企业对外直接投资对企业内就业影响的累积性和滞后性,本节研究温州民营企业 2006~2010 年对外直接投资总额对 2010 年该企业内就业的影响。按照企业名称将这 143 家对外直接投资民营企业与《中国工业企业数据库》中的温州民营企业进行匹配，去除掉《中国工业企业数据库》中不包含的规模以下民营企业样本，本节最终保留了75家民营企业的样本数据。在回归方程（R）中，除了民营企业对外直接投资数据来源于温州商务局外，其他数据均来自于历年《中国工业企业数据库》。表6-6-1列出了本节回归方程样本数据的基本信息。

表6-6-1　回归方程变量数据基本信息

变量	均值	标准差	样本数
Em_i	661.45	885.86	75
$\ln Y_i$	11.321	1.429	75
$\ln K_i$	9.430	1.665	75
$\ln T_i$	11.074	1.426	75
$\ln X_i$	10.603	1.220	62
$\ln ODI_i$	13.066	1.700	75

注：出口贸易变量的样本数少于其他变量是由于一些民营企业未从事出口业务。

资料来源：《中国工业企业数据库》和温州市商务局。

三　计数模型回归结果及解释

在回归方程（R）中，由于被解释变量为就业人员数，具有非负整数的特征，为了保持这种特征，本节未对被解释变量作对数处理。在这种情况下，回归方程具有离散被解释变量特征，且为非负整数，因此需要计数模型对方程（R）进行回归。本节选用计数模型中的泊松回归方法进行回归，得到表6-6-2的结果。

表6-6-2　计数模型泊松回归结果

变量	全样本		发达国家样本	发展中国家样本
	含出口贸易	不含出口贸易		
C	-2.042*** (0.000)	-1.805*** (0.000)	-1.773*** (0.000)	-1.315*** (0.000)
$\ln Y_i$	2.526*** (0.000)	2.342*** (0.000)	2.201*** (0.000)	2.295*** (0.000)

变量	全样本		发达国家样本	发展中国家样本
	含出口贸易	不含出口贸易		
$\ln K_i$	0. 108 *** (0. 000)	0. 118 *** (0. 000)	0. 199 *** (0. 000)	0. 070 *** (0. 000)
$\ln T_i$	− 1. 997 *** (0. 000)	− 1. 749 *** (0. 000)	− 1. 591 *** (0. 000)	− 1. 731 *** (0. 000)
$\ln X_i$	0. 094 *** (0. 000)	——	——	——
$\ln ODI_i$	− 0. 041 *** (0. 000)	− 0. 039 *** (0. 000)	− 0. 121 *** (0. 000)	− 0. 007 ** (0. 036)
R^2	0. 857	0. 848	0. 869	0. 834
样本数	75	62	45	30

注：括号内为回归 P 值；上标 *** 、 ** 、 * 分别代表在 1% 、5% 和 10% 水平上显著。

表 6 - 6 - 2 中第一和第二列回归结果为全样本回归，其中第一列包含了出口贸易变量，第二列未包含出口贸易变量；第三列和第四列分别为针对发达国家和发展中国家进行对外直接投资的民营企业样本回归结果。从四列回归结果中可以发现各解释变量的系数符合和显著性均未发生变化，说明回归结果具有较高的稳健性。$\ln Y_i$ 的系数显著为正，反映出生产规模越大的民营企业需要雇佣更多的就业人员，符合微观经济学的基本逻辑。$\ln K_i$ 的系数显著为正，反映出更多的固定资产投资累计能吸收更多的就业，说明资本和劳动之间具有互补性。$\ln T_i$ 的系数显著为负，意味着中间投入的增加不利于就业，这是因为外购是对企业内就业的替代。$\ln X_i$ 的系数显著为正，说明出口贸易的发展能显著促进企业内就业，符合大部分国际贸易文献的研究结果。$\ln ODI_i$ 的系数显著为负，说明民营企业对外直接投资减少了企业的国内就业量，出现这种现象说明温州民营企业无论是对发达国家还是发展中国家的对外直接投资都是对国内企业生产的替代，从而导致企业减少了国内部分的企业内劳动需求。

四　内生性与工具变量回归

根据新新国际贸易理论的逻辑，效率最高的企业选择进行对外直接投资，因此企业内绩效也是影响其对外直接投资决策的重要因素。根据本节的具体分析，民营企业内的各种变量将是影响民营企业对外直接投资的因素，由此可能产生回归的内生性问题，带来回归结果的谬误。在这种情况下，需要寻找民营企业对外直接投资的工具变量进行进一步的回归分析，以保证得到更为稳健的回归结果。一个恰当的工具变量需满足两个条件：一是外生性，与被解释变量及回归残差不相关；二是与其他解释变量无关。在本节中，民营企业对外直接投资规模除了受企业内因素影响外，还受到东道国经济发展因素的影响，因此工具变量的一个恰当选择是投资东道国的经济变量，首先这些变量与温州民营企业对东道国的对外直接投资规模相关，其次温州民营企业的发展不会影响这些东道国的经济发展。图6-6-1描绘了本节工具变量的选取逻辑。

图6-6-1　本节工具变量选取逻辑

温州商务局提供了民营企业的投资东道国国别信息，世界银行发布的《世界发展指标》则可以获取这些东道国的各项经济信息。在本节与《中国工业企业数据库》匹配后的样本中仍有26个国家和地区民营企业对外直接投资东道国，由于市场规模越大的国家越能吸引对外直接投资量，因此本节使用这些东道国2006~2010年的平均GDP规模（亿美元）对数值作为温州民营企业对外直接投资的工具变量；此外，民营企业出口贸易也存在类似的内生性问题，采用同样的逻辑，本节使用东道国2006~2010年贸易开放度的平均值作为温州民营企业出口贸易的工具变量一并进行回归。使用计数模型二阶段最小二乘法对方程（R）进行工具变量回归，得到表6-6-3的结果。

表 6 - 6 - 3　工具变量计数模型回归结果

变量	出口贸易	出口贸易工具变量
C	15. 282 *** (0. 000)	4. 822 *** (0. 000)
$\ln Y_i$	2. 709 *** (0. 000)	2. 289 *** (0. 000)
$\ln K_i$	0. 079 *** (0. 000)	0. 100 *** (0. 000)
$\ln T_i$	- 2. 147 *** (0. 000)	- 1. 697 *** (0. 000)
$\ln X_i$	0. 086 *** (0. 000)	——
$IV\_\ln X_i$	——	0. 446 *** (0. 000)
$IV\_\ln ODI_i$	- 1. 372 *** (0. 000)	- 0. 893 *** (0. 000)
R^2	0. 854	0. 849

注：为节省篇幅，本节省去一阶段回归结果；括号内为回归 P 值；上标 *** , ** , * 分别代表在 1% 、5% 和 10% 水平上显著。

表 6 - 6 - 3 回归结果中第一列包含出口贸易变量，第二列则使用了出口贸易的工具变量，由此规避出口贸易的内生性问题产生的干扰。从两列回归结果中可以发现，所有变量的系数符合和显著性均与表 6 - 6 - 2 保持一致，一方面说明了本节工具变量选择的恰当性，另一方面也进一步验证了本节实证研究结果的稳健性，即民营企业对外直接投资确实减少了国内部分的企业内就业。

第七节　小　结

本章从理论机制模型和实证检验两个角度出发研究企业对外直接投资对国内就业规模的影响，发现我国对外直接投资对国内就业规模的影响呈现先减少后增加的趋势，即当对外直接投资规模较小时会减少国内就业，只有达到一定的规模后才能促进国内就业。此外，本章也研究了对外直接投资对不同产业就业规模的影响，发现由于各产业劳动吸收存在较大差异而使这种影响具有较大区别。本章的研究也验证了当劳动力市场存在刚性时，对外直接投资如何影响国内就业，发现只有当劳动力市场刚性较小时才能出现对外直接投资的国内就业促进效应。最后，本章的民营企业微观数据实证研究发现民营企业对外直接投资减少了企业内就业。

本章的研究对于政府利用企业对外直接投资促进国内就业规模也具有一定的政策参考意义。首先，本章的研究表明只有当企业对外直接投资达到一定的规模门槛值后才能出现促进国内就业的效果，因此，政府的政策措施应推动对外直接投资跨过门槛值，促使国内对外直接投资行业将资源出让给其他行业，通过有效促进其他行业的产出规模和就业以弥补对外直接投资行业的就业损失。其次，本章的研究表明企业对外直接投资对各行业就业的影响是不同的，因此政府应先探明各行业就业的特征以及对就业的吸收能力，才能有针对性地制定各行业的企业对外直接投资促进政策。最后，本章的研究表明只有在劳动力市场刚性较小的条件下才能出现企业对外直接投资的就业促进效果，因此政府应先对劳动力市场进行改革，实现劳动力跨部门和跨地区的自由流转。

第七章　企业对外直接投资与国内就业技能结构

在第六章研究企业对外直接投资影响国内就业规模的基础上，本章研究企业对外直接投资对国内就业技能结构的影响，即对不同技能劳动就业所产生的影响。第一节阐述不同类型企业对外直接投资对国内不同技能劳动就业的影响，进而汇总成对就业技能结构的影响。第二节概述我国就业技能结构的特征及其与企业对外直接投资的简单相关性。以此为基础，第三节构建各种回归模型检验当地区吸收能力不同时，企业对外直接投资如何影响国内就业技能结构。此外，参照第三节的方法，第四节研究企业对外直接投资对收入技能结构的影响。第五节则研究新设企业对外直接投资项目对国内就业技能结构产生的影响，以此丰富本章的研究内容。

第一节　理论机理

根据传统对外直接投资理论，发达国家的企业依据领先技术和垄断优势进行对外直接投资扩展市场，而发展中国家企业进行对外直接投资的动因则较为复杂多样。不同动机的对外直接投资对母国国内经济产生的影响也是不同的，进而对不同技能类型劳动就业的影响也是不同的。对于我国而言，大多数研究（郑钢，2008）将我国企业的对外直接投资动机分为资源寻求型、贸易替代型和技术引进型等类型，资源寻求动机大多是依国家发展战略由国有企业主导的，对国内就业的影响并不显著。本章主要关注的是当经济发展水平不同时，不同动机的对外直接投资如何影响不同技能劳动的就业。

一　贸易替代动机对外直接投资对就业技能结构的影响机理

在经济发展水平较低的地区，产业结构较为落后，企业主要生产劳动密集型产品。按照比较优势原理，劳动密集型产品也构成我国落后地区的主要出口品，并在海外市场具有较高的竞争力。劳动密集型产品出口的一个直接结果便是通过占领国外市场尤其是发达国家市场而冲击了出口目的国的劳动就业市场，增加了出口目的国低技能劳动的失业率。近年来，在金融危机的冲击下，发达国家面临着经济增长缓慢和失业率持续升高的困境，劳动者越发希望政府能够保护其就业机会。在这种背景下，全球大部分发达国家对我国劳动密集型产品的限制越来越多，贸易壁垒层出不穷，严重阻碍了我国劳动密集型产品的出口。因此，为了继续开拓海外市场，生产劳动密集型产品的企业往往基于绕过贸易壁垒的考虑进行对外直接投资，以期通过在东道国或第三国生产产品的方式替代直接从国内出口。在这种动机的驱动下，出口企业将生产转移至海外，国内部分的生产规模缩小，释放的资源将让渡给国内非出口企业，从而可能导致国内非出口企业生产规模的扩大。

按照异质性企业国际贸易理论（Melitz，2003）的分析，出口企业的生产率高于非出口企业，高生产率企业则往往匹配高技能劳动就业。进一步地，Yeaple et al.（2005）通过企业劳动匹配选择论述了在生产率差异的背景下，出口企业对高技能劳动的需求较多，而非出口企业则对低技能劳动的需求较多，因而出口企业的就业劳动技能程度高于非出口企业。按照异质性企业国际贸易理论的逻辑，当一个地区选择进行对外直接投资替代出口贸易时，出口企业的生产转移减少了该地区生产中的出口比例，由于出口企业生产率较高，进而也降低了该地区的平均生产率。在劳动匹配模型的视野下，这将减少该地区对高技能劳动的需求，增加对低技能劳动的需求，进一步地不利于高技能劳动就业，有利于低技能劳动就业，降低就业技能结构。图7-1-1归纳了贸易替代动机对外直接投资影响就业技能结构的传导路径。

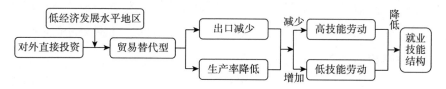

图 7 - 1 - 1 贸易替代动机对外直接投资对就业技能结构的影响机理

二 技术引进动机对外直接投资对就业技能结构的影响机理

我国的区域经济发展不平衡导致各地企业的生产及对外经济行为存在较大的差异。在经济发展水平较高的地区，对外开放程度较高，企业在与外界的接触中已基本形成现代企业发展模式，初步具备技术发展的势头，其生产已不仅仅局限于劳动密集型产品。这类企业目光着眼于全球，旨在培育国际一流的竞争力，在这种背景下，为了进一步提升技术水平，企业往往选择向发达国家进行对外直接投资，目的在于通过学习先进技术利用反向技术溢出效应提高国内部分的生产技术，抑或进行纵向对外直接投资以获取低成本的原材料和中间产品而提高国内部分的生产效率。按照本书第五章的分析，这类动机的企业对外直接投资能通过知识技术逆向溢出效应而提高国内部分的生产技术水平以及劳动生产率，并扩散至其他部门。因此，经济发达地区的对外直接投资在一定程度上能提高本地区的技术水平，从而相应地改变与技术水平相匹配的劳动需求结构。

高技术水平往往被认为需要匹配更高技能的劳动就业，Acemoglu（2003）在新古典国际贸易理论模型框架内分析了技术创新的劳动力效应，指出较高技术水平的企业将会增加对高技能劳动的需求，减少对低技能劳动的需求。对外直接投资的技术创新效应与该新古典经济学逻辑相匹配便可以探明该动机对外直接投资对就业技能结构的影响机理。由于技术引进动机对外直接投资多发生在经济发展水平较高的地区，这些地区同时也具有较高的技术吸收能力，按照本书第五章的逻辑，此类对外直接投资确实能促进该地区技术创新，因此增加了该地区对高技能劳动的需求，减少了对低技能劳动的需求，在就业仍由需求决定的情况下，对外直接投资也提升了经济发展水平较高地区的就业技能结构。图7-1-2归纳了技术引进动机对外直接投资影响就业技能结构的传导途径。

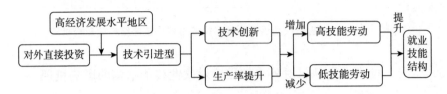

图7-1-2　技术引进动机对外直接投资对就业技能结构的影响机理

第二节　我国就业技能结构概况及相关性

一　我国就业技能结构概况

改革开放以来，我国企业便存在对外直接投资现象，但直到2001年加入WTO以后，对外直接投资才取得快速发展，投资规模开始大幅度提升。据商务部《2010年中国对外直接投资统计公报》分析，我国对外直接投资流量从2003年的28.5亿美元增加到了2010年的688.1美元，8年间增长了23倍之多，目前投资规模居全球第五位；在存量方面，2010年末我国在海外有1.6万家企业，对外直接投资存量达3172.1亿美元，暂列全球第17位。另外，在就业方面，入世后随着我国经济的快速发展及各种因素的推动，我国就业总人数从2003年的7.37亿人增加到了2010年的7.61亿人，其中大专及以上学历就业（用来度量高技能劳动）人数从2003年的5014万人增加到2010年的7679万人，增加了53%；高中及以下学历就业（用来度量低技能劳动）人数则从2003年的6.87亿人减少到2010年的6.84亿人。两者优化了就业技能结构（用大专及以上学历就业人数占比度量），使大专及以上学历就业人数占总就业人数的比重从2003年的6.8%提高到2010年的10.09%。表7-2-1直观地列出了我国2003~2010年的对外直接投资和就业技能结构状况，从中可以发现，对外直接投资逐年快速增长，但就业技能结构在增长过程中却存在一些波折，先经历从 2004 年到 2007 年的降低过程，再持续提高到 2010 年。

表 7 - 2 - 1　2003 ~ 2010 年我国就业技能结构发展状况

年份	总就业（万人）	高技能劳动就业（万人）	低技能劳动就业（万人）	就业技能结构（%）	对外直接投资（亿美元）
2003	73736	5014.048	68721.95	6.8	28.5
2004	74264	5369.287	68894.71	7.23	55
2005	74647	5061.067	69585.93	6.78	122.6
2006	74978	4971.041	70006.96	6.63	211.6
2007	75321	4971.186	70349.81	6.6	265.1
2008	75564	5221.472	70342.53	6.91	559.1
2009	75828	5634.02	70193.98	7.43	565.3
2010	76105	7678.995	68426.01	10.09	688.1

资料来源：历年《中国劳动统计年鉴》和《中国对外直接投资统计公报》。

尽管从总体而言我国的对外直接投资规模以及就业技能结构均取得了良好的发展，但是由于我国区域经济发展较不平衡，各地区在对外直接投资和就业方面的表现存在较大的差异。表 7 - 2 - 2 归纳了 2003 ~ 2010 年我国东部、中部以及西部地区对外直接投资和就业技能结构的基本信息。从表中可以发现，东部地区经济发展水平较高，对外直接投资规模也最大，并且高技能劳动就业规模高于中西部地区，低技能劳动就业规模低于中部地区，因而就业技能结构也优于中西部地区，由此验证了本章第一节理论机理分析的推论之一，即当经济发展水平较高时，对外直接投资能提升就业技能结构。对于经济发展水平较为落后的中部和西部地区，尽管中部地区的对外直接投资规模大于西部地区，但是就业技能结构却落后于西部地区，高技能劳动和低技能劳动就业规模均大于西部地区则是因为中部地区平均经济规模较大，因此该结论恰好可以验证本章第一节的另一推论，即当经济发展水平较低时，对外直接投资会降低就业技能结构。

表 7 - 2 - 2　分地区对外直接投资和就业技能结构基本信息
(2003 ~ 2010 年)

	全国	东部	中部	西部
对外直接投资 (log，万美元)	3.737 (0.859)	4.231 (0.648)	3.424 (0.760)	3.376 (0.955)
高技能劳动就业 (log，万人)	5.140 (0.537)	5.461 (0.518)	5.004 (0.400)	4.770 (0.461)
低技能劳动就业 (log，万人)	7.575 (0.711)	7.531 (0.876)	7.666 (0.537)	7.479 (0.637)
就业技能结构 (%)	9.386 (6.863)	13.235 (9.208)	6.745 (1.798)	6.970 (3.367)
人均实际 GDP (log，元/人)	3.703 (0.259)	3.923 (0.195)	3.589 (0.180)	3.492 (0.168)

　　注：括号内为标准差。高技能劳动就业用大专及以上学历劳动就业人数衡量；低技能劳动用高中及以下学历劳动就业人数衡量；就业技能结构用大专及以上学历劳动就业占总就业的比重衡量。东部地区包括北京、天津、河北、辽宁、上海、江苏、浙江、福建、山东和广东；中部地区包括山西、内蒙古、吉林、黑龙江、安徽、河南、江西、湖南、湖北和广西；西部地区包括四川、云南、陕西、甘肃和新疆；其他省份因数据不齐未包含在样本内。

　　资料来源：历年《中国劳动统计年鉴》和《中国对外直接投资统计公报》。

二　对外直接投资和就业技能结构相关关系分析

　　为了更为形象直观地展现对外直接投资和就业技能结构之间的相关性，图 7 - 2 - 1 分别描绘了东部和中西部地区对外直接投资和就业技能结构的相互关系，并进行了拟合分析。从图中可以发现，在东部地区，对外直接投资对高技能劳动和低技能劳动就业的拟合斜率和拟合优度均高于中西部地区，且和高技能劳动的正相关关系大于中西部的程度更为明显。在东部地区对外直接投资和就业技能结构的拟合线斜率为正，说明两者之间存在正相关关系；而在中西部地区，对外直接投资和就业技能结构的拟合线斜率为负，说明两者之间存在负相关关系。由于东部地区经济发展水平较高，中西部地区经济发展水平较低，因此图 7 - 2 - 1 的结论在一定程度上也可以验证当经济发展水平较高时，对外直接投资能提升就业技能结构；而当经济发展水平较低时，对外直接投资会降低就业技能结构。

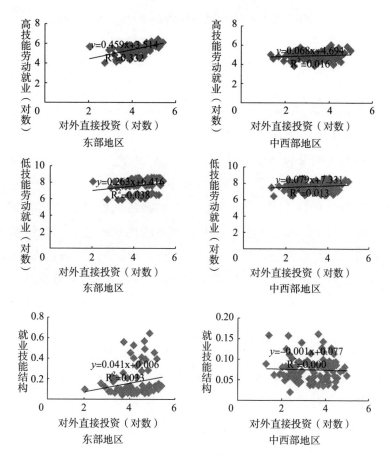

图 7 - 2 - 1　分地区对外直接投资和就业技能结构相关关系

资料来源：历年《中国劳动统计年鉴》和《中国对外直接投资统计公报》。

第三节　实证研究

一　模型设定和变量说明

为了研究当经济发展水平不同时，对外直接投资分别对高技能和低技能劳动就业所产生的不同影响，本节建立如下回归方程：

$$\log Skill_{it} = \alpha_0 + \alpha_1 \log GDP_{it} + \alpha_2 Thr_{it} + \alpha_3 Inv_{it} + \alpha_4 \log Pro_{it}$$
$$+ \alpha_5 \log ODI_{it} + \alpha_6 p \cdot \log ODI_{it} + u_i + v_t + \varepsilon_{it} \tag{1}$$

$$\log Uskill_{it} = \beta_0 + \beta_1 \log GDP_{it} + \beta_2 Thr_{it} + \beta_3 Inv_{it} + \beta_4 \log Pro_{it}$$
$$+ \beta_5 \log ODI_{it} + \beta_6 p \cdot \log ODI_{it} + \phi_i + \varphi_t + \tau_{it} \quad (2)$$

$$Hum_{it} = \gamma_0 + \gamma_1 \log GDP_{it} + \gamma_2 Thr_{it} + \gamma_3 Inv_{it} + \gamma_4 \log Pro_{it}$$
$$+ \gamma_5 \log ODI_{it} + \gamma_6 p \cdot \log ODI_{it} + \eta_i + \zeta_t + \vartheta_{it} \quad (3)$$

这里 $\log Skill_{it}$ 和 $\log Uskill_{it}$ 分别为高技能和低技能劳动（万人）就业量的对数值，高技能劳动用大专及以上学历劳动就业人数度量，低技能劳动用高中及以下学历劳动就业人数度量。Hum_{it} 为高技能劳动就业占总就业人数的比重，用以度量就业技能结构。$\log GDP_{it}$ 为实际 GDP 对数值（1978 年价格，亿元），反映经济规模对不同技能劳动就业的影响。Thr_{it} 为第三产业就业占总就业的比重，反映产业结构对不同技能劳动就业的影响。Inv_{it} 为投资率，用固定资产投资占 GDP 的比重度量，反映投资对不同技能劳动就业的影响。$\log Pro_{it}$ 为劳动生产率（万元/人）的对数值，反映劳动生产率变化对不同技能劳动就业的影响。$\log ODI_{it}$ 为对外直接投资（万美元）对数值，p 为人均实际 GDP（1978 年价格，元/人）对数值，$p \cdot \log ODI_{it}$ 则为人均 GDP 对数值和对外直接投资对数值的乘积项，加入此项的目的在于研究当经济发展水平不同时，对外直接投资对不同技能劳动就业产生的不同影响。u_i、ϕ_i 和 η_i 为地区变量，v_t、φ_t 和 ζ_t 为时间变量，ε_{it}、τ_{it} 和 ϑ_{it} 为回归残差，下标 i 和 t 则分别代表时间和地区。

本节的样本为我国 2003～2010 年 25 个省区市的面板数据，为保障面板数据的平衡性，海南、重庆、贵州、西藏、青海以及宁夏因数据不齐未包含在本节的样本中。文中高技能劳动就业、低技能劳动就业以及高技能劳动就业占总就业比重的数据由历年《中国劳动统计年鉴》整理而得；实际 GDP、人均实际 GDP、第三产业就业占比、投资率、劳动生产率等数据由历年《中国统计年鉴》整理而得；对外直接投资数据则来自于商务部发布的《2010 年度中国对外投投资统计公报》。

二 面板数据回归结果及分析

利用面板数据普通最小二乘法分别对方程（1）、（2）和（3）进行回归，得到表 7 - 3 - 1 的结果。

表 7 - 3 - 1　就业技能结构普通最小二乘法回归结果

变量	方程（1）		方程（2）		方程（3）	
	（1 - 1）	（1 - 2）	（2 - 1）	（2 - 2）	（3 - 1）	（3 - 2）
C	9. 281 *** (0. 000)	11. 32 *** (0. 000)	8. 827 *** (0. 000)	8. 284 *** (0. 000)	0. 210 (0. 214)	0. 033 (0. 070)
$\log GDP_{it}$	5. 590 *** (0. 000)	3. 129 *** (0. 004)	1. 848 *** (0. 000)	1. 887 *** (0. 000)	0. 516 *** (0. 000)	0. 366 *** (0. 008)
Thr_{it}	− 0. 001 (0. 878)	− 0. 004 (0. 156)	− 0. 002 *** (0. 000)	− 0. 001 * (0. 080)	0. 003 *** (0. 000)	0. 003 *** (0. 000)
Inv_{it}	0. 590 ** (0. 010)	0. 524 ** (0. 018)	− 0. 011 (0. 642)	− 0. 036 (0. 260)	− 0. 014 (0. 614)	− 0. 018 (0. 516)
$\log Pro_{it}$	− 5. 795 *** (0. 000)	− 4. 265 *** (0. 000)	− 1. 858 *** (0. 000)	− 1. 747 *** (0. 000)	− 0. 477 *** (0. 000)	− 0. 384 *** (0. 005)
$\log ODI_{it}$	− 0. 028 (0. 43)	− 1. 128 *** (0. 000)	0. 007 ** (0. 044)	0. 112 *** (0. 007)	− 0. 011 ** (0. 016)	− 0. 077 * (0. 055)
$p \cdot \log ODI_{it}$	——	0. 311 *** (0. 001)		− 0. 030 ** (0. 010)		0. 019 * (0. 095)
R^2	0. 223	0. 222	0. 676	0. 705	0. 116	0. 058
Hausman	53. 26 *** (0. 000)	69. 67 *** (0. 000)	2. 40 (0. 791)	6. 70 (0. 350)	135. 02 *** (0. 000)	41. 52 *** (0. 000)

注：括号内为 P 值；上标 ***，** 和 * 分别表示在 1%、5% 和 10% 水平上显著；回归依据 Hausman 统计量采取固定效应或随机效应。

在三个方程的回归结果中，前一列未包含人均实际 GDP 和对外直接投资对数值的乘积项，后一列则包含了两者的乘积项。从六列回归结果中可以发现，$\log GDP_{it}$ 的系数均显著为正，说明经济规模的扩大能同时增加高技能劳动和低技能劳动的就业，且增加高技能劳动就业的边际效应更大。Thr_{it} 的系数在方程（1）的两个回归结果中不显著，在方程（2）中显著为负，在方程（3）中显著为正，说明第三产业的发展会减少低技能劳动的就业，因此能优化就业技能结构。Inv_{it} 的系数在方程（1）中显著为正，在方程（2）和（3）中不显著，说明投资率的提升仅能增加高技能劳动的就业，且不影响就业技能结构。$\log Pro_{it}$ 的系数在方程（1）和（2）中均显著为负，说明劳动生产率的提升更多地依赖物质资本的积累，均不利于高技能和低技能劳动的就业；在方程（3）中的系数显著为负，反映出劳动生产率的提升更不利于高技能劳动的就业，说明物质资本对高技能劳动的替代性更强。

在方程（1）-（3）回归结果的前列中，$\log ODI_{it}$ 在回归结果（1-1）中不显著，在（2-1）中显著为正，说明在不考虑经济发展水平时，总体而言对外直接投资对高技能劳动就业不会产生显著的影响，但会明显增加低技能劳动的就业，进而不利于就业技能结构的优化，体现在（3-1）中对外直接投资的系数显著为负。三个方程的后列则考虑了经济发展水平差异时，对外直接投资对不同技能劳动就业产生的不同影响，在（1-2）中，对外直接投资的系数显著为负，而人均GDP和对外直接投资乘积项的系数显著为正，说明当经济发展水平较低时，对外直接投资会减少高技能劳动的就业；而经济发展水平较高时，对外直接投资则会增加高技能劳动的就业。（2-2）回归结果中的系数符合和显著性则反映出当经济发展水平较低时，对外直接投资能增加低技能劳动的就业；而当经济发展水平较高时，对外直接投资则会减少低技能劳动的就业。（1-2）和（2-2）回归结果的汇总可以得到（3-2）的结果，即当经济发展水平较低时，对外直接投资会降低就业技能结构；而经济发展水平较高时，对外直接投资则能优化就业技能结构。由此可见，表7-3-1的回归结果恰当地验证了本节第二部分的理论机理分析，表明经济发展水平的差异所产生的对外直接投资动机差异对不同技能类型劳动的就业影响是不同的，进而对就业技能结构的影响也是不同的。

三 动态面板数据回归结果

由于劳动就业在短期内难以调整，因此具有一定的持续性，即高技能劳动和低技能劳动均存在动态滞后性。考虑到这种可能性，本节在方程（1）-（3）中加入被解释变量的滞后一期值作为解释变量，利用动态面板数据回归得到表7-3-2的结果。

表 7 - 3 - 2　动态面板数据回归结果

变量	方程（1）		方程（2）		方程（3）	
	（1 - 1）	（1 - 2）	（2 - 1）	（2 - 2）	（3 - 1）	（3 - 2）
C	4.025 **	5.750 ***	8.387 ***	7.690 ***	0.452 ***	0.613 ***
	(0.046)	(0.009)	(0.000)	(0.000)	(0.000)	(0.000)
L_{-1}	1.031 ***	0.880 ***	0.024	0.097 **	0.205 ***	0.201 ***
	(0.009)	(0.000)	(0.529)	(0.028)	(0.000)	(0.000)
$\log GDP_{it}$	3.773 ***	0.253	1.731 ***	1.895 ***	0.642 ***	0.532 ***
	(0.009)	(0.890)	(0.000)	(0.000)	(0.000)	(0.000)
Thr_{it}	- 0.004	- 0.003	- 0.001 ***	- 0.001 *	0.002 ***	0.001 ***
	(0.196)	(0.438)	(0.001)	(0.000)	(0.000)	(0.000)
Inv_{it}	1.265 ***	1.151 ***	- 0.080 ***	- 0.084 ***	0.076 ***	- 0.073 ***
	(0.000)	(0.000)	(0.000)	(0.000)	(0.000)	(0.000)
$\log Pro_{it}$	- 4.257 **	- 1.630	- 1.693 **	- 1.794 ***	- 0.652 ***	- 0.606 ***
	(0.012)	(0.394)	(0.000)	(0.000)	(0.000)	(0.000)
$\log ODI_{it}$	- 0.0034 *	- 1.386 ***	0.005 ***	0.107 ***	- 0.010 ***	- 0.069 ***
	(0.083)	(0.000)	(0.001)	(0.007)	(0.000)	(0.001)
$p \cdot \log ODI_{it}$	——	0.374 ***	——	- 0.028 **	——	0.017 ***
		(0.000)		(0.000)		(0.005)
A - B(1)	- 3.285 ***	- 3.361 ***	- 1.998 **	- 2.124 **	- 1.892 *	- 1.962 **
	(0.001)	(0.001)	(0.046)	(0.034)	(0.058)	(0.050)
A - B(2)	0.917	1.125	- 1.035	- 0.681	- 0.811	- 0.718
	(0.359)	(0.261)	(0.301)	(0.496)	(0.417)	(0.050)
Sargan	21.690	20.279	24.023	23.254	22.800	19.354
	(0.358)	(0.441)	(0.241)	(0.277)	(0.299)	(0.499)

注：括号内为 P 值；上标 *** ， ** 和 * 分别表示在 1% ， 5% 和 10% 水平上显著。

　　在回归结果中，L_{-1} 为各被解释变量（$\log Skill_{it}$、$\log Uskill_{it}$ 以及 Hum_{it}）的滞后一期项。从回归结果可以发现，各方程中 A - B(1) 均显著，而 A - B(2) 均不显著，说明回归方程的残差不存在二阶序列相关，即原方程不存在序列相关性；Sargan 检验统计量均不显著，说明各方程均不存在过度识别问题，两项变量共同反映出模型的设定是恰当的。回归结果中，高技能劳动就业滞后一期值的系数显著为正，且数值较大，说明高技能劳动的就业具有持续性，符合经济学的基本逻辑；低技能劳动就业的持续性则不显著，而且就业技能结构也具有一定的显著性。回归结果中其他变量的系数及显著性基本与表 7 - 3 - 1 中得出的结论一致，尤其是对外直接投资及其与人均 GDP 对数值乘积项的系数和显著性未发生变化，由此可见，动态面板数据回归进一步验证了第二部分的理论分析，也证明了本节表 7 - 3 - 2 的回归结果是稳健的。

四　分位数回归结果

本节考虑不同经济发展水平背景下，对外直接投资对就业技能结构的影响，其理论机理在于不同经济发展水平下，对外直接投资的动机类型是不同的，但是就业技能结构本身作为人力资本变量在一定程度上也会决定对外直接投资的动机。因此，事实上就业技能结构和经济发展水平两者共同决定对外直接投资的动机，进而对外直接投资对就业技能结构的影响不仅取决于经济发展水平，同时还取决于就业技能结构本身。为了对这种现象进行深入的研究，分位数回归方法是较为恰当的选择。分位数回归估计被解释变量处在不同分位数水平时得到的分位数函数，在本节中，可以分析当就业技能结构处于不同分位数水平时，对外直接投资对其回归系数的差异。表 7 - 3 - 3 列出了方程（3）的分位数回归结果。

表 7 - 3 - 3　就业技能结构分位数回归结果

分位数	0.2	0.4	0.6	0.8	0.9
C	0.097 (0.363)	0.268 ** (0.025)	0.251 ** (0.032)	0.193 (0.241)	0.092 (0.590)
$\log GDP_{it}$	0.065 *** (0.001)	0.098 *** (0.000)	0.103 *** (0.000)	0.083 ** (0.017)	0.056 ** (0.045)
Thr_{it}	0.004 ** (0.014)	0.005 ** (0.006)	0.007 *** (0.000)	0.007 *** (0.000)	0.008 *** (0.000)
Inv_{it}	- 0.003 (0.896)	- 0.041 (0.266)	- 0.052 (0.207)	- 0.048 (0.352)	- 0.046 (0.453)
$\log Pro_{it}$	0.018 (0.364)	- 0.004 (0.818)	- 0.014 (0.323)	- 0.008 (0.606)	- 0.003 (0.888)
$\log ODI_{it}$	- 0.162 *** (0.000)	- 0.252 *** (0.000)	- 0.250 *** (0.000)	- 0.269 *** (0.000)	- 0.245 *** (0.000)

续表

分位数	0.2	0.4	0.6	0.8	0.9
$p \cdot \log ODI_{it}$	0.041*** (0.000)	0.067*** (0.000)	0.068*** (0.000)	0.071*** (0.000)	0.065*** (0.000)
R^2	0.365	0.410	0.514	0.651	0.751
P临界值	3.951	3.761	3.676	3.789	3.769

注：括号内为 P 值；上标 ***，** 和 * 分别表示在 1%，5% 和 10% 水平上显著。

本节关注就业技能结构程度与经济发展水平两者如何共同决定对外直接投资对就业技能结构的影响，由对外直接投资及其与人均实际 GDP 对数值乘积项的回归系数可以得到不同分位数下使对外直接投资能提升就业技能结构的经济发展水平临界值，表 7-3-3 最后一行列出了该临界值。从中可以发现，随着分位数的提高，经济发展水平临界值呈现先减小后增大的趋势。由于就业技能结构本身反映人力资本水平，因此该结论意味着我国企业对外直接投资具有如下特征。

①当就业技能结构较低时，人力资本不足以支撑企业技术引进，因此只有匹配较高的经济发展水平条件下的产业结构才能促使企业进行技术引进型对外直接投资，按照本节第二部分的逻辑，这反映了对外直接投资提升就业技能结构的经济发展水平临界值较高。表 7-3-3 中分位数为 0.2 时的 P 临界值反映了该现象。

②当就业技能结构居中时，此时人力资本能支撑企业技术引进，为了取得更高的竞争力优势，企业具有较强的动机通过对外直接投资引进技术，因此此时促使对外直接投资有利于国内就业技能结构的人均实际 GDP 临界值较低。表 7-3-3 中分位数为 0.4 和 0.6 时的 P 临界值较低反映了该现象。

③当就业技能结构较高时，人力资本水平也较高，在这种情况下，企业具有较高的技术水平，已在国内外竞争中占据较高的竞争力优势，通过对外直接投资获得技术的动机并不强，且可能更倾向于通过贸易替代型对外直接投资开拓市场，因此促使对外直接投资提升就业技能结构的经济发展水平临界值相对较高。表 7-3-3 中分位数为

0.8 和 0.9 时的 P 临界值比分位数为 0.4 和 0.6 时的 P 临界值高正好体现了该现象。

五 因果关系检验

本节第四部分的分位数回归考虑了就业技能结构本身影响对外直接投资动机的可能性，为了对此进行深入的研究，本节构建如下动态面板数据回归方程组检验对外直接投资和就业技能结构之间的因果关系：

$$Hum_{it} = \alpha_0 + \alpha_1 Hum_{it-1} + \alpha_2 Hum_{it-2} + \alpha_3 Hum_{it-3} + \alpha_4 \log ODI_{it-1}$$
$$+ \alpha_5 \log ODI_{it-2} + \alpha_6 \log ODI_{it-3} + \mu_i + \nu_t + \varepsilon_{it}$$

$$\log ODI_{it} = \beta_0 + \beta_1 Hum_{it-1} + \beta_2 Hum_{it-2} + \beta_3 Hum_{it-3} + \beta_4 \log ODI_{it-1}$$
$$+ \beta_5 \log ODI_{it-2} + \beta_6 \log ODI_{it-3} + \phi_i + \varphi_t + \tau_{it}$$

利用动态面板数据回归方法对这两个方程进行回归，可以得到因果关系检验的回归结果。

表 7 - 3 - 4　对外直接投资和就业技能结构因果关系检验结果

变量	就业技能结构	对外直接投资
C	−0.001 (0.904)	0.821 *** (0.006)
Hum_{it-1}	−0.016 (0.508)	3.782 ** (0.016)
Hum_{it-2}	−0.067 *** (0.000)	2.315 ** (0.022)
Hum_{it-3}	0.140 *** (0.000)	4.944 *** (0.000)
$\log ODI_{it-1}$	0.007 *** (0.000)	−0.054 * (0.092)
$\log ODI_{it-2}$	0.012 *** (0.000)	0.322 *** (0.000)
$\log ODI_{it-3}$	0.011 *** (0.000)	0.325 *** (0.000)
A - B AR(1)	−1.726 * (0.084)	−0.778 (0.437)

变量	就业技能结构	对外直接投资
A – B AR(2)	– 0.567 (0.571)	– 0.615 (0.538)
Sargan	21.240 (0.170)	17.713 (0.341)

注: 同表 7 – 3 – 3。

从表 7 – 3 – 4 回归结果中可以发现, 在就业技能结构回归结果中, 对外直接投资滞后一期到滞后三期项的系数均显著为正, 说明对外直接投资是构成就业技能结构的原因; 在对外直接投资回归结果中, 就业技能结构的滞后一期到滞后三期项的系数也均显著为正, 说明就业技能结构也构成对外直接投资的原因。表 7 – 3 – 4 的回归结果反映出对外直接投资和就业技能结构之间存在相互促进的正向因果关系, 也进一步验证了上一部分分位数回归方程设定的恰当性。

第四节　对外直接投资与收入技能结构实证研究

一　问题的提出

就业与收入是息息相关的, 各类技能劳动者根据其收入状况决定劳动供给和就业, 因此探明对外直接投资如何影响收入技能结构有利于进一步明晰其对就业技能影响的传导机制。跨国公司通过对外直接投资将一部分生产阶段转移至国外, 这部分生产阶段所包含的高技能劳动和低技能劳动要素密度将直接影响这两类技能劳动的收入状况。Ethier (2005) 关注对外直接投资和低技能劳动密集型生产阶段的外移, 发现该过程会扩大母国高技能劳动和低技能劳动之间的收入差距。Hijen (2007) 利用英国的制造业数据通过实证法分析, 发现英国对低收入发展中国家的对外直接投资和生产转移确实会扩大高技能劳动和低技能劳动之间的收入差距。Batra 和 Belaoli (2010) 则考虑了发达国家对发展中国家进行的对外直接投资和高技能劳动密集型生产阶段的转移，发现该过程会缩小高技能劳动和低技能劳动之间的收入差距。Chongvilaivan 和 Thangarelu（2010）利用泰国对外直接投资和生产转移数据检验了其对不同技能劳动收入的影响，发现该过程同时增加了泰国高技能和低技能劳动的收入，但是对高技能劳动收入的正向影响效应更大，进而扩大了收入技能结构。

　　由于近年来我国不同技能劳动之间的收入差距也出现持续扩大的趋势，较多的文献关注了对外贸易和外商直接投资对其产生的影响，但是目前尚未有文献专门探讨对外直接投资如何影响收入技能结构。出现这个现象的原因一方面在于我国对外直接投资规模尚小，对劳动收入的直接影响可能尚未形成；另一方面可能是由于国内也尚未出现度量各类技能劳动收入的全面数据，使得实证研究难以展开。本节则认为，尽管当前我国对外直接投资对劳动收入的影响较为微弱，但其规模的快速增长是未来发展的必然趋势，对劳动收入的影响也将产生显著影响，因此对其展开实证研究具有一定的先导参考意义。不同于发达国家，我国企业对外直接投资动机较为复杂，出于不同动机，企业均有可能将高技能密集型生产阶段和低技能劳动密集型生产阶段转移至国外，因此对国内不同技能劳动收入及其结构的影响也是不同的。为了对此进行分析，本节采取与第三节类似的处理方法，研究当经济发展水平存在差异时，对外直接投资对收入技能结构所产生的不同影响。本节的基本观点是，当经济发展水平较低时，对外直接投资主要将低技能劳动密集型生产阶段转移至国外，因此会减少低技能劳动的收入而增加高技能劳动的收入，扩大技能收入差距；当经济发展水平较高时则呈现相反的情景，对外直接投资主要将高技能劳动密集型生产阶段转移至国外，进而减少高技能劳动收入而增加低技能劳动收入，缩小技能收入差距。

二　方程构建与数据分析

　　与第三节类似，为了研究当经济发展水平不同时，对外直接投资如何影响各类技能劳动的收入及其结构，本节构建如下的回归方程：

$$\log WS_{it} = \alpha_0 + \alpha_1 \log GDP_{it} + \alpha_2 Thr_{it} + \alpha_3 Inv_{it} + \alpha_4 \log Pro_{it} \tag{4-1}$$
$$+ \alpha_5 \log ODI_{it} + \alpha_6 p \cdot \log ODI_{it} + u_i + v_t + \varepsilon_{it}$$

$$\log WU_{it} = \beta_0 + \beta_1 \log GDP_{it} + \beta_2 Thr_{it} + \beta_3 Inv_{it} + \beta_4 \log Pro_{it} \tag{4-2}$$
$$+ \beta_5 \log ODI_{it} + \beta_6 p \cdot \log ODI_{it} + \phi_i + \varphi_t + \tau_{it}$$

$$\ln SW_{it} = \gamma_0 + \gamma_1 \log GDP_{it} + \gamma_2 Thr_{it} + \gamma_3 Inv_{it} + \gamma_4 \log Pro_{it}$$
$$+ \gamma_5 \log ODI_{it} + \gamma_6 p \cdot \log ODI_{it} + \eta_i + \zeta_t + \vartheta_{it} \tag{4-3}$$

这里所有解释变量及其数据来源均与第三节一致，被解释变量 $\log WS_{it}$ 为 i 地区 t 年高技能劳动收入水平的对数值；$\log WU_{it}$ 为 i 地区 t 年低技能劳动收入水平的对数值；$\ln SW_{it}$ 为 i 地区 t 年高技能劳动与低技能劳动的收入比值对数值，用以代表收入技能结构。国内目前缺乏各类技能劳动收入的全面数据，使得本节被解释变量的精确度量存在一定的难度。然而在我国，城镇居民受教育程度明显高于农村居民，且有文献表明城镇劳动的人力资本存量要远高于农村劳动的人力资本存量（Li，2009），因此可以断定城镇劳动力的技能水平要高于农村劳动力。从这点以及全面数据的可得性考虑，本节利用城镇居民人均可支配收入衡量高技能劳动收入水平，用农村人均纯收入衡量低技能劳动收入水平。

图 7-4-1 列出了以城镇居民可支配收入度量的高技能劳动收入、以农村居民纯收入度量的低技能劳动收入及其结构与对外直接投资之间的相关关系。从中可以发现，在经济发展水平较高的东部地区，对外直接投资和高技能劳动收入以及低技能劳动收入之间的正相关性的拟合斜率及拟合优度均明显强于中西部地区，但在高技能劳动收入图中这种正向效应的强度更为明显。该结果导致了在收入技能结构相关关系中，东部地区对外直接投资和收入技能结构呈现正相关性，而中西部地区对外直接投资和收入技能结构则呈现负相关性。该结果与本节的理论推断存在一定的偏差，需通过实证研究进一步验证对外直接投资和收入技能结构之间的明确关系。

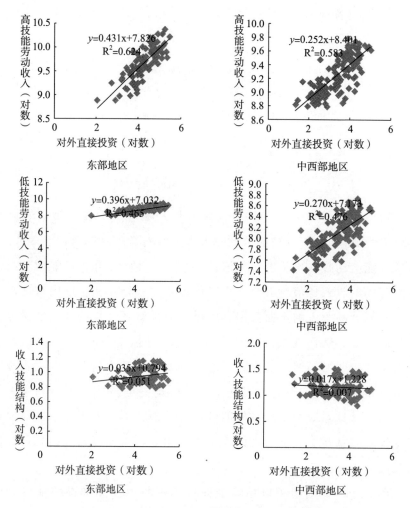

图 7 - 4 - 1　对外直接投资和收入技能结构相关关系

资料来源：历年《中国劳动统计年鉴》和《中国对外直接投资统计公报》。

三　回归结果及分析

利用面板数据最小二乘法对方程（4 - 1）、（4 - 2）和（4 - 3）进行回归，得到表 7 - 4 - 1 的结果。

从回归结果中可以发现，$\log GDP_{it}$ 的系数在所有回归结果中均显著为正，说明经济增长和规模扩大能同时增加高技能和低技能劳动的收入，并且对高技能劳动收入的提升效应更大。Thr_{it} 的系数均不显著，

表 7 - 4 - 1　收入技能结构普通最小二乘法回归结果

项目	方程（4 - 1）		方程（4 - 2）		方程（4 - 3）	
	（1 - 1）	（1 - 2）	（2 - 1）	（2 - 2）	（3 - 1）	（3 - 2）
C	5.015*** (0.000)	4.982*** (0.000)	4.031*** (0.000)	3.863*** (0.000)	4.058*** (0.000)	1.300*** (0.000)
$\log GDP_{it}$	2.329*** (0.000)	2.275*** (0.000)	2.368*** (0.000)	2.091*** (0.000)	0.446** (0.020)	0.167*** (0.004)
Thr_{it}	0.001 (0.974)	-0.004 (0.957)	-0.001 (0.715)	-0.002 (0.426)	0.001 (0.820)	0.002 (0.198)
Inv_{it}	0.353*** (0.000)	0.354*** (0.000)	0.346*** (0.000)	0.351*** (0.000)	0.152 (0.247)	0.045 (0.305)
$\log Pro_{it}$	-0.923*** (0.002)	-0.869*** (0.006)	-0.971*** (0.002)	-0.693** (0.034)	-0.683*** (0.002)	-0.221*** (0.000)
$\log ODI_{it}$	0.032*** (0.002)	0.031*** (0.005)	0.031** (0.004)	0.024** (0.036)	-0.011 (0.605)	0.013* (0.068)
$p \cdot \log ODI_{it}$	——	0.001 (0.641)		0.001** (0.021)		-0.001*** (0.000)
R^2	0.201	0.219	0.139	0.246	0.271	0.230
Hausman	77.78*** (0.000)	71.24*** (0.000)	12.45** (0.029)	48.78*** (0.000)	27.64*** (0.000)	5.43*** (0.490)

注：同表 7 - 3 - 1。

说明产业结构不会对各技能劳动的收入产生影响。Inv_{it} 的系数在高技能和低技能劳动收入方程中均显著为正，但在收入技能结构方程中并不显著，说明投资率的提升能同时增加高技能和低技能劳动的收入，且对两者的正向影响大小一致，因此并不影响收入技能结构。$\log Pro_{it}$ 的系数在各回归结果中均显著为负，说明劳动生产率的提升同时减少了高技能劳动和低技能劳动的收入，并且对高技能劳动的减少效应更大，反映出劳动生产率提升对两类技能劳动的替代性。

　　本节主要关注 $\log ODI_{it}$ 和 $p \cdot \log ODI_{it}$ 的系数符合和显著性，当未添加对外直接投资和人均 GDP 的乘积项 $p \cdot \log ODI_{it}$ 时，$\log ODI_{it}$ 的系数在高技能劳动和低技能劳动收入方程中均显著为正，说明总体而言对外直接投资能同时提高各类技能劳动的收入；但其系数在收入技能结构方程中并不显著，意味着对外直接投资对两类技能劳动收入的正向影响幅度相当。当回归方程添加乘积项 $p \cdot \log ODI_{it}$ 时，在高技能劳动收入方程中，$\log ODI_{it}$ 的系数显著为正，$p \cdot \log ODI_{it}$ 的系数不显著，说明经济发展水平并不影响对外直接投资对高技能劳动收入的正向效应；在低技能劳动收入方程中，$\log ODI_{it}$ 和 $p \cdot \log ODI_{it}$ 的系数均显著为正，说明随着经济发展水平的提高，对外直接投资对低技能劳动收入影响的正向效应将进一步提高；两者的共同作用决定了在收入技能结构方程中 $\log ODI_{it}$ 的系数显著为正，而 $p \cdot \log ODI_{it}$ 显著为负，意味着当经济发展水平较低时，对外直接投资会扩大收入技能结构，当经济发展水平较高时，对外直接投资则会缩小收入技能结构。出现这种现象的原因是，在经济发展水平较低的地区，产业级别较为落后，进行对外直接投资和向国外转移的生产阶段多为低技能劳动密集型，因而会减少低技能劳动的相对收入，扩大收入技能结构；而在经济发展水平较高的地区，产业级别相对较高，进行对外直接投资和向国外转移的生产阶段趋向高技能劳动密集型，因而会减少高技能劳动的相对收入，缩小收入技能结构。

在劳动经济学中，劳动收入由多种因素决定，并且这些因素在短期内也较难调整，因此各技能劳动收入及收入技能结构可能存在一定的滞后性。与第三节类似，为了体现这种滞后性带来的结果，本节在回归方程中添加各被解释变量的滞后一期项作为解释变量，并运用动态面板数据回归方法，得到表 7 - 4 - 2 的结果。

表 7 - 4 - 2　　收入技能结构动态面板数据回归结果

变量	方程（1）		方程（2）		方程（3）	
	（1 - 1）	（1 - 2）	（2 - 1）	（2 - 2）	（3 - 1）	（3 - 2）
C	1.477 ** (0.000)	0.741 *** (0.000)	1.138 *** (0.000)	2.042 *** (0.000)	0.858 *** (0.000)	- 0.255 (0.158)
L_{-1}	0.746 *** (0.000)	0.791 *** (0.000)	0.608 *** (0.000)	0.586 ** (0.028)	0.426 *** (0.000)	0.512 *** (0.000)
$\log GDP_{it}$	0.603 *** (0.009)	0.801 *** (0.000)	1.030 *** (0.000)	0.736 *** (0.000)	0.096 (0.387)	0.615 *** (0.000)

续表

变量	方程（1）		方程（2）		方程（3）	
	（1 - 1）	（1 - 2）	（2 - 1）	（2 - 2）	（3 - 1）	（3 - 2）
Thr_{it}	- 0.006***	- 0.006***	- 0.006***	- 0.006*	0.001***	0.001***
	（0.000）	（0.000）	（0.000）	（0.000）	（0.000）	（0.000）
Inv_{it}	- 0067***	- 0.074***	0.072**	0.089*	- 0.079***	- 0.087***
	（0.003）	（0.001）	（0.039）	（0.023）	（0.000）	（0.000）
$\log Pro_{it}$	- 0.021**	- 0.278**	- 0.399**	- 0.217*	- 0.147***	- 0.449***
	（0.020）	（0.014）	（0.002）	（0.082）	（0.258）	（0.000）
$\log ODI_{it}$	0.016*	0.217***	0.017***	- 0.149***	0.004***	0.271***
	（0.083）	（0.000）	（0.000）	（0.009）	（0.002）	（0.001）
$p \cdot \log ODI_{it}$	——	- 0.056***	——	0.046**	——	- 0.073***
		（0.000）		（0.000）		（0.000）
A - B(1)	- 1.685*	- 1.582	- 1.395*	- 1.015**	- 2.739***	- 2.320**
	（0.092）	（0.114）	（0.070）	（0.026）	（0.006）	（0.020）
A - B(2)	- 1.355	- 1.631	- 1.930	- 1.876	0.967	1.434
	（0.175）	（0.103）	（0.340）	（0.400）	（0.334）	（0.152）
Sargan	22.581	22.432	22.695	23.502	22.982	21.877
	（0.310）	（0.318）	（0.256）	（0.265）	（0.290）	（0.347）

注：同表 7 - 3 - 2。

从回归结果中可以发现，添加了各被解释变量的滞后一期值后，部分解释变量的系数符号和显著性发生了较大的变化，说明高技能和低技能劳动收入存在明显的滞后性。本节仍较为关注 $\log ODI_{it}$ 和 $p \cdot \log ODI_{it}$ 的系数，当未添加对外直接投资和人均 GDP 乘积项 $p \cdot \log ODI_{it}$ 时，$\log ODI_{it}$ 的系数在各回归结果中均显著为正，这跟表 7 - 4 - 1 的结论较为相似。当添加乘积项 $p \cdot \log ODI_{it}$ 后，在高技能劳动收入方程中，$\log ODI_{it}$ 的系数显著为正，$p \cdot \log ODI_{it}$ 的系数显著为负；而在低技能劳动收入方程中，$\log ODI_{it}$ 的系数显著为负，$p \cdot \log ODI_{it}$ 的系数显著为正；在收入技能结构方程中，$\log ODI_{it}$ 显著为正，$p \cdot \log ODI_{it}$ 显著为负，与表 7 - 4 - 1 的结果类似。三列结果共同说明当经济发展水平较低时，对外直接投资将低技能劳动密集型生产阶段转移至国外，进而增加了高技能劳动的收入，减少了低技能劳动的收入，从而扩大收入技能结构；当经济发展水平较高时，对外直接投资将高技能劳动密集型生产阶段转移至国外，减少了高技能劳动的收入，增加了低技能劳动的收入，从而缩小了收入技能结构。

四　因果关系检验

本章第三节最后一部分检验了对外直接投资和就业技能结构之间的因果关系，发现两者存在互相促进的关系，由于收入技能结构是影响就业技能结构的关键因素，因此对外直接投资和收入技能结构之间也可能存在相互作用的因果关系。与第三节类似，本节构建如何用动态面板数据方程对此进行检验：

$$\ln SW_{it} = \alpha_0 + \alpha_1 \ln SW_{it-1} + \alpha_2 \ln SW_{it-2} + \alpha_3 \ln SW_{it-3} + \alpha_4 \log ODI_{it-1}$$
$$+ \alpha_5 \log ODI_{it-2} + \alpha_6 \log ODI_{it-3} + \mu_i + v_t + \varepsilon_{it}$$
$$\log ODI_{it} = \beta_0 + \beta_1 \ln SW_{it-1} + \beta_2 \ln SW_{it-2} + \beta_3 \ln SW_{it-3} + \beta_4 \log ODI_{it-1}$$
$$+ \beta_5 \log ODI_{it-2} + \beta_6 \log ODI_{it-3} + \phi_i + \varphi_t + \tau_{it}$$

利用动态面板数据回归方法对此进行估计，得到表 7 - 4 - 3 的因果关系检验结果。

表 7 - 4 - 3　对外直接投资和收入技能结构因果
关系检验回归结果

变量	收入技能结构	对外直接投资
C	0. 586 *** (0. 000)	- 1. 349 (0. 125)
$\ln SW_{it-1}$	0. 135 *** (0. 000)	6. 557 *** (0. 002)
$\ln SW_{it-2}$	0. 221 *** (0. 000)	- 2. 193 ** (0. 031)
$\ln SW_{it-3}$	0. 210 *** (0. 000)	- 1. 222 * (0. 098)
$\log ODI_{it-1}$	- 0. 011 *** (0. 000)	- 0. 039 (0. 290)
$\log ODI_{it-2}$	- 0. 005 *** (0. 002)	0. 356 *** (0. 000)
$\log ODI_{it-3}$	- 0. 018 *** (0. 000)	0. 285 *** (0. 000)

变量	收入技能结构	对外直接投资
A – B AR(1)	- 1.017 (0.309)	- 1.109 (0.268)
A – B AR(2)	- 0.540 (0.589)	- 0.667 (0.505)
Sargan	22.348 (0.132)	20.296 (0.207)

注：同表 7 - 3 - 2。

从表 7 - 4 - 3 的回归结果中可以发现，在收入技能结构方程中，对外直接投资滞后一期值和滞后三期值的系数均显著为负；在对外直接投资方程中，收入技能结构滞后一期值到滞后三期值的系数也均显著。由此说明收入技能结构和对外直接投资之间存在相互影响的因果关系，尽管这种影响的正反性并不是单一的。这一结果与上一节就业技能结构和对外直接投资的因果关系相匹配在一定程度上能证明收入技能结构是对外直接投资影响就业技能结构的传递机制之一。

第五节　新设企业对外直接投资项目和国内就业技能结构

一　方程设定

本章论述了企业对外直接投资对国内就业技能结构的影响，但着眼点落在对外直接投资规模所产生的影响上。事实上，企业对外直接投资可以区分为新设项目和规模扩大，两者对不同技能类型劳动的需求存在差别，因此对不同技能类型劳动的就业影响也存在不同。为了对此进行研究，本节设立如下类似于第三节的回归方程：

$$\log Skill_{it} = \alpha_0 + \alpha_1 \log GDP_{it} + \alpha_2 Thr_{it} + \alpha_3 Inv_{it} + \alpha_4 \log Pro_{it} \tag{5-1}$$
$$+ \alpha_5 \log NUB_{it} + u_i + v_t + \varepsilon_{it}$$

$$\log Uskill_{it} = \beta_0 + \beta_1 \log GDP_{it} + \beta_2 Thr_{it} + \beta_3 Inv_{it} + \beta_4 \log Pro_{it} \tag{5-2}$$
$$+ \beta_5 \log NUB_{it} + u_i + v_t + \varepsilon_{it}$$

$$Hum_{it} = \gamma_0 + \gamma_1 \log GDP_{it} + \gamma_2 Thr_{it} + \gamma_3 Inv_{it} + \gamma_4 \log Pro_{it}$$
$$+ \gamma_5 \log NUB_{it} + u_i + v_t + \varepsilon_{it} \qquad (5-3)$$

这里 $\log NUB_{it}$ 为 i 地区 t 年在海外新设的企业对外直接投资项目数对数值，数据由商务部发布的《境外投资企业（机构）名录》整理而得。其他变量来源及数据和本章第三节的内容保持一致，为保持一致性，本节的数据样本也和第三节一致。

二　全国样本回归结果及分析

类似于第三节的处理方式，笔者利用动态面板数据方法对三个方程进行回归，得到表 7 - 5 - 1 的结果。

表 7 - 5 - 1　全国样本回归结果

变量	(1)	(2)	(3)
C	- 2. 350 (0. 313)	8. 624 *** (0. 000)	0. 162 ** (0. 019)
L_{-1}	0. 984 *** (0. 000)	0. 029 (0. 616)	0. 213 *** (0. 000)
$\log GDP_{it}$	1. 728 (0. 218)	1. 786 *** (0. 000)	0. 537 *** (0. 000)
Thr_{it}	- 0. 001 (0. 780)	- 0. 001 *** (0. 000)	0. 002 *** (0. 000)
Inv_{it}	0. 963 *** (0. 000)	- 0. 540 *** (0. 000)	0. 046 *** (0. 000)
$\log Pro_{it}$	- 0. 838 (0. 631)	- 0. 181 *** (0. 000)	- 0. 496 *** (0. 000)
$\log NUB_{it}$	- 0. 110 *** (0. 000)	0. 007 *** (0. 000)	- 0. 007 *** (0. 000)
A - B(1)	- 3. 326 *** (0. 000)	- 1. 572 (0. 116)	- 1. 624 (0. 105)
A - B(2)	1. 476 (0. 140)	- 0. 978 (0. 328)	- 0. 657 (0. 512)
Sargan	19. 841 (0. 468)	22. 964 (0. 291)	20. 466 (0. 429)

注：同表 7 - 3 - 2。

　　回归结果（1）、（2）和（3）分别以高技能劳动就业、低技能劳动就业以及就业技能结构为被解释变量，L_{-1}为各被解释变量的滞后一期值。本节回归结果关注新设对外直接投资项目对国内不同技能劳动就业产生的影响，从表中可以发现，回归结果（1）中$\log NUB_{it}$的系数显著为负，回归结果（2）中$\log NUB_{it}$的系数显著为正，自然导致回归结果（3）中$\log NUB_{it}$的系数显著为负。该结果意味着新设企业对外直接投资项目会减少国内高技能劳动的就业，但会增加低技能劳动的就业，从而降低国内就业技能结构。与第三节企业对外直接投资规模因经济发展水平影响不同技能劳动就业相比，本节的研究则表明新设企业对外直接投资将直接影响不同技能劳动就业，主要原因在于对外直接投资新设项目的方式与规模扩大的运作方式及劳动需求存在较大差异。海外新设企业对外直接投资项目将整体项目转移至海外，而项目的新设需要投入更多的高技能劳动进行运作，因此该过程意味着将这部分高技能劳动需求转移至海外，减少了国内高技能劳动的就业。相反，海外新设企业对外直接投资项目对国内低技能劳动就业的影响则与规模扩大产生的影响一致，这是因为新设项目后续必导致对外直接投资规模的增加，因此与第三节的结果一样，本节发现新设企业对外直接项目增加了国内低技能劳动的就业。由于新设企业对外直接投资项目减少了国内高技能劳动就业而增加了低技能劳动就业，因此综合地降低了国内就业技能结构。

三　分区域样本回归结果及分析

　　考虑到我国区域经济发展的不平衡，东部地区和中西部地区经济发展存在较大的差异，因此本节分别利用东部和中西部地区样本对三个方程进行回归，得到表7-5-2和表7-5-3的结果。

表7-5-2　东部地区样本回归结果

变量	(1)	(2)	(3)
C	-20.462 (0.385)	13.259 *** (0.000)	-0.856 * (0.055)

变量	（1）	（2）	（3）
L_{-1}	0.133 （0.741）	−0.203 （0.198）	0.089 （0.405）
$\log GDP_{it}$	−7.231 （0.508）	3.444*** （0.000）	0.128 （0.648）
Thr_{it}	0.040 （0.106）	−0.005*** （0.001）	0.004*** （0.000）
Inv_{it}	5.894 （0.238）	−0.539** （0.043）	0.063 （0.211）
$\log Pro_{it}$	11.076 （0.444）	−3.787*** （0.000）	0.080 （0.817）
$\log NUB_{it}$	−0.096** （0.026）	0.009** （0.025）	−0.015*** （0.000）
A−B(1)	−0.566 （0.572）	−0.960 （0.337）	−1.674* （0.094）
A−B(2)	0.627 （0.531）	0.763 （0.264）	−0.656 （0.512）
Sargan	4.34 （0.99）	4.826 （0.99）	2.683 （0.99）

注：同表7−3−2。

表7−5−3　中西部地区样本回归结果

变量	（1）	（2）	（3）
C	−2.350 （0.313）	8.624*** （0.000）	0.162** （0.019）
L_{-1}	0.984*** （0.000）	0.029 （0.616）	0.213*** （0.000）
$\log GDP_{it}$	1.728 （0.218）	1.786*** （0.000）	0.537*** （0.000）
Thr_{it}	−0.001 （0.780）	−0.001*** （0.000）	0.002*** （0.000）
Inv_{it}	0.963*** （0.000）	−0.054*** （0.000）	0.046*** （0.000）
$\log Pro_{it}$	−0.838 （0.631）	−1.814*** （0.000）	−0.496*** （0.000）
$\log NUB_{it}$	−0.110*** （0.000）	0.007*** （0.000）	−0.007*** （0.000）

变量	(1)	(2)	(3)
A－B(1)	－3.326*** (0.001)	－1.572 (0.116)	－1.624 (0.105)
A－B(2)	1.476 (0.140)	－0.978 (0.328)	－0.657 (0.512)
Sargan	19.841 (0.468)	22.964 (0.291)	20.466 (0.429)

注：同表7－3－2。

从分区域回归结果中可以发现，无论是东部地区还是中西部地区，新设企业对外直接投资项目均会减少国内高技能劳动就业，增加低技能劳动就业，从而降低就业技能结构，和全国样本回归结果保持一致。由此可以见，分区域回归结果一方面说明了新设企业对外直接投资项目对就业技能结构的影响并不取决于地区经济发展水平，另一方面在计量上也验证了本节回归结果的稳健性。

第六节 小 结

本章研究企业对外直接投资对就业技能结构的影响，在分析不同类型对外直接投资产生的影响机理基础上构建实证模型进行检验。实证研究发现，当经济发展水平较低时，对外直接投资会减少高技能劳动的就业，增加低技能劳动的就业，从而降低就业技能结构；相反的是，当经济发展水平较高时，对外直接投资则能促进高技能劳动的就业，减少低技能劳动的就业，提升就业技能结构。进一步地，本章的分位数回归模型也发现，当就业技能结构处于不同阶段时，对外直接投资影响就业技能结构的经济发展水平临界值也存在差异。此外，本章也研究了对外直接投资对收入技能结构的影响，发现其对高技能劳动和低技能劳动收入的影响也因经济发展水平的不同而存在差异。新设企业对外直接投资项目则会减少国内高技能劳动的就业，增加低技能劳动就业，从而降低国内就业技能结构。

　　在实践上，本章的研究也有一定的政策含义。首先，本章的研究表明对外直接投资并不必然会减少总体就业，对不同技能劳动就业的影响取决于特定的经济发展水平，因此各级政府部门在推行对外直接投资政策时，为配套考虑国内就业问题，应先审视自身经济发展水平。其次，本章研究表明对外直接投资优化就业技能结构的前提条件是高经济发展水平，因此各政府部门应同时推行内需和外需发展政策，以期能达到两者共同发展的目的，促进就业技能结构的优化。最后，从本章的分位数回归结果中可推断，在高就业技能结构情况下，企业从事技术引进型对外直接投资的动力不足，因而不利于就业技能结构的进一步优化，因此政府部门应采取各种激励措施，鼓励企业对发达国家进行对外直接投资，以获得更多的先进技术。

第八章　企业对外直接投资与
劳务输出

在国内就业饱和的情况下，对外劳务输出是实现就业增加、缓解国内就业压力的主要途径之一，而对外直接投资将通过与东道国的经济联系而影响劳务输出，本章对此展开理论和实证研究。第一节提出该问题的重要性以及以往文献所做的铺垫贡献；第二节在介绍对外劳务输出各种影响因素的基础上引入企业对外直接投资对其的影响机制。第三节到第五节涉及定量研究，第三节简单介绍我国对外劳务输出的概况并描述其和对外直接投资的相关性；第四节利用时间序列数据展开实证检验，第五节则采用跨国面板数据详细研究企业对外直接投资如何影响对外劳务输出。

第一节　问题的提出

近年来，随着"走出去"战略的大力推行，我国在对外经济合作领域取得了快速的发展，不仅对外直接投资量大幅度提升，对外劳务输出量和劳务合作额也取得了大规模的突破。在这种背景下，人们一方面关注我国对外直接投资的经济效益，另一方面也关注推动对外劳务输出的因素。一般而言，对外劳务输出被认为在缓解国内就业压力、学习国外技术以及增加外汇收入等多个方面有利于国内经济发展和结构优化，因此我国政府较为重视对外劳务输出的发展，进而对何种因素有利于推动劳务输出的探索也具备较大的政策参考价值。基于此，本章利用跨国面板数据研究对外直接投资对我国的对外劳务输出以及劳务合作是否存在促进作用，既能在一定程度上明确对外直接投资在劳动就业领域的经济效益，又能从对外经济合作本身发现有利于对外劳务输出的因素。

国内针对我国劳务输出的研究文献主要集中在讨论劳务输出的发展对策以及其与对外贸易的关系上。在第一类文献中，刘权和罗俊（2003）以及尹豪（2009）均在强调对外劳务输出重要性的基础上提出了我国对外劳务输出的发展对策；杨云母（2006）则详细论述了我国各种有利及不利于对外劳务输出发展的因素，并认为对外直接投资是其中有利因素之一。在第二类文献中，李礼（2004）以及李礼和郝臣（2005）分别采用不同的时间序列计量方法研究发现我国的对外贸易有利于对外劳务输出和劳务合作的发展；胡昭玲和曾敏（2008）则利用跨国数据进行实证研究发现我国对外劳务输出有利于进出口贸易的发展。从文献上看，目前我国在对外劳务输出领域的实证研究不多，且仍缺乏考察对外直接投资对劳务输出及劳务合作影响的研究文献。

在对外直接投资领域，我国当前的研究主要关注其对国内经济发展、就业以及经济结构等经济效益的影响。魏巧琴和杨大楷（2003）通过实证研究发现我国对外直接投资和经济增长之间的关系不明显；肖黎明（2009）则利用协整方法发现总体上对外直接投资能促进我国的经济增长，但是这种效应目前并不明显。在产业结构方面，王英（2009）利用时间序列样本发现对外直接投资能通过技术进步等途径优化我国的产业结构；赵伟和江东（2010）则在详细梳理影响机理的基础上利用典型省份面板数据进行实证研究发现对外直接投资与我国的产业结构升级存在正相关性。在就业方面，刘辉群和王洋（2011）的研究进行了较为详细的探讨，发现不同类型主体企业的对外直接投资对就业产生的影响是不同的。从该领域的文献进展中可以发现，尽管当前探讨对外直接投资对国内经济影响的研究较为丰富，但仍缺乏分析对劳务输出和劳务合作影响的研究文献。

国外有部分文献与本章的研究较为相近，考察对外直接投资对劳务输出的影响。Buch et al.（2003）利用德国各州层面数据分析对外直接投资与劳务输出的关系，发现两者间有着共同的决定因素，并且对外直接投资对劳务输出有显著的促进作用。Akkogunlu（2010）利用宏观时间序列数据协整方法研究了土耳其对德国的劳务输出，发现尽管两国间的收入差距是决定土耳其劳务输出的主要因素，但是无论是在短期还是长期内，对外直接投资对土耳其的劳务输出均有一定的促进作用。Federici 和 Giannetti（2010）利用动态时间序列模型研究对外直接投资与劳务输出之间的替代关系与互补关系，在考虑对外直接投资技术溢出的前提下发现两者间存在相互促进的互补关系。尽管文献数量不多，但国外的研究一方面能为针对我国的实证研究提供框架参考，另一方面也能为本章研究结论的正确性提供基本的判断。

加入 WTO 以来，我国与多数国家之间存在对外经济合作关系为本章的研究提供了充足的数据样本支撑，保障了实证研究的顺利展开。本章在梳理理论影响机理的基础上利用 2003～2010 年我国与 55 个国家间对外经济合作的跨国面板数据研究我国对外直接投资是否能够促进劳务输出与劳务合作的发展，并按国家收入水平分类研究我国针对不同国家的对外直接投资对劳务输出产生的不同影响。在控制了其他影响因素后，本章的实证研究表明，总体上我国的对外直接投资明显有利于对外劳务输出和劳务合作，并且这种正向效应在针对发达国家的对外直接投资中高于落后国家。从研究结果看，本章的结论不但从对外经济合作角度探明了对外直接投资的效益来源，而且也发现了影响对外劳务输出的重要决定因素，既能为后续更深入细致的研究提供基本线索，也能为政府对外经济合作领域政策的制定提供理论参考，两者构成了本章研究的理论与现实意义。

第二节　对外直接投资对劳务输出的影响机理

一　对外劳务输出影响因素

学术界对影响劳务输出因素分析的文献较多，总体而言可以分为母国推力和东道国拉力两种因素，前者指的是母国国内的不利因素促使劳动者到国外寻求劳动机会，后者是指东道国的有利因素吸引劳动者前来工作。在诸多的文献中，Jennissen（2007）较为全面地归纳了影响劳务输出的因素，从经济、社会、政策以及国际关系四个方面阐述了不同理论对劳务输出影响因素及相互关系的分析。

1. 经济因素

新古典经济学从宏观层面认为劳动者根据预期收入的差异决定在哪个国家进行就业，国内外的工资差距以及劳动力移动成本是影响劳动者对外劳务输出决策的主要经济因素。Massey et al.（1993）则从微观个人理性角度考察劳动者的对外劳务输出决策，他们将对外劳务输出处理成人力资本投资的模式，人们根据劳务输出的成本收益进行选择，当对外劳务输出投资的预期收益大于成本时，人们将采取劳务输出行为。在发展中国家，对外劳务输出也可能取决于二元经济结构，发展中国家大部分居民的收入来自家庭农业收入，而农业收入存在较大的季节性和不确定性，为了获得稳定的收入，在国内就业机会较少的情况下，家庭的部分成员可能选择对外劳务输出行为。

2. 社会因素

影响对外劳务输出的社会因素包含文化、社会结构以及人口分布等，这些因素也构成了经济学概念中的社会资本。在文化因素中，劳务输出国和接收国的宗教及生活方式将产生很大的影响，当输出国和接收国之间存在类似的宗教信仰和生活方式时，容易形成移民网络，这既便于劳务信息的传递，也能有效降低劳务输出的成本。输出国和接收国的社会结构通过社会阶层分布和社会凝聚力影响劳务输出，在社会阶层明显、收入差距较大的国家，低收入者更倾向于对外输出劳动；而社会平等性较强的国家则较易吸引其他国家的劳动力。人口分布则通过劳动供给和需求影响劳务输出，在劳动人口过剩的国家，劳动就业困难，劳动者输出劳务的倾向较大；而在壮年劳动人口不足的国家，劳动需求旺盛，劳动收入较高，能吸引更多的他国劳动者。

3. 政策因素

接收国对外来劳务的限制政策显然会影响输出国对其的劳务输

出，更严的劳务管制政策明显增加了输出国劳动者对外劳务输出的成本，降低了劳动者的预期收益，进而阻碍对其的劳务输出。即便是潜在劳务接收国的政策也将影响输出国的劳务输出，如果潜在劳务接收国加强对劳务流入的关注将使更多的劳务转向其他的潜在接收国，这将增加其他接收国对外来劳务的管理难度，进而也将促使其加强对外来劳务的限制，在国际层面上阻碍了输出国的劳务输出总量。此外，输出国也可以通过政策措施影响本国的劳务输出，其政府可以通过国际援助政策、促进针对接收国的国际贸易和国际投资政策等措施，带动对接收国的劳务输出。

4. 国际关系因素

劳务输出国和接收国在国际社会中的政治地位将明显影响劳务输出，当劳务输出国具有较高的政治地位时，其对外劳务输出往往不会受到限制；而当接收国具有较高的政治地位时，其对外来劳务的接收政策将难以受国际社会的约束。两国间的政治经济关系也是决定两者间劳务流动的关键因素，同处一个经济合作组织的国家之间的劳务流动限制较小，而国际关系较为紧张的国家之间由于政治稳定性欠佳而往往鲜有劳务交流发生。两国之间的文化关系也是重要影响因素，文化交流密集的国家存在较多的学生交流，而学生交流则将转变成潜在的劳务交流，较多的留学生将会选择在国外就业。

图 8 - 2 - 1 简要地归纳了 Jennissen（2007）强调的各类对外劳务输出影响因素。

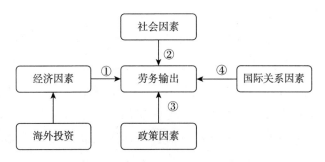

图 8 - 2 - 1　劳务输出的影响因素

二 对外直接投资影响劳务输出传导机理

经济学研究关注的是过程①带来的影响，过程②、③、④则涉及其他非经济因素对劳务输出的影响。在新古典经济学的范式中，对外劳务输出是劳动者个人利益最大化的理性选择结果，劳动者依据预期收入的差异选择在不同国家就业。依照本章的分析目的，由于我国对外直接投资的规模有限，尚未达到改变各国社会、政策以及国际关系的程度，因此本节仅从经济因素考察对外直接投资对劳务输出产生的影响。对外直接投资对劳动力市场最直接的影响便是对外直接投资企业增加对劳动力的需求，这种需求的满足可以通过两种途径实现，一种是雇佣东道国劳动者，并不影响母国的劳务输出；另一种是从母国引进劳动力，进而增加母国的劳务输出。

我国对不同收入水平的国家均存在对外直接投资，东道国类型存在较大差异，这种差异可能导致我国对外直接投资对劳务输出产生不同的影响，本节主要将东道国按收入水平分三类进行分析。

第一类，东道国是发达国家。在这种情况下，尽管发达国家的工人技能较高，但工人的工资水平也远高于我国，我国对外直接投资企业如果在东道国雇佣技能要求不高的普通工人将面临较高的成本。此时只要母国工人海外就业的补偿不太高，从国内雇佣工人带到东道国就业对企业而言将更划算。因此在东道国是发达国家时，我国对外直接投资可能会增加劳务输出。

第二类，东道国是收入水平远低于我国的贫困国。大部分撒哈拉以南非洲国家和部分南亚国家属于这种类型，且我国对这些国家也有一定规模的投资。在这些国家，尽管工人工资水平较低，但同时低收入也导致工人的人力资本水平较低。当我国对这类国家进行投资时，低技能劳动的需求可以直接在东道国雇佣，但是由于东道国缺乏技能工人，对技能工人的需求往往只能通过在母国雇佣满足。因此，在这种情况下，我国对外直接投资也可能会增加劳务输出。

第三类，东道国是收入水平类似于我国的发展中国家。这类国家

的收入水平、工人工资以及人力资本等经济变量均与我国类似，当我
国对这些国家进行对外直接投资时，劳动力通过东道国或本国雇佣并
无差异。但是只有在获得较高补偿工资的前提下，本国工人才愿意随
对外直接投资企业到国外就业，因此为了节约劳动成本，企业更倾向
于在东道国雇佣劳动。由此可见在这类国家，我国的对外直接投资并
不会影响对外劳务输出。

　　图 8 - 2 - 2 归纳了对外直接投资对劳务输出的影响机理，本章的
实证研究将对此机理进行经验验证。

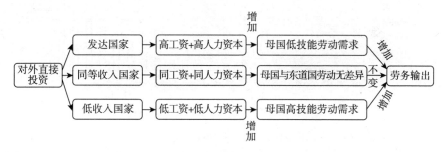

图 8 - 2 - 2　对外直接投资对劳务输出的影响机理

第三节　我国对外直接投资与劳务输出
发展概况

一　总量规模概况

　　自改革开放以来，我国便开始发展对外经济劳务合作，但直到
2001 年加入 WTO 以后，对外经济劳务合作才开始以较快的速度发展，
对外直接投资额以及劳务输出与劳务合作额均大幅度提升。在对外直
接投资方面，据商务部《2010 年中国对外直接投资统计公报》分析，
我国 2010 年对外直接投资流量达 688.1 亿美元，列全球第五位；2010
年末在海外共有 1.6 万家企业，对外直接投资存量达 3172.1 亿美元，
列全球第 17 位。在劳务合作方面，2010 年我国共签订对外劳务合作
合同 23.68 万项，涉及合同额达 87.25 亿美元，推动当年我国实现劳

务输出 47.01 万人，劳务合作营业额 88.80 亿美元，与入世前相比均取得了快速的进步。图 8 - 3 - 1 绘制了我国对外劳务合作项目数发展趋势，从图中可以发现项目数的增长趋势非常明显；表 8 - 3 - 1 则直观地列出了 2003 年以来我国对外直接投资和对外经济劳务合作的相关数据，从数据中可以发现 2003 ~ 2010 年对外直接投资流量增长了23 倍，对外直接投资存量增长了 8.5 倍；劳务合作营业额增加了 1.7倍，劳务输出则增加了 4 万多人次。

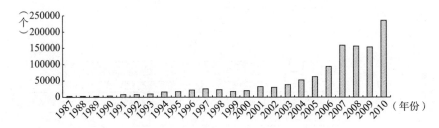

图 8 - 3 - 1　我国对外劳务合作项目数

资料来源：历年《中国贸易外经统计年鉴》。

表 8 - 3 - 1　我国对外直接投资与劳务输出规模

单位：亿美元，万人

年份 \ 变量	对外直接投资流量	对外直接投资存量	对外劳务输出	劳务合作营业额
2003	28.55	332.22	42.97	33.09
2004	54.98	447.77	41.94	37.53
2005	122.61	572.06	41.87	47.86
2006	176.34	750.26	47.52	53.73
2007	265.06	1179.10	50.51	67.67
2008	559.07	1839.71	46.71	80.57
2009	565.29	2457.55	45.03	89.11
2010	688.11	3172.11	47.01	88.80

资料来源：历年《中国贸易外经统计年鉴》和《中国对外直接投资统计公报》。

为了形象地判断对外直接投资存量与对外劳务输出及劳务合作间的关系，为下文的实证研究提供基本线索，本节图 8 - 3 - 2 和图 8 - 3 - 3 分别描绘了散点关系图，并用线性关系进行了拟合。图

8-3-2显示对外直接投资和劳务输出间存在正相关性，拟合度为 17.5%；图8-3-3则显示对外直接投资与劳务合作额之间也存在正相关关系，且拟合度高达88.5%。

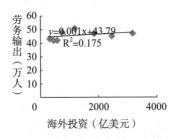

图8-3-2　对外直接投资与劳务输出关系

资料来源：历年《中国贸易外经统计年鉴》和《中国对外直接投资统计公报》。

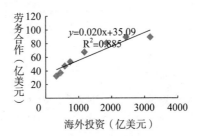

图8-3-3　对外直接投资与劳务合作关系

资料来源：历年《中国贸易外经统计年鉴》和《中国对外直接投资统计公报》。

二　地区分布概况

我国区域经济发展不平衡导致区域开放程度也存在较大的差异，这使得各地区在对外直接投资和对外劳务合作方面也存在较大的区别。表8-3-2列出了我国大部分地区2003年和2010年的对外直接投资数据和对外劳务合作数据对比，从表中可以发现，东部地区的对外直接投资规模基本上大于中西部地区，同时在劳务合作营业额方面也是东部地区大于中西部地区，劳务输出方面除几个内陆劳动力大省外，也是东部地区数量居多，由此可以反映出对外直接投资和对外劳务合作之间可能存在一定程度的正相关关系。

表 8 - 3 - 2　我国分地区对外直接投资和劳务合作概况

单位：万美元，人

地区	对外直接投资		对外劳务输出		对外劳务合作营业额	
	2003 年	2010 年	2003 年	2010 年	2003 年	2010 年
北京	30054	76614	827	5354	17592	37282
天津	544	34132	10544	6772	11161	3702
河北	110	53237	13066	4533	2144	2823
山西	4562	7926	936	1204	649	229
内蒙古	220	8042	2218	4344	1228	98
辽宁	847	193566	41585	34074	19488	21651
吉林	163	21340	32098	57066	13243	30857
黑龙江	744	23780	6903	9733	7466	1959
上海	5224	158468	28733	17417	22628	64547
江苏	2490	137119	65576	60051	53984	76976
浙江	3665	267915	18554	7776	21400	16019
安徽	200	81365	5729	8509	3624	12119
福建	6162	53495	52347	23873	30593	23209
江西	320	9470	7750	7148	4743	6331
山东	8883	189001	43097	75737	37469	78648
河南	607	11864	10040	39707	3242	25403
湖北	176	8061	3136	7510	1779	6399
湖南	255	27477	7023	16381	2689	8524
广东	9555	159977	21738	33901	12926	58428
广西	208	18682	386	432	12	163
四川	147	69097	11167	10734	4227	2838
云南	251	51339	371	2629	118	538
陕西	21	26055	2141	4594	864	2741
甘肃	83	10176	292	87	232	45

注：部分省份因数据缺乏而未列入表中。

资料来源：历年《中国贸易外经统计年鉴》和《中国对外直接投资统计公报》。

　　在对外直接投资和劳务合作国别方面，我国对外经济劳务合作国分布非常广泛，截至 2010 年，我国对 178 个国家（地区）有对外直接投资，与 180 多个国家（地区）存在劳务合作关系。尽管如此，我国对外经济劳务合作的地区集中度却比较高，2010年我国对亚洲国家的对外直接投资存量达2281.46亿美元，占对外直接投资存量总额的71.9%，其他地区总共占比28.1%；2010年末在亚洲国家的境外劳务合作人员达39.77万人，占总劳务输出人数的84.6%，其他地区累计占比15.4%；与亚洲国家的劳务合作额达33.05亿美元，占比达82.9%。表8-3-3详细列出了我国对外经济劳务合作在六大洲的分布情况，从中可以发现，除亚洲外，拉丁美洲是我国对外直接投资的主要流向地区；在对外劳务输出和劳务合作方面，非洲和欧洲国家则是我国除亚洲外的主要合作地区。这一直观结果在一定程度上可以映衬本章第二节的逻辑推断，由于拉丁美洲大多数国家与我国的经济发展水平较为类似，因此对外直接投资对劳务输出并无影响；欧洲国家基本上属于高收入国家，非洲大多数国家则属于经济水平落后于我国的低收入国，我国对外直接投资对这两类国家的劳务输出存在促进作用。

表8-3-3　我国对外直接投资与劳务输出地区分布

	区域	亚洲	非洲	欧洲	拉丁美洲	北美洲	大洋洲
2003年	对外直接投资	266.03 (80.1)	4.91 (1.5)	4.87 (1.5)	46.19 (13.8)	5.49 (1.7)	4.72 (1.4)
	劳务输出	33.97 (79.1)	3.14 (7.3)	2.59 (6.1)	0.96 (2.3)	1.63 (3.8)	0.60 (1.4)
	劳务合作	20.81 (74.5)	2.23 (8.0)	2.50 (9.0)	0.61 (2.2)	1.45 (5.2)	0.30 (1.1)
2007年	对外直接投资	792.18 (67.2)	44.62 (3.8)	44.59 (3.8)	247.01 (21.0)	32.41 (2.7)	18.30 (1.5)
	劳务输出	42.84 (84.9)	2.56 (5.1)	3.26 (6.5)	0.70 (1.4)	0.67 (1.3)	0.36 (0.8)
	劳务合作	31.68 (79.4)	2.17 (5.4)	4.71 (11.8)	0.36 (0.9)	0.83 (2.1)	0.15 (0.4)
2010年	对外直接投资	2281.46 (71.9)	130.42 (4.1)	157.10 (5.0)	438.76 (13.8)	78.29 (2.5)	86.07 (2.7)
	劳务输出	39.77 (84.6)	3.44 (7.3)	2.65 (5.6)	0.44 (1.0)	0.37 (0.8)	0.32 (0.7)

续表

区域		亚洲	非洲	欧洲	拉丁美洲	北美洲	大洋洲
2010 年	劳务合作	33.05 (82.9)	4.19 (10.5)	1.82 (4.6)	0.35 (0.9)	0.33 (0.8)	0.11 (0.3)

注：表中数值为绝对额，括号内为占比（％）；对外直接投资为存量，单位亿美元；劳务输出为年末境外劳务合作人员，单位万人；劳务合作为完成营业额，单位亿美元。亚洲劳务合作占比包含了在中国境内完成的劳务合作额。

资料来源：历年《中国贸易外经统计年鉴》和《中国对外直接投资统计公报》。

第四节　时间序列 VAR 模型实证检验

一　方程设定与数据说明

本节利用时间序列 VAR 模型检验对外直接投资对劳务输出及劳务合作的影响，建立如下的 VAR 模型方程组：

$$\begin{cases} \log XL_t = c_{10} + \alpha_{11}\log XL_{t-1} + \cdots + \alpha_{1p}\log XL_{t-p} + \beta_{11}\log ODI_{t-1} + \cdots + \beta_{1p}\log ODI_{t-p} + \mu_{1t} \\ \log ODI_t = c_{20} + \alpha_{21}\log XL_{t-1} + \cdots + \alpha_{2p}\log XL_{t-p} + \beta_{21}\log ODI_{t-1} + \cdots + \beta_{2p}\log ODI_{t-p} + \mu_{2t} \end{cases}$$

$$\begin{cases} \log CL_t = k_{10} + \gamma_{11}\log CL_{t-1} + \cdots + \gamma_{1q}\log CL_{t-q} + \lambda_{11}\log ODI_{t-1} + \cdots + \lambda_{1p}\log ODI_{t-q} + \nu_{1t} \\ \log ODI_t = k_{20} + \gamma_{21}\log CL_{t-1} + \cdots + \gamma_{2q}\log XL_{t-q} + \lambda_{21}\log ODI_{t-1} + \cdots + \lambda_{2q}\log ODI_{t-q} + \nu_{2t} \end{cases}$$

这里 $\log XL_t$ 为 t 年对外劳务输出（人）对数值，$\log CL_t$ 为 t 年对外劳务合作额（万美元）对数值，两者数据来源于历年《中国外经贸统计年鉴》；$\log ODI_t$ 为 t 年对外直接投资额（万美元）对数值，数据来源于商务部和统计局发布的《中国对外直接投资统计公报》。三个变量的样本年限均为 1991～2010 年。p 和 q 分别为两个 VAR 方程组的滞后期数，在 VAR 模型中，滞后期的选择是较为重要的问题，较大的滞后期能提供较为完整的信息，但同时阶数过大也会减少模型的自由度，因此滞后期的选择存在折中选择。一般而言，VAR 模型滞后期的选择存在似然比检验和 AIC 信息准则以及 SC 准则等多个标准，本节使用 AIC 准则确定两个 VAR 模型的滞后期均为 1 期，即 $p = q = 1$。

二　单位根和协整关系检验

为了避免对非平稳时间序列数据进行谬误回归，也为了保证 VAR

模型的 Johansen 协整检验可以操作，本节先对两个 VAR 模型中的三个变量序列进行单位根检验，得到表 8 - 4 - 1 的结果。

表 8 - 4 - 1 各序列单位根检验结果

序列	检验形式	ADF 统计量	结论
$\log ODI_t$	(C,0,4)	0.281 (0.970)	非平稳
$\Delta \log ODI_t$	(C,0,4)	- 5.655 *** (0.000)	平稳
$\log XL_t$	(C,0,4)	3.150 (0.998)	非平稳
$\Delta \log XL_t$	(C,0,4)	- 3.279 ** (0.029)	平稳
$\log CL_t$	(C,0,4)	- 2.120 (0.499)	非平稳
$\Delta \log CL_t$	(C,0,4)	- 2.072 ** (0.040)	平稳

注：Δ 表示一阶差分，检验形式（C，T，K）依次表示单位根检验的截距项、是否有时间趋势、滞后项。括号内为 P 值，上标 *，**，*** 分别代表在 10%，5% 和 1% 水平上显著。

从表 8 - 4 - 1 的检验结果可以发现 $\log ODI_t$、$\log XL_t$ 和 $\log CL_t$ 三个序列均不平稳，但它们的一阶差分序列均平稳，说明三个序列均为一阶单整时间序列。由于三个序列属于同阶序列，为 $\log ODI_t$ 和 $\log XL_t$ 之间以及 $\log ODI_t$ 和 $\log CL_t$ 之间存在协整关系的可能性提供保证。因此本节使用 Johasen 检验对两个 VAR 模型的协整关系进行检验，得出表 8 - 4 - 2 的结果。

表 8 - 4 - 2 Johasen 协整关系检验结果

变量	原假设	特征根	迹统计量	λ - max 统计量
对外直接投资和 劳务输出 VAR	0 个协整关系	0.556	14.668 * (0.066)	14.596 ** (0.044)
	至多一个协整关系	0.004	0.072 (0.789)	0.072 (0.789)
对外直接投资和 劳务合作 VAR	0 个协整关系	0.563	15.123 * (0.057)	14.913 ** (0.039)

变量	原假设	特征根	迹统计量	$\lambda - max$ 统计量
对外直接投资和 劳务合作 VAR	至多一个协整关系	0.012	0.211 (0.646)	0.211 (0.646)

注：括号内为 P 值，上标 *，** 分别代表在 10%，5% 水平上显著。

从表 8-4-2 的协整检验结果可以发现两个 VAR 方程中，无论是迹统计量还是 $\lambda - max$ 统计量均在 5% 水平上拒绝存在 0 个协整关系的原假设，但拒绝不了至多存在一个协整关系的假设。由此可以说明两个 VAR 方程均存在且仅存在一个协整关系，证明对外直接投资和对外劳务输出以及对外直接投资和对外劳务合作之间均存在长期的稳定关系。

三　脉冲响应分析

为了更为形象地分析说明对外直接投资和对外劳务输出及对外劳务合作之间的长期互动关系，本节描绘出了两个 VAR 方程的脉冲响应图。

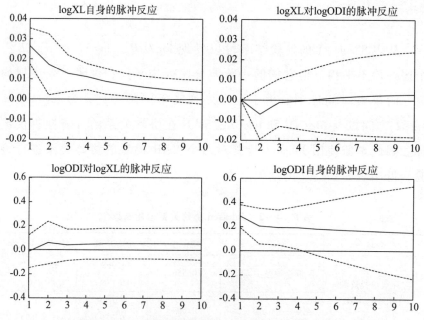

图 8-4-1　对外直接投资和对外劳务输出脉冲响应

注：横坐标表示冲击年份，纵坐标表示因变量对自变量的响应程度，实线为脉冲响应函数的模拟值，两条虚线分别为脉冲响应函数值正负两倍标准差值。

从图 8 - 4 - 1 中可以发现，首先在左上图中可以反映出对外劳务输出存在自我持续的动态自相关性，对外劳务输出对后续的劳务继续输出存在正向传导性，但这种正向关系随时间逐渐减弱。右上图则反映出对外直接投资在短期内会减少对外劳务输出，但在长期内促进效应开始出现，并随时间加强。左下图则反映出对外劳务输出也能促进对外直接投资，这种促进作用在 2 期以后比较平稳。右下图反映出对外直接投资自身也存在自我促进的持续性，并随时间逐年强度递减。

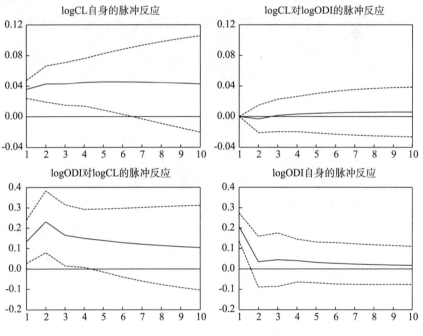

图 8 - 4 - 2 对外直接投资和对外劳务合作脉冲响应

注：同图 8 - 4 - 1。

与图 8 - 4 - 1 类似，图 8 - 4 - 2 反映出对外直接投资和对外劳务合作额之间的长期动态关系。从中可以发现，对外劳务合作和对外直接投资均存在自我促进的持续性；对外直接投资也是在短期内减少对外劳务合作，但长期内促进效应逐年增强；对外劳务合作则能有效地促进对外直接投资，这种促进效应随时间呈现先增强后减弱的趋势。

第五节　跨国面板数据实证研究

一　模型设定与数据来源

除了我国的对外直接投资外，劳务输出还受东道国的经济和政治因素影响，本节从经济发展水平、贸易开放以及通货膨胀三个角度考虑经济因素，从公民政治权利角度考虑政治影响。由于企业和劳动者基于东道国前一年的经济和政治因素做劳务输出的决策，因此本节的实证模型设定为以下方程：

$$\log XL_{it} = \alpha_0 + \alpha_1 \log PY_{it-1} + \alpha_2 TR_{it-1} + \alpha_3 IN_{it-1} + \alpha_4 PL_{it-1}$$
$$+ \alpha_5 \log OI_{it} + u_i + v_t + \varepsilon_{it} \tag{1}$$

$$\log CL_{it} = \beta_0 + \beta_1 \log PY_{it-1} + \beta_2 TR_{it-1} + \beta_3 IN_{it-1} + \beta_4 PL_{it-1}$$
$$+ \beta_5 \log OI_{it} + \eta_i + \lambda_t + \tau_{it} \tag{2}$$

在方程中 XL_{it} 为我国对 i 国的劳务输出，用 t 年年末在 i 国从事劳务合作人数（人）度量；CL_{it} 为我国对 i 国间的劳务合作，用 t 年对外劳务合作营业额（亿美元）度量；PY_{it} 为 i 国的人均 GDP，用以衡量经济发展水平，为排除物价因素，本节用以 2000 年美元价格处理的实际人均 GDP 进行度量；TR_{it} 为 i 国的贸易开放度，用进出口贸易总额占 GDP 的比重度量，用以反映 i 国对外经济开放程度对吸引我国劳务输出的影响；IN_{it} 为 i 国的通货膨胀率，用居民消费价格指数表示，衡量宏观经济稳定对吸引劳务输出的影响；PL_{it} 为 i 国的公民政治权利指标，用 Gastil（1991）构造的指标进行度量，该指标用数值 1 ~ 7 衡量各国的公民政治权利，越高的数值意味着公民享有更高的政治权利，也意味着更为稳定的政治环境；OI_{it} 为我国对 i 国的对外直接投资，考虑到产生总劳动需求的是资本存量，因此该指标用 t 年我国对 i 国的对外直接投资存量进行度量。u_i 和 η_i 为地区变量，v_t 和 λ_t 为时间变量，ε_{it} 和 τ_{it} 代表回归残差。

在本节的模型中，对外劳务输出和劳务合作的数据来源于历年《中国贸易外经统计年鉴》，对外直接投资数据来源于商务部《中国对外直接投资统计公报》。各国人均 GDP、贸易开放和通货膨胀数据来源于世界银行发布的《世界发展指标》（*World Development Indicators*）；各国 Gastil 公民政治权利指标来自自由之家（Freedom House）发布的《2011 年世界自由度》（*Freedom in World 2011*）。本节的样本数据包括 2003 ~ 2010 年 55 个国家的跨国面板数据，表 8 - 5 - 1 归纳了本节样本内的国家。

表 8 - 5 - 1　本节样本国

区域	样本国
亚洲	孟加拉国、柬埔寨、印度、印度尼西亚、日本、哈萨克斯坦、吉尔吉斯斯坦、韩国、老挝、马来西亚、蒙古、巴基斯坦、菲律宾、沙特阿拉伯、新加坡、泰国、土耳其、越南
非洲	阿尔及利亚、安哥拉、博茨瓦纳、喀麦隆、刚果（金）、科特迪瓦、埃及、埃塞俄比亚、加纳、肯尼亚、马达加斯加、毛里塔尼亚、毛里求斯、摩洛哥、尼日利亚、南非、乌干达、赞比亚
欧洲	丹麦、法国、德国、意大利、荷兰、罗马尼亚、俄罗斯、乌克兰、英国
美洲	阿根廷、巴西、厄瓜多尔、墨西哥、秘鲁、委内瑞拉、加拿大、美国
大洋洲	澳大利亚、新西兰

二　全样本实证研究结果

利用 55 个国家的样本数据对方程（1）和（2）进行回归，得到表 8 - 5 - 2 的研究结果。

表 8 - 5 - 2　全样本回归结果

解释变量	劳务输出			劳务合作		
	（1）	（2）	（3）	（4）	（5）	（6）
C	2.423 ** (0.025)	0.108 (0.947)	- 0.193 (0.901)	1.061 (0.344)	- 1.513 (0.368)	- 1.689 (0.311)
$\log PY_{it-1}$	0.605 * (0.058)	1.082 *** (0.007)	1.141 *** (0.003)	0.853 *** (0.009)	1.389 *** (0.001)	1.432 *** (0.001)

续表

解释变量	劳务输出			劳务合作		
	（1）	（2）	（3）	（4）	（5）	（6）
TR_{it-1}	0.844 ***	0.641 *	0.385	0.682 **	0.431	0.212
	(0.008)	(0.056)	(0.249)	(0.046)	(0.234)	(0.566)
IN_{it-1}	-0.071	0.024	-0.070	-0.103	0.007	-0.079
	(0.744)	(0.914)	(0.744)	(0.656)	(0.975)	(0.737)
PL_{it-1}	——	0.261 *	0.219	——	0.293 **	0.260 *
		(0.063)	(0.108)		(0.044)	(0.073)
$\log OI_{it}$	0.104 **	0.094 **	0.088 **	0.129 **	0.118 **	0.109 **
	(0.017)	(0.032)	(0.044)	(0.011)	(0.021)	(0.032)
ASIA	——	——	1.676 ***	——	——	1.302 **
			(0.000)			(0.010)
R^2	0.236	0.267	0.344	0.235	0.261	0.297

注：括号内为 P 统计量；上标 *，**，*** 分别代表在 10%，5% 和 1% 水平上显著；ASIA 为亚洲国家虚拟变量。

回归结果（1）~（3）考虑我国对外直接投资对劳务输出的影响，（4）~（6）则考虑对外直接投资对劳务合作的影响；在东道国因素中，（1）和（4）仅考虑经济因素，（2）和（5）则同时考虑经济与政治因素，（3）和（6）添加了亚洲虚拟变量。从（1）~（6）的回归结果中可以发现，无论是劳务输出还是劳务合作方程，$\log PY_{it-1}$ 的系数均显著为正，说明了我国对经济发展水平较高的国家（地区）有更多的劳务输出和劳务合作；TR_{it-1} 的系数在大多数回归结果中显著为正，反映贸易开放度较高的国家（地区）更能吸引劳务输出与劳务合作；IN_{it-1} 的系数均不显著，意味着东道国的通货膨胀和宏观经济稳定并不影响我国的对外劳务输出和劳务合作决策。在回归结果（2）、（3）以及（5）、（6）中，PL_{it-1} 的系数基本显著为正，由于公民政治权利较高的国家一般有较为稳定的政治环境，因此回归结果意味着政治稳定的国家（地区）更能吸引我国的劳务输出与劳务合作，这是因为劳动者在政治稳定的国家有更为可靠人身保障。回归结果（3）和（6）中，亚洲虚拟变量显著为正，说明了在控制其他因素后，我国对亚洲国家有更高的劳务输出和劳务合作。

在（1）~（6）的回归结果中 $\log OI_{it}$ 的系数均显著为正，这反映了我国对对外直接投资量较高国家有更多的劳务输出和劳务合作，即我国的对外直接投资能显著地促进劳务输出。虽然各回归结果包含的解释变量不同，但对外直接投资的系数符合和显著性均未发生变化，说明了本节的实证研究结果是稳健的。

三 分国别样本回归结果

根据本章第二节的分析，我国对不同收入水平国家的对外直接投资对劳务输出产生的影响可能会存在差异，为了验证是否存在这种差异，本节将国家样本分为发达国家、最不发达国家以及其他发展中国家三组分别进行实证研究。按照联合国的标准，人均 GDP 在 1 万美元以上的国家被归为发达国家，而最不发达国家指的是人均 GDP 低于 750 美元、人力资源落后且经济多样化程度低的国家。依照这个标准，表 8－5－3 将本节样本内的国家按这三组进行分组。

表 8－5－3 本节样本按收入水平
国家分组

类别	样本国
发达国家	日本、韩国、新加坡、丹麦、法国、德国、意大利、荷兰、英国、加拿大、美国、澳大利亚、新西兰
最不发达国家	孟加拉国、柬埔寨、老挝、安哥拉、刚果（金）、埃塞俄比亚、马达加斯加、毛里塔尼亚、乌干达、赞比亚
其他发展中国家	印度、印度尼西亚、哈萨克斯坦、吉尔吉斯斯坦、马来西亚、蒙古、巴基斯坦、菲律宾、沙特阿拉伯、泰国、土耳其、越南、阿尔及利亚、博茨瓦纳、喀麦隆、科特迪瓦、埃及、加纳、肯尼亚、毛里求斯、摩洛哥、尼日利亚、南非、罗马尼亚、俄罗斯、乌克兰、阿根廷、巴西、厄瓜多尔、墨西哥、秘鲁、委内瑞拉

分别利用这三组样本数据对方程（1）和（2）进行回归，得到表 8－5－4 的结果。

表 8 - 5 - 4　分国别样本回归结果

解释变量	发达国家		最不发达国家		其他发展中国家	
	劳务输出	劳务合作	劳务输出	劳务合作	劳务输出	劳务合作
C	0.568 (0.699)	0.855 (0.534)	1.486 (0.321)	1.200 (0.522)	4.627 *** (0.000)	3.758 *** (0.000)
TR_{it-1}	0.391 (0.727)	-0.816 (0.444)	-0.528 (0.414)	0.780 (0.440)	1.021 * (0.052)	1.040 * (0.065)
IN_{it-1}	-9.834 (0.402)	-6.990 (0.542)	-0.776 (0.290)	-1.186 (0.423)	0.196 (0.351)	0.120 (0.577)
PL_{it-1}	0.541 (0.632)	1.594 (0.131)	0.517 * (0.051)	0.237 (0.420)	0.264 * (0.080)	0.267 * (0.077)
$\log OI_{it}$	0.542 ** (0.000)	0.463 *** (0.000)	0.248 *** (0.000)	0.264 ** (0.029)	-0.077 (0.168)	-0.032 (0.620)
R^2	0.402	0.412	0.141	0.128	0.112	0.115

注：括号内为 P 统计量；上标 *，**，*** 分别代表在 10%，5% 和 1% 水平上显著。

由于本部分的样本按收入水平进行国家分组，因此为了避免回归中存在的多重共线性问题，本部分的解释变量中未包含东道国经济发展水平 $\log PY_{it-1}$ 项。从回归结果可以发现，在发达国家和最不发达国家方程中，东道国经济因素和政治因素的回归结果基本不显著，这是因为在这两组国家内部，经济与政治发展程度均较为相似，因此不是我国进行对外劳务输出和劳务合作时的考虑因素；而对外直接投资变量 $\log OI_{it}$ 的系数显著为正，说明我国对发达国家以及最不发达国家的对外直接投资能促进劳务输出且增加劳务合作额。在其他发展中国家样本回归结果中，由于这组国家经济发展和政治稳定程度的差异较大，因此回归结果显示贸易开放度和公民政治权利指数均显著为正，通货膨胀的系数则不显著，反映了在这组国家中较高的贸易开放程度与较稳定的政治环境均能吸引更多的我国劳务输出；$\log OI_{it}$ 的系数不显著，说明我国对这组国家的对外直接投资对劳务输出和劳务合作不产生影响。

这三组国家的回归结果恰好验证了本章第二节影响机理的分析推断，即我国对外直接投资能促进对发达国家和最不发达国家的劳务输出，但不会影响对与我国经济发展水平类似的发展中国家的劳务输出。此外，本部分的回归结果发现，在发达国家回归结果中对外直接投资的系数大于最不发达国家样本中的回归系数，反映出我国在发达国家的对外直接投资对劳务输出和劳务合作有更大的促进效应，根据本章的机理分析，这一结论也从侧面反映出我国对外直接投资企业在劳动需求方面仍以节约劳动成本为主要考虑因素。

四　计数模型回归结果

在本节的实证研究中，对外劳务输出用年末在东道国从事劳务合作的人数衡量，在计量方程中当以人数为单位的劳务输出 XL_{it} 作为被解释变量时，其取值范围为非负整数，因此回归方程也属于离散被解释变量模型。对于这样的被解释变量，一种处理方法是本节前文所做的对数值回归；另一种方法是采用计数模型进行回归。计数模型的回归方法一般分为三种：第一种是泊松回归，假设被解释变量服从泊松分布；第二种方法是负二项回归，假设被解释变量服从负二项分布进行回归；第三种方法是零膨胀回归，对应于计数中有大量零值的情况。本节的实证研究在样本选取时选用了劳务输出为正值的国家，因此零膨胀回归不适用于本节的样本，基于此，本节采用泊松回归和负二项回归方法对本节的实证方程进行进一步的检验。将回归方程（1）中的被解释变量 $\log XL_{it}$ 改为 XL_{it}，可得本节的计数回归方程（1'）：

$$XL_{it} = \gamma_0 + \gamma_1 \log PY_{it-1} + \gamma_2 TR_{it-1} + \gamma_3 IN_{it-1} + \gamma_4 PL_{it-1} \\ + \gamma_5 \log OI_{it} + \vartheta_i + \sigma_t + \omega_{it} \tag{1'}$$

分别采用泊松回归方法和负二项回归方法对计数模型（1'）进行估计，得到表 8-5-5 的结果。

表 8-5-5　计数模型回归结果

解释变量	全样本		发达国家样本		最不发达国家样本	
	泊松回归	负二项回归	泊松回归	负二项回归	泊松回归	负二项回归
C	-4.890 ** (0.012)	-3.701 *** (0.000)	8.053 *** (0.000)	-1.360 ** (0.032)	2.336 *** (0.000)	3.272 *** (0.000)

续表

解释变量	全样本		发达国家样本		最不发达国家样本	
	泊松回归	负二项回归	泊松回归	负二项回归	泊松回归	负二项回归
$\log PY_{it-1}$	2.698 *** (0.000)	1.930 *** (0.000)	——	——	——	——
TR_{it-1}	−0.063 (0.663)	0.123 (0.299)	−1.423 *** (0.000)	−6.006 *** (0.000)	2.478 *** (0.000)	2.206 *** (0.000)
IN_{it-1}	0.253 ** (0.019)	0.212 *** (0.001)	−46.453 *** (0.000)	−64.120 *** (0.000)	−1.634 *** (0.000)	−1.608 ** (0.022)
PL_{it-1}	0.255 *** (0.002)	0.259 *** (0.000)	1.473 *** (0.000)	1.435 ** (0.010)	0.131 *** (0.000)	0.032 (0.791)
$\log OI_{it}$	0.233 *** (0.002)	0.388 *** (0.000)	0.170 *** (0.000)	1.500 *** (0.000)	0.171 *** (0.000)	0.157 ** (0.047)
alpha	——	[2.05, 2.51]	——	[2.29, 3.21]	——	[0.63, 1.05]
R^2	0.485		0.368		0.589	

注：括号内为 P 统计量；上标 * , ** , *** 分别代表在 10% , 5% 和 1% 水平上显著；本节使用稳健标准差估计，因此未给出负二项回归的 R^2；alpha 为被解释变量方程过度分散 LR 检验的 95% 置信区间。

本节的计数模型回归仅对比对外直接投资对劳务输出的促进效应，由于上一部分的结果表明对外直接投资对我国针对发展中国家的劳务输出不存在促进效应，因此本部分的回归未包含发展中国家样本。在计数模型中，泊松回归和负二项回归的区别在于泊松回归要求被解释变量的期望与方差相等，而负二项回归则可以允许存在被解释变量方差大于期望的过度分散现象。负二项方法的回归结果同时给出了过度分散的 LR 检验，从表中可以发现所有回归的 LR 检验 alpha 值的 95% 置信区间均拒绝 alpha = 0 的原假设，即说明被解释变量存在过度分散现象，因此对本节的计数模型而言，负二项回归更为恰当。

从计数模型回归结果中可以发现人均 GDP 以及公民政治权利指标的系数符号及显著性与普通最小二乘法回归结果一致。贸易开放度和通货膨胀率的系数符合及显著性则与普通最小二乘法回归有较大的差异，计数模型的结果显示贸易开放度的系数在发达国家样本中显著为负，而在最不发达国家样本中显著为正；通货膨胀率的系数在所有国家样本中显著为正，但在分组国家样本中显著为负，产生这种结果的原因是普通最小二乘法和计数模型回归的估计方法和统计量构造存在差异。$\log OI_{it}$ 的系数在所有回归中均显著为正，与普通最小二乘法的回归结果一致，表明对外直接投资能促进我国对外劳务输出的发展，也验证了本节核心实证结果的稳健性。

第六节　小　结

对外直接投资和劳务输出都是当前我国优化产业结构、提高经济效率的主要手段，因此探明两者之间的关系对于理论发展和政策实践均有重要的参考意义。本章侧重于研究对外直接投资对劳务输出的影响，在阐述理论机理的基础上运用跨国面板数据对我国对外直接投资对劳务输出的促进效应进行实证研究。利用全样本数据时，本章的实证研究发现我国对外直接投资能促进对外劳务输出和劳务合作；利用分组国别样本时，本章的实证研究则发现对外直接投资能促进我国针对发达国家和最不发达国家的劳务输出和劳务合作，但不影响对其他发展中国家的劳务输出，基本上验证了本章的理论机理推断。进一步地，考虑到劳务输出数据的非负整数属性，本章使用计数模型估计对外直接投资对劳务输出的影响，泊松回归和负二项回归均发现我国的对外直接投资能有效地促进劳务输出。从理论上看，本章的研究从机理和实证上初步探明了对外直接投资和劳务输出之间存在的关系，能为后续研究提供基本框架。

除理论意义外，本章的研究也能为我国对外经济劳务合作领域政策的制定提供参考借鉴。一方面，尽管对外直接投资已成为重点发展的对外开放战略之一，但是是否有利于就业仍是大力推行对外直接投资的疑虑，本章的研究则从对外劳务领域发现对外直接投资能够达到促进就业的作用，为对外直接投资战略的推行提供了理论依据。另一方面，本章的研究也表明对不同国家的对外直接投资对我国劳务输出的影响是不同的，当政府的政策是促进劳务输出和劳务合作时，本章的研究能为对外直接投资领域的配套政策制定提供投资东道国去向参考。

第九章　结论与政策建议

第一节　基本结论

我国企业对外直接投资在近几年取得了快速发展，在当前国家政策的推动下必将取得更为迅速的发展，对国内经济的影响也将开始凸显。本书以此为背景，在研究企业对外直接投资推动因素的基础上，深入研究了其对国内经济发展和就业的影响，得出了以下几点主要结论。

一　我国企业对外直接投资的快速发展受国内外多重因素的推动

近年来我国对外直接投资无论在规模上还是项目数上均增长快速，并且在国内和国外均呈现集聚的特征。在国内因素中，经济发展水平的提高、产业结构的优化、劳动力成本的提升、人力资本存量的降低以及技术进步等因素均能同时增加对外直接投资项目数和投资规模；出口贸易在增加对外直接投资项目数的同时缩小了投资规模，进口贸易扩大了对外直接投资规模却减少了投资项目数。在国外因素中，我国企业对外直接投资兼具横向和纵向动机，在针对发展中国家的对外直接投资中，横向和纵向动机均较为显著，较大的经济规模和较低的劳动成本易于吸引外国的企业对外直接投资；而在针对发达国家的对外直接投资中，仅具有横向动机。

二　我国企业对外直接投资能促进国内投资但不影响出口贸易

国内投资和出口贸易均通过改变国内生产规模而影响国内就业，构成对外直接投资影响就业在量上的传导途径。企业对外直接投资将通过资金转移和生产转移途径影响国内投资，资金转移途径将挤出国内投资，且这种效应的强弱取决于金融发展程度；生产转移途径的影响则取决于投资动机，横向动机企业对外直接投资挤出了国内投资，而纵向动机企业对外直接投资则促进了国内投资。在实证上，我国企业对外直接投资在总体上能促进国内投资，金融发展则在促进过程中起到了催化剂的作用；更为深入的研究发现，较小规模的企业对外直接投资会挤出国内投资，较大规模的企业对外直接投资才能促进国内投资，这是因为生产转移的正向效应只有在企业对外直接投资达到一定规模后才能显现。在出口贸易方面，由于横向和纵向动机对外直接投资产生的效果恰好相反，从总体上看我国对外直接投资并不会对出口贸易产生影响，而出口贸易则能有效地推动对外直接投资的发展。

三　我国企业对外直接投资对技术创新和生产率的影响存在多种可能性

技术创新和劳动生产率提升将通过改变生产结构影响国内就业，构成了对外直接投资影响国内就业在质上的传导途径。对外直接投资通过正反两种途径影响国内技术创新，两种途径的相对大小取决于地区吸收能力的强弱，当地区吸收能力较弱时，对外直接投资不利于国内技术创新；只有在地区吸收能力较强的情况下对外直接投资才能促进国内技术创新。由于技术创新存在规模经济的特征，随着技术创新本身的提高，对外直接投资促进技术创新的吸收能力临界值也将降低。企业对外直接投资对劳动生产率的影响则存在短期和长期效应差异，就全国而言短期内对外直接投资不影响劳动生产率，而长期内则存在正向影响；这种影响也存在区域差异，东部地区仅存在短期效应，不存在长期效应，西部地区则仅存在长期效应，不存在短期效应。

四　我国企业对外直接投资对国内就业规模的影响受投资规模自身影响

对外直接投资通过多种传导途径将对国内就业规模产生替代和互补两种效应，当对外直接投资规模较小时，替代效应较为明显；而当对外直接投资规模较大时，互补效应则占据上风，实证研究也验证了这种先减少后增加的影响趋势。从行业角度看，由于三大产业对就业的吸收以及就业特征存在明显差异，因而企业对外直接投资对三大产业就业规模的影响也存在较大区别。从劳动力市场看，由于劳动力市场刚性的存在阻碍了劳动力跨行业和跨部门的流动，当劳动力市场刚性程度较高时，企业对外直接投资会减少国内就业；仅当劳动力市场刚性程度较低时，对外直接投资才能增加国内就业。

五　我国企业对外直接投资对就业技能结构的影响依赖于经济发展水平

由于在经济发展水平不同的地区，其对外直接投资动机类型也存在差异，因此对国内就业技能结构将会产生不同的影响。当经济发展水平较低时，对外直接投资会减少高技能劳动的就业，增加低技能劳动的就业，从而降低就业技能结构；相反的是，当经济发展水平较高时，对外直接投资则能促进高技能劳动的就业，减少低技能劳动的就业，提升就业技能结构。事实上，就业技能结构本身也影响对外直接投资动机，因此较高的就业技能结构使得对外直接投资产生正向效应的经济发展临界值降低。类似地，对外直接投资影响技能收入结构的方式也存在地区差异，影响方向和大小也由地区的经济发展水平决定。

六　我国企业对外直接投资对劳务输出的影响存在国别差异

对外劳务输出是实现我国就业增加的有效途径之一，主要受经济、社会、政策和国际关系等因素影响，对外直接投资则通过经济途径影响我国对外劳务输出。当东道国是发达国家时，由于东道国劳动力成本较高，我国对其的直接投资将带动本国劳务的输出；当东道国是最不发达国家时，由于东道国缺乏技能工人，我国对其的直接投资也能促进本国劳务输出；当东道国是其他发展中国家时，由于劳动力成本和我国相当，因此对外直接投资不影响劳务输出。时间序列模型和跨国面板数据模型实证检验发现总体上我国对外直接投资能促进对外劳务输出，在国别上也确实存在这种差异。

本书重点关注企业对外直接投资对国内经济发展和就业的影响，而经济发展本身构成了影响就业的传导机制，因此整个研究体系相互交错。本书的结论发现，事实上对外直接投资产生的影响并不是单一的，不同地区和不同群体在对外直接投资战略中获得的收益存在较大的差异，甚至有些群体会遭受损失。尽管目前尚未出现反对企业对外直接投资战略的言论，但随着对外投资规模扩大而使负面效应进一步放大，受损群体的利益损失也将逐步增大。从这个角度出发，本书的研究结论事实上也间接发现了对外直接投资战略推行的不利因素，有助于相关部门提前预防。

第二节 政策建议

本书紧扣当前我国政府大力推动企业对外直接投资的战略背景，结合我国就业不足的特征，利用我国数据进行实证研究，基于我国经济特征得出了较有启发性的研究结论，对于当前企业对外直接投资政策的制定具有一定的参考意义。

一 坚定不移加速推动企业对外直接投资发展

当前社会各界对我国推行企业对外直接投资的顾虑在于其是否有利于国内经济发展和就业，这也阻碍了对外直接投资战略的推行。尽管本书的研究也发现在特定情况下对外直接投资会不利于国内经济发展，但是总体发现更大规模的对外直接投资才能促进国内投资并因而增加国内就业。本书的实证研究明确表明只有企业对外直接投资跨过一定规模的门槛后，正向的就业促进效应才能出现。因此，在对外直接投资已成为不可逆转的发展趋势背景下，为了缩短其产生负面效应的时间，相关政府部门更因坚定不移地快速推动对外直接投资的发展，使其尽快越过产生不利于国内经济的门槛值，最终实现对外直接投资促进国内经济发展和就业的良性发展道路。具体地应推行如下政策措施：首先，简化企业对外直接投资审批程序，保证企业能及时把握国外市场机会，降低审批环节的成本支出；其次，给予对外直接投资企业税收优惠措施，提供适当的经济激励，提升企业主观动机；再次，加强我国企业在海外的投资保护，确保财产和人身安全，消除企业后顾之忧；最后，加大海外投资合作区规模，完善配套设施建设，节省企业落户成本等措施。

二　有针对性地推动不同动机类型对外直接投资发展

贯穿本书的理论影响机理均有考虑不同动机类型企业对外直接投资对国内经济产生的不同影响，本书的实证研究结论基本可以概括为横向动机替代国内生产，将产生负面影响；纵向动机和国内生产互补，将产生正面影响。因此，为综合发展企业对外直接投资和国内经济，相关政府部门在执行对外直接投资政策时，应先判定其投资动机类型，根据企业产业和项目特征衡量其投资动机，有针对性地偏向纵向动机对外直接投资。调整企业对外直接投资结构，使其规模不断扩大的同时能实现结构优化偏向于有利于国内经济发展和就业增长。首先，建立完善的企业对外直接投资统计制度，细化企业对外直接投资信息收集，规范企业对外直接投资类型分类；其次，针对横向动机企业对外直接投资，政府应充分利用企业释放的各类资源，确保其他企业通过充分利用资源弥补就业损失；最后，针对纵向动机企业对外直接投资，政府应完善内外联动机制，充分利用企业对外直接投资的国内正向带动效应增加国内就业。

三　增加人力资本存量，完善对外直接投资人才配套条件

人力资本对于企业对外直接投资的"前因后果"均会产生重要影响，一方面，推动对外直接投资快速发展需要专业人才的支撑，另一方面，为使对外直接投资促进国内技术创新和就业结构优化，也需人力资本提高吸收能力。本书的实证研究也表明企业对外直接投资对不同技能劳动者的就业影响是不同的，高技能劳动的就业弹性更大。在

这种条件下，政府在推行对外直接投资战略之前应先审视人力资本状况，以人才先行的方针同时构建外向型人才培养体系。通过教育资源投入增加的方式增加人力资本的量，通过倾斜性地改变外向型人才培养模式的方式增加人力资本的质，确保人力资本的短板不成为阻碍对外直接投资的发展及产生国内经济负面效应的瓶颈。具体地，在普通层面上，加大对技能教育的倾斜，依据我国比较优势构建人才战略，提升我国劳动者的平均技能和素质能力，增加总体就业适应水平。在专业层面上，在高学历人才培养中有针对性地增加对外直接投资业务知识的传授，强化专门性人才的应用能力提升，确保企业对外直接投资的大量专业人才需求。

四 规范金融发展，完善对外直接投资资金配套条件

我国作为发展中大国，仍然存在国内资金短缺的问题，由于金融发展程度较低导致企业对外直接投资融资困难，挤压了国内资金，不利于国内经济的发展。本文的实证研究发现，金融发展程度较弱是我国企业对外直接投资挤出国内就业的主要外部条件，反映出了企业存在的金融问题。因此，政府在推行对外直接投资战略时也应事先规范国内金融市场的发展，通过对金融市场管制的方式增加企业的贷款来源途径，消除企业对外直接投资的资金短板。资金问题在中小民营企业中更为严重，政府应鼓励中小银行为中小民营企业对外直接投资提供海外融资业务，一方面有助于民营企业海外业务的开展，另一方面也减缓民营企业因资金转移产生的国内生产减少和就业缩减。具体地，首先鼓励商业银行设立专门的对外直接投资资金服务业务，商务部门协助商业银行识别和监管境外企业，提升海外资金服务的效率；其次，增加大型国有银行海外网点的数量，专门服务我国企业的对外直接投资业务，简化海外资金服务的跨国往来；再次，规范引导民间金融为中小民营企业设立专门对外直接投资业务服务，开辟中小民营企业对外直接投资的资金来源渠道；最后，建立与东道国之间的金融服务网络，通过官方合作争取东道国当地金融机构的资金服务，做到

就地取材，减少中间环节成本。

五　减少劳动力流动障碍，完善对外直接投资劳动力市场配套条件

当前我国仍存在劳动力市场二元分割的问题，劳动力跨部门和跨地区流动均存在一定的障碍，这种刚性的存在也使得对外直接投资产生的就业机会因流动困难而难以实现，进而使对外直接投资产生国内就业的负面影响。事实上，本书的实证研究表明当劳动力市场刚性程度较大时，企业对外直接投资会减少国内就业。基于此分析，政府应建立统一规范的劳动力市场，消除体制内和体制外的流转障碍，公平对待劳动者在不同地区的各种福利待遇，实现劳动力的流转自由。只有在实现国内劳动力市场规范的条件下，对外直接投资才能实现有利于国内就业的效果。为保障劳动力市场的弹性，政府应采取以下具体措施：其一，在区域层面，完善跨省区间的劳动保障联通机制，建立统一公正的就业服务配套措施，包括子女教育、养老保障等；其二，在行业层面，加强各行职业培训，缩短跨行就业转换的适应过程，保障不同行业间就业的快速切换；第三，在体制层面，进一步加强体制内就业的灵活性，以市场化因素规范体制内外就业的转换，弱化体制因素造成的市场分割结果。

六　促进出口贸易，完善对外直接投资的国际贸易配套条件

国际贸易和企业对外直接投资行为息息相关，出口贸易的作用在于事先完善东道国的信息，建立良好的经贸关系。本书多处章节的实证研究结论均发现出口贸易是企业对外直接投资的先行者，前者能推动后者的发展。因此，政府应以出口贸易作为企业对外直接投资导向，采取各种鼓励措施推动出口贸易的发展，包括贸易谈判等国际经济措施，并及时在国内传递东道国及潜在东道国的经济信息，消除对外直接投资的东道国信息神秘感。首先，多元化出口目的国，一方面可以分散出口量从而减少贸易摩擦，另一方面也能通过出口贸易与多国建立经贸关系，为对外直接投资东道国多元化铺路。其次，提升出

口商品结构，增加高技术产品出口，以此与国外高科技企业建立经贸关系，有效推动我国高科技企业的对外直接投资。最后，建立并细化出口贸易信息反馈机制，强化出口贸易与企业对外直接投资的互补性，提升出口信息传统途径的效率。

七 按东道国国别，针对性地实行对外直接投资推动政策

对不同东道国的对外直接投资显然会产生不同的国内经济效应，本书的实证研究发现，由于劳动要素禀赋的差异性，只有针对发达国家和最不发达国家的对外直接投资才能促进对外劳务输出。在国内就业饱和的状况下，对外劳务输出不仅能增加外汇收入，还能消化国内就业，因此政府应更为注重推动我国对发达国家和最不发达国家的对外直接投资，以此推动不同类型国内劳动的对外输出，缓解国内就业的压力。首先，完善对外劳务输出的法律体系，保障在外劳工的相应权益，规范海外劳工和用工企业在海外的雇佣关系，提升劳动者海外就业的主观意愿。其次，建立对外直接投资企业国内雇工奖励体系，为对外直接投资雇佣国内劳动者提供正面激励，加强海外企业间的劳动流动性，强化海外企业用工网络的建设。再次，规范对外劳务输出的途径，减少对外劳务输出审批程序、增加服务保障内容，引入对外劳务输出中介单位间的竞争，降低对外劳务输出流程的成本。最后，保障海外用工人员的财产和人身安全，对落后国家的劳务输出应保障劳动者的基本生活条件，对发达国家的劳务输出应保障劳动者的社会地位，消除对外劳务输出的劳动者社会适应性障碍。

第三节 进一步研究展望

本书基于企业对外直接投资的"前因后果"，从推动因素出发研究企业对外直接投资对国内经济发展和就业的影响理论，并进行实证检验。尽管本书整个研究过程较为详尽，并具有较强的整体连贯性，在选题、内容以及结论上都具有一定的创新性，但本书的研究基本以

宏观视角为出发点，这样处理的优点在于能把握对外直接投资的整体影响，但缺乏微观层面细致精确的研究支撑。因此，本书的研究需要在微观上从以下几点进行进一步的完善。

一　微观理论模型的构建分析

本书在各处的研究中均构建了企业对外直接投资的影响机理，这些机理基本能阐明影响过程和途径，但基本上属于宏观层面的推演，缺乏微观理论模型的支撑。在西方学术界，异质性国际贸易理论的出现也为企业对外直接投资提供了基本的模型框架，国外学者利用这些框架从微观角度构建了企业对外直接投资行为方式的理论模型（Antras 和 Helpman，2003；Helpmen et al.，2004），详细分析了不同类型企业的对外直接投资行为差异。但是针对企业对外直接投资经济影响的微观模型较少，更缺乏对就业影响的微观模型，这是因为这类模型的构建存在一定的困难。企业对外直接投资行为方式微观模型的构建只需考虑企业自身，不受其他企业行为的影响，而经济影响的微观模型不仅涉及企业对外直接投资行为对自身产生的影响，还需考虑对其他企业甚至对其他行业产生的关联影响。以就业为例，微观模型的构建需同时考虑行业间的就业替代互补弹性，还需考虑整个市场劳动力需求的弹性等，这导致目前国外学术界尚未构建出企业对外直接投资影响国内就业的微观理论模型框架。

二　微观企业数据实证检验

本书的实证研究贯穿全文，构成了对理论影响机理的有效检验，尽管利用大量前沿计量经济学方法得出了科学细致的结论，但在样本选择上本书大部分采用了宏观层面数据，仅有少数利用了企业层面微观数据，使得研究缺乏微观实证的有效支撑。事实上，企业对外直接投资微观数据库的缺乏是产生这个问题的主要原因，尽管商务部发布《境外企业（机构）名录》详细列出了我国对外直接投资企业的详细信息，包括东道国、投资项目时间、投资行业等，但并未公布各个项目的对外投资规模。另外，尽管《中国工业企业数据库》包括了规模以上企业的经济绩效和就业信息，但需要和对外直接投资微观企业数据进行有效匹配才能为本书的研究提供微观数据支撑，而在数据库匹配上存在诸多问题，比如规模以下企业的处理等。因此，进一步微观企业层面实证研究的主要工作在于对外直接投资微观数据库的构建和匹配，这也是我国企业对外直接投资领域未来的基础工作之一。

三　微观劳动者福利效应研究

本书在总体上研究了企业对外直接投资如何影响我国国内经济发展和就业，这些因素将进一步地影响到劳动者和消费者的福利，其中就业问题则对劳动者产生福利的影响更为显著，因而从完整的角度看，需进一步研究企业对外直接投资对劳动者的综合福利影响。福利效应的研究一方面需要构建福利函数，另一方面也需对福利函数进行模拟检验，然而目前关于劳动者综合福利评价的函数和体系尚未完善，缺乏基本模型框架。此外，福利函数的主观性也使得综合考虑对外直接投资的多重福利影响存在度量上的困难，对外直接投资会通过促进生产等方式增加劳动者福利，也可能通过就业减少影响不同群体劳动者，这些问题的综合体系构建也将成为未来的研究方向之一。

一项完善的经济学问题的研究需要从理论到宏观检验，再到微观验证的完整逻辑，因此本书的研究尚未终结，而是为企业对外直接投资影响国内经济发展和就业提供基本的框架，并在宏观上提供数据样本线索。微观层面的理论和实证研究在国际贸易领域已成为主要趋势，但在对外直接投资理论领域的发展尚未成熟，这构成了本书研究后续扩展的主要方向。

参考文献

一 中文参考文献

白洁，2009，《对外直接投资的逆向技术溢出效应—对中国全要素生产率影响的经验检验》，《世界经济研究》第 8 期。

柴林如，2008，《中国对外直接投资对国内就业影响分析》，《河北经贸大学学报》第 3 期。

崔日明、张婷玉、张志明，2011，《中国对外直接投资对国内投资影响的实证研究》，《广东社会科学》第 1 期。

陈恩、王方方、扶涛，2012，《企业生产率与中国对外直接投资相关性研究——基于省际动态面板数据模型的实证分析》，《经济问题》第 1 期。

陈岩，2011，《中国对外投资逆向技术溢出效应实证研究：基于吸收能力的分析视角》，《中国软科学》第 10 期。

陈岩、杨桓、张斌，2012，《中国对外投资动因、制度调节与地区差异》，《管理科学》第 6 期。

代中强，2008，《中国企业对外直接投资动因研究——基于省际面板数据的分析》，《山西财经大学学报》第 11 期。

官建成、王晓静，2007，《中国对外直接投资决定因素研究》，《中国软科学》第 2 期。

黄晓玲、刘会政，2007，《中国对外直接投资的就业效应分析》，《管理现代化》第 1 期。

黄益平，2013，《对外直接投资的中国故事》，载黄益平、何帆、张永生《中国对外直接投资研究》，北京大学出版社。

胡昭玲、曾敏，2008，《中国劳务输出对进出口贸易影响的实证分析》，《数量经济技术经济研究》第3期。

胡昭玲、宋平，2012，《中国对外直接投资对进出口贸易的影响分析》，《经济经纬》第3期。

霍杰，2011，《对外直接投资对全要素生产率的影响研究——基于中国省际面板数据的分析》，《山西财经大学学报》第3期。

姜亚鹏、王飞，2012，《中国对外直接投资母国就业效应的区域差异分析》，《上海经济研究》第7期。

刘宏、张蕾，2012，《中国ODI逆向技术溢出对全要素生产率的影响程度研究》，《财贸经济》第1期。

刘辉群、王洋，2011，《中国对外直接投资的国内就业效应：基于投资主体和行业的分析》，《国际商务（对外经济贸易大学学报）》第4期。

刘明霞，2010，《中国对外直接投资的逆向技术溢出效应——基于技术差异的影响分析》，《中南财经政法大学学报》第3期。

刘权、罗俊，2003，《中国对外劳务输出现状与对策》，《华人华侨历史研究》第1期。

刘伟全，2010，《我国对外直接投资国内技术进步效应的实证研究——基于研发费用和专利授权数据的分析》，《当代财经》第5期。

刘渝琳、梅新想，2013，《中国对外直接投资的模式选择研究》，《国际经贸探索》第4期。

刘淑琳、黄静波，2011，《对外直接投资与企业生产率——基于中国上市公司的实证分析》，《国际经贸探索》第2期。

李春顶，2008，《境外经贸合作区建设与我国企业"走出去"》，《国际经济合作》第7期。

李逢春，2012，《对外直接投资的母国产业升级效应——来自中国省际面板的实证研究》，《国际贸易问题》第6期。

李礼，2004，《我国对外劳务合作与出口贸易关系的实证研究》，《求索》第12期。

李礼、郝臣，2005，《我国出口增长中劳务输出效应实证研究》，

《现代财经》第 7 期。

李荣林，2002，《国际贸易与直接投资的关系：文献综述》，《世界经济》第 4 期。

李梅、金照林，2011，《国际 R&D、吸收能力与对外直接投资逆向技术溢出——基于我国省际面板数据的实证研究》，《国际贸易问题》第 10 期。

李梅、柳士昌，2012，《对外直接投资逆向技术溢出的地区差异和门槛效应——基于中国省际面板数据的门槛回归分析》，《管理世界》第 1 期。

李文星、袁志刚，2010，《中国就业结构失衡：现状、原因与调整政策》，《当代财经》第 3 期。

李晓峰，2009，《中国对外直接投资与出口贸易关系研究——基于 29 个省、市面板数据的实证分析》，《广东外语外贸大学学报》第 5 期。

罗丽英、黄娜，2008，《我国对外直接投资对国内就业影响的实证研究》，《上海经济研究》第 8 期。

罗良文，2007，《对外直接投资的就业效应：理论及中国实证研究》，《中南财经政法大学学报》第 5 期。

马颖、余官胜，2010，《贸易开放、劳动力转移和就业》，《中国人口资源与环境》第 1 期。

欧阳艳艳、喻美辞，2011，《中国对外直接投资逆向技术溢出的行业差异分析》，《经济问题探索》第 4 期。

欧阳艳艳、郑慧欣，2013，《中国对外直接投资逆向技术溢出的境内地区差异性分析》，《国际商务（对外经济贸易大学学报》第 1 期。

裴长洪、樊瑛，2010，《中国企业对外直接投资的国家特定优势》，《中国工业经济》第 7 期。

綦建红，2003，《中小企业"产业集群式"投资——现阶段我国企业对外投资的理想模式》，《山东社会科学》第 5 期。

綦建红、陈晓丽，2011，《中国 OFDI 的出口效应：基于东道国经济发展水平差异的实证分析》，《学海》第 3 期。

綦建红、魏庆广，2009，《OFDI 影响国内资本形成的地区差异及其门槛效应》，《世界经济研究》第 10 期。

邱立成、潘小春，2010，《偶然或趋势？——我国对外投加速增长的因素分析》，《南开学报》（哲学社会科学版）第 6 期。

邱立成、王凤丽，2008，《我国对外直接投资主要宏观影响因素的实证研究》，《国际贸易问题》第 6 期。

仇怡、吴建军，2012，《我国对外直接投资的逆向技术外溢效应研究》，《国际贸易问题》第 10 期。

沙文兵，2012，《对外直接投资、逆向技术溢出与国内创新能力》，《世界经济研究》第 3 期。

沈红波、寇宏、张川，2010，《金融发展、融资约束与企业投资的实证研究》，《中国工业经济》第 6 期。

汤晓军、张进铭，2013，《企业异质性与对外直接投资决策——基于中国制造业百强企业的分析》，《江西社会科学》第 1 期。

陶攀、洪俊杰、刘志强，2013，《中国对外直接投资政策体系的形成及完善建议》，《国际贸易》第 9 期。

王勋，2013，《发展中国家对外直接投资：基于金融抑制视角的分析》，载黄益平、何帆、张永生《中国对外直接投资研究》，北京大学出版社。

王英，2009，《对外直接投资影响产业结构调整的实证分析》，《审计与经济研究》第 4 期。

王英、刘思峰，2007，《中国对外直接投资的出口效应：一个实证分析》，《世界经济与政治论坛》第 1 期。

魏巧琴、杨大楷，2003，《对外直接投资与经济增长的关系研究》，《数量经济技术经济研究》第 1 期。

温磊，2013，《中国对外直接投资决定因素的实证研究》，《山西大学学报》（哲学社会科学版）第 7 期。

吴建军、仇怡，2013，《我国对外直接投资的技术创新效应：基于研发投入和产出的分析视角》，《当代经济科学》第 1 期。

吴晓波、丁婉玲、高钰，2010，《企业能力、竞争强度与对外直接投资动机——基于重庆摩托车企业的多案例研究》，《南开管理评论》第 6 期。

项本武，2009，《中国对外直接投资的贸易效应研究——基于面板数据的协整分析》，《财贸经济》第 4 期。

项本武，2007，《对外直接投资对国内投资的影响——基于中国数据的协整分析》，《中南财经政法大学学报》第 5 期。

肖黎明，2009，《对外直接投资与母国经济增长：以中国为例》，《财经科学》第 8 期。

肖慧敏、刘辉煌，2013，《企业特征与对外直接投资的自我行为选择》，《国际经贸探索》第 9 期。

辛晴、邵帅，2012，《OFDI 对国内资本形成的影响——基于中国省际面板数据的经验分析》，《东岳论丛》第 10 期。

寻舸，2002，《促进国内就业的新途径：扩大对外直接投资》，《财经研究》第 6 期。

阎大颖、洪俊杰、任兵，2009，《中国企业对外直接投资的决定因素：基于制度视角的经验分析》，《南开管理评论》第 6 期。

杨挺、田云华、邹赫，2014，《2013 - 2014 年中国对外直接投资特征及趋势》，《国际经济合作》第 1 期。

杨云母，2006，《新时期中国劳务输出的发展与变革》，经济科学出版社。

杨震宁、贾怀勤，2010，《我国"走出去"战略的实施与贸易扩张：互补还是替代》，《当代经济科学》第 4 期。

尹豪，2009，《改革开放以来我国对外劳务输出发展研究》，《人口学刊》第 1 期。

尹德先、杨志波，2013，《我国对外直接投资发展阶段研究》，《商业研究》第 1 期。

殷越男，2012，《后危机时代民营企业对外直接投资的机遇与对策》，《当代财经》第 7 期。

于超、葛和平、曹家和，2011，《我国对外直接投资决定因素的理论分析与实证检验》，《学术论坛》第 6 期。

张广荣，2008，《民营企业与境外经贸合作区建设——基于温州地区民营企业的思考》，《国际经济合作》第 8 期。

张建刚，2011，《中国对外直接投资的区域均衡与动因差异研究——基于省级面板数据的实证分析》，《商业经济与管理》第 10 期。

张建刚、康宏、康艳梅，2013，《就业创造还是就业替代——OFDI 对中国就业影响的区域差异研究》，《中国人口·资源与环境》第 1 期。

张军、金煜，2005，《中国的金融深化和生产率关系的再检测：1987－2001》，《经济研究》第 11 期。

张为付，2008，《影响我国企业对外直接投资因素研究》，《中国工业经济》第 11 期。

张新乐、王文明、王聪，2007，《我国对外直接投资决定因素的实证研究》，《国际贸易问题》第 5 期。

张应武，2007，《对外直接投资与贸易的关系：互补或替代》，《国际贸易问题》第 6 期。

赵伟、江东，2010，《ODI 与中国产业升级：机理分析与尝试性实证》，《浙江大学学报》（人文社会科学版）第 1 期。

赵伟、古广东、何元庆，2006，《外向 FDI 与中国技术进步：机理分析与尝试性实证》，《管理世界》第 7 期。

郑钢，2008，《中国境外投资动因、效应及对策研究》，博士学位论文，兰州大学经济系。

郑展鹏，2013，《中国地区间 OFDI 空间集聚的演变特征及优化策略》，《经济问题探索》第 10 期。

郑展鹏、刘海云，2012，《体制因素对我国对外直接投资影响的实证研究——基于省际面板的分析》，《经济学家》第 6 期。

中国社科院"中国社会状况综合调查"课题组，2009，《当前我国就业形势的特点和变化》，《社会科学研究》第 2 期。

钟慧中，2013，《中国贸易型对外直接投资的方式选择——基于交易治理与集聚理论的研究》，《国际贸易问题》第 2 期。

周昕、牛蕊，2012，《中国企业对外直接投资及其贸易效应——基于面板引力模型的实证研究》，《国际经贸探索》第 5 期。

邹明，2008，《我国对外直接投资对国内全要素生产率的影响》，《北京工业大学学报》（社会科学版）第 6 期。

邹玉娟、陈漓高，2008，《我国对外直接投资与技术提升的实证研究》，《世界经济研究》第 5 期。

邹昆仑，2007，《集群式对外直接投资的产业选择和政策安排》，《山东财政学院学报》第 3 期。

朱彤、崔昊，2011，《对外直接投资、逆向研发溢出与母国技术进步——数理模型与实证研究》，《世界经济研究》第 12 期。

朱彤、崔昊，2012，《对外直接投资、逆向技术溢出与中国技术进步》，《世界经济研究》第 10 期。

二　英文参考文献

Acemoglu, D. 2003. "Patterns of Skill Premia." *Review of Economic Studies* 70: 199 – 230.

Akkoyunlu, S. 2010. "Can trade, aid, foreign direct investments and remittances curb migration from Turkey?" *Migration Letters* 7: 144 – 158.

Al-Sadig, A. 2013. "Outward foreign direct investment and domestic investment: the case of developing countries." IMF Working Paper, No. 52.

Andersen, P., and Hainaut, P. 1998. "Foreign direct investment and employment in the industrial countries." BIS Working Papers, No. 61.

Antras, P. 2003. "Firms, contracts, and trade structure." *Quarterly Journal of Economics* 118: 1375 – 1418.

Antras, P., and Helpman, E. 2004. "Global Sourcing." *Journal of Political Economy* 112: 552 – 580.

Athreye, S. , and Kapur, S. 2009. "Introduction: The internation-alization of Chinese and Indian firms: Trends, motivation and strategy. " *Industrial and Corporate Change* 2: 209 – 221.

Bandick, R. , and Karpaty, P. 2011. "Employment effects of foreign acquisition. " *International Review of Economics and Finance* 1: 211 – 224.

Barry. F. , and Strobl, E. 2002. "Foreign direct investment, ag-glomerations and demonstration effects: an empirical investigation. " CEPR Discussion papers, No. 2907.

Beugelsdijk, S. , Smeets, R. , and Zwinkles, R. 2008. "The im-pact of horizontal and vertical FDI on host's country economic growth. " *International Business Review* 17: 452 – 472.

Bitzer, J. , and Kerekes, M. 2008. "Does Foreign Direct Investment Transfer Technology Across Borders? New Evidence. " *Economics Letters* 3: 452 – 465.

Bitzer, J, and Gorg, H. 2009. "Foreign direct investment, compe-tition and industry performance. " *The World Economy* 32: 221 – 233.

Blomstrom, M. , and Kokko, A. 2003. "The Economics of Foreign Direct Investment Incentives. " NBER Working Paper, No. 9489.

Blonigen, B. 2001. "In search of substitution between foreign produc-tion and exports. " *Journal of International Economics* 53: 81 – 104.

Blonigen, B. 2005. "A review of the empirical literature on FDI de-terminants. " *Atlantic Economic Journal* 33: 383 – 403.

Braconier, H. , and Ekholm, K. 2000. "Swedish Multinationals and Competition from High and Low-Wage Locations. " *Review of International Economics* 8: 448 – 461.

Brainard, L. 1997. "An empirical assessment of proximity-concentra-tion tradeoff between multinational sales and trade. " *American Economic Review* 87: 520 – 544.

Brainard L. , and Riker D. 2001. "Are U. S. multinationals exporting

U. S. jobs?" in *Globalization and Labour Markets*, edited by Greenaway D. , and Nelson D, pp. 410 – 426. Elgar: Cheltenham and Northampton Press.

Boisot, M. and Meyer, M. 2008. "Which way through the open door? Reflections on the internationalization of Chinese firms. " *Management and Organization Review* 3: 349 – 365.

Bruno, G. , and Falzoni, A. 2003. "Multinational corporations, wages and employment: do adjustment costs matter?" *Applied Economics* 35: 1277 – 1290.

Buch C. , Kleinert J. , and Toubal F. 2003. "Where Enterprises Lead, People Follow? Links between Migration and German FDI. " *Kiel Working Papers from Kiel Institute for the World Economy.*

Buckley. P. , and Castro, F. 1998. "The investment development path: the case of Portugal. " *Transnational Corporations* 1: 1 – 15.

Buckley, P. , and Ghauri, P. 2004. "Globalisation, Economic Geography and the Strategy of Multinational Enterprise. " *Journal of International Business Studies* 35: 81 – 89

Buckley, P. , Clegg, J. , Cross, A. , Zheng, P. , Voss, H. , and Liu, X. 2007. "The determinants of Chinese outward foreign direct investment. " *Journal of International Business Studies* 4: 499 – 518.

Casson, M. 1979. *Alternatives to MNE.* London: MacMillan.

Caves, R. 1971. "International Corporations: The Industrial Economics of Foreign Investment. " *Economica* 38: 1 – 27.

Chen, K. M. 2011. "Outward foreign direct investment, wage rigidity and unemployment: a computable general equilibrium analysis. " *The Journal of International Trade & Economic Development* 20: 569 – 583.

Coase, R. 1937. "The Nature of the Firm. " *Economica* 4: 386 – 405.

Coe, D. , and Helpman, E. 1995. "International R&D spillovers. " *European Economic Review* 2: 859 – 887.

Cook, G., Pandit, N., Loof, H., and Johansson, B. 2012. "Geographic Clustering and Outward Foreign Direct Investment. " *International Business Review* 21: 1112 – 1121.

Coviello, N. 2006. "The Network Dynamics of International New Ventures. " *Journal of International Business Studies* 37: 713 – 731.

Debaere, P., Lee, H., and Lee, J. 2010. "It matters where you go? Outward foreign direct investment and multinational employment growth at home, Journal of Development Economics. " *Journal of Development Economics* 11: 301 – 309.

Defever, F., and Toubal, F. 2010. "Productivity, relation-specific inputs and the sourcing modes of multinational firms. " Mimeo.

Desai, M., Foley, C., and Hines, J. 2005. "Foreign direct investment and the domestic capital stock. " *American Economic Review* 70: 33 – 38.

Dicken, P. 2011. *Global Shift: Mapping the Changing Contours of the World Economy.* London: Sage.

Driffield, N., and Chiang, M. 2009. "The effects of offshoring to China: reallocation, employment and productivity in Taiwan. " *International Journal of the Economics of Business* 16: 19 – 38.

Driffield, N., and Love, J. 2007. "Linking FDI motivation and host economy productivity effects: conceptual and empirical analysis. " *Journal of International Business Studies* 38: 460 – 473.

Driffield, N., Love, J., and Taylor, K. 2009. "Productivity and labour demand effects of inward and outward foreign direct investment on UK industry. " *The Manchester School* 77: 171 – 203.

Duanmu, J. 2012 . "Firm heterogeneity and location choice of Chinese multinational enterprises. " *Journal of World Business* 47: 64 – 72.

Dunning, J. H. 1977. "Trade, Location of Economic Activity and the Multinational Enterprise: A Search for an Eclectic Approach", in *The In-*

ternational Allocation of Economic Activity edited by Ohlin, B. , Hesselbor-namp, P. , and Nijkman, P, pp. 395 – 418. London: Macmillan.

Dunning, J. H. 1980, "Toward an Eclectic Theory of International Production: Some Empirical Tests. " *Journal of International Business Studies* 1: 9 – 31.

Dunning, J. H. 1981. "Explaining the international direct investment position of countries: toward a dynamic or developmental approach. " *Review of World Economics* 1: 30 – 64.

Dunning, J. H. 1993. *Multinational enterprises and the global economy* . Workingham: Addison-Wesley.

Dunning, J. H. 1998. "Location and the multinational enterprise: a neglected factor. " *Journal of International Business Studies* 1: 45 – 86.

Eckel, C. 2003. "Labor market adjustments to globalization: unemployment versus relative wages. " *North American Journal of Economics and Finance* 14: 173 – 188.

Ekholm, K. , Forslid, R. , and Markusen, J. 2007. "Export-platform foreign direct investment. " *Journal of the European Economic Association* 5: 776 – 795.

Elia, S. , Mariotti, I. , and Piscitello, L. 2009. "The impact of outward FDI on the home country's labour demand and skill composition. " *International Business Review* 2: 357 – 372.

Federici D. , and Giannetti M. 2010. "Temporary Migration and Foreign Direct Investment. " *Open Economies Review* 21: 293 – 308.

Federico, S. and Minerva, G. 2008. "Outward FDI and local employment growth in Italy. " *Review of World Economics* 144: 295 – 324.

Feldstein, M. 1995. "The effects of outbound foreign direct investment on the domestic capital stock. " In *The effect of taxation on multinational corporations* edited by Feldstein, M. , Hines, J. , and Hubbard, R, pp. 105 – 147. Chicago: University of Chicago Press.

Fontagne L, 1999. "Foreign direct investment and international trade: complements or substitutes?" OECD STI Working Paper, No. 3.

Forteza, A., and Rama, M. 2001. "Labor Market/Rigidity0and the Success of Economic Reforms Across More Than One Hundred Countries." World Bank Policy Research Working Paper, NO. 2521.

Fosfuri, A., and Motta, M. 1999. "Multinationals without Advantages." *Scandinavian Journal of Economics* 2: 617 – 630.

Franco, C. 2013. "Exports and FDI motivations: Empirical evidence from U. S. foreign subsidiaries." *International Business Review* 22: 47 – 62.

Gastil D. 1991. "The comparative survey of freedom: experiences and suggestions." in *On measuring democracy.* Edited by Alex I, pp. 212 – 238. New Brunswick, N. J: Transaction Publishers.

Girma, S., Richard, K., and Mauso, P. 2005 . "Exports versus FDI: an empirical test." *Review of World Economics* 141: 193 – 218.

Goldsmith, R. 1969. *Financial Structure and Development.* Yale University Press.

Gorynia. M., Nowal, J., and Wolniak, R. 2007. "Poland and its investment development path." *Eastern European Economics* 2: 52 – 74.

Grossman, G. and Helpman, E. 1991. *Innovation and Growth in the Global Economy.* Cambridge, MA: MIT Press.

Grossman, G. M. Helpman, E. and Szeidl, A. 2006 . "Optimal integration strategies for the multinational firm." *Journal of International Economics* 70: 216 – 238.

Hanson, G., Raymond, H., Mataloni, J., and Matthew, S. 2001. Expansion Strategies of US. Multinational Firms. In *Brookings Trade Forum* 2001 edited by Dani, R., and Susan, C, pp. 87 – 115. Washington, D. C. : Brookings Institution.

Hanson, G., Mataloni, R., and Slaughter, M. 2003. "Expansion aboard and the domestic operations of U. S. multinational firms." Mimeo,

Dartmouth College.

Harrison, A. , and Mcmillan, M. 2006. "Outsourcing jobs? Multinationals and US employment. " NBER Working paper, No. 12372.

Head, K. 2002. "Offshore Production and Skill Upgrading by Japanese Manufacturing Firms. " *Journal of International Economics* 37: 104 - 117.

Helpman, E. 1984. "A simple theory of international trade with multinational corporations. " *Journal of Political Economy* 92: 451 - 471.

Helpman, E. , Melitz, M. , and Yeaple, S. 2004. "Export versus FDI with Heterogeneous Firms. " *American Economic Review* 94: 300 - 316.

Hejazi, W. , and Pauly, P. 2003. "Motivations for FDI and domestic investment. " *Journal of International Business Studies* 12: 282 - 289.

Herzer, D. 2011. "The long-run relationship between outward FDI and total factor productivity: evidence for developing countries. " German development economics conference, No. 41.

Herzer, D. , and Schrooten, M. 2007. "Outward FDI and domestic investment. " DIW Discussion Paper, No. 679.

Herzer, D. 2010. "The Long-Run Relationship between Outward FDI and Total Factor Productivity: Evidence for Developing Countries. " IAI Discussion Papers, No. 199.

Hijzen, A. , Gorg, H. , and Hine, R. 2005. "International outsourcing and the skill structure of labour demand in the United Kingdom. " *Economic Journal* 115: 860 - 878.

Hwy-Change, M. , and Thmas. W. 2001. "Unconventional foreign direct investment and the imbalance theory. " *International Business Review* 14: 204 - 132 .

Hymer, S. H. 1967. *The international operations of national firms: a study of direct foreign investment.* Cambridge, MA: MIT Press.

Jennissen, R. 2007. "Causality Chains in the International Migration

Systems Approach. " *Population Research and Policy Review* 26: 411 – 436.

Karpaty, P. , and Kneller, R. 2011. "Industrial linkages and export spillover from FDI. " *Review of World Economics* 147: 109 – 130.

Kayam, S. 2009. "Home market determinants of FDI outflows from developing and transition economies. " MPRA Paper, No. 16781.

Khanindra, C. 2013. "Home country determinants of outward FDI from developing countries. " *The Journal of Applied Economic Research February* 1: 93 – 116.

Kindleberger. C. P. 1969. *American Business Abroad.* New Haven: Yale University Press.

Kleinert, J. , and Toubal, F. 2007. "The impact of locating production abroad on activities at home: evidence from German firm-level data. " University of Tubingen, Mimeo.

Kohler, W. , and Smolka, M. 2009. "Global sourcing decisions and firm productivity: evidence from Spain. " CESifo Working Paper, No. 2903.

Kojima, K. 1978. *Direct Foreign Investment: A Japanese Model of Multinational Business Operations* . London: Croom Helm.

Kokko A. 2006. "The home country effects of FDI in developed economies. " EIJS Working Paper, No. 225.

Kolstad, I. and Wiig, A. 2012. "What determines Chinese outward FDI?" *Journal of World Business* 47: 26 – 34.

Kosekahyaoglu L, 2006. "A comparative analysis of FDI in Turkey and CEECE: Is there any link between FDI and trade?" *Journal of Business Economics and Management* 7: 193 – 200.

Kuemmerle, W. 1999. "The drivers of foreign direct investments into research and development: An empirical investigation. " *Journal of International Business Strategy* 30: 1 – 24.

Lall S. 1983. *The New Multinationals: The Spread of Third World En-*

terprises. New York: John Wiley & Sons.

Le Bas, C. and Sierra, C. 2002. "Location versus home country advantages in R&D activities: some further results on multinationals' location strategies. " *Research Policy* 31: 589 – 609.

Lee, G. 2006. "The Effectiveness of International Knowledge Spillover Channels. " *European Economic Review* 50: 2075 – 2088.

Lichtenberg, F. , and Potterie, P. 2001. "Does Foreign Direct Investment Transfer Technology Across Booders?" *The Review of Economics and Statistics* 3: 490 – 497.

Lim S. H, and Moon, H. C. 2001. "Effects of outward foreign direct investment on home country exports. " *Multinational Business Review* 9: 42 – 49.

Lin, M. Y. , and Wang, J. S. 2008. "Capital outflow and unemployment: evidence from panel data. " *Applied Economics Letters* 6: 1135 – 1139.

Liu, X. , Buck. T. , and Shu, C. 2005. "Chinese economic development, the next stage: outward FDI?" *International Business Review* 14: 97 – 115.

Luo, Y. , Xue, Q. , and Han, B. 2010. "How emerging market governments promote outward FDI: Experience from China. " *Journal of World Business* 1: 68 – 79.

Makino, S. , Beamish, P. , and Zhao, N. 2004. "The characteristics and performance of Japanese FDI in less developed and developed countries. " *Journal of World Business* 4: 377 – 392.

Mankiw, N. G. , and Swagel, P. 2006. "The political and economics of offshore outsourcing. " NBER Working Paper, No. 12398.

Markusen, J. , and Svensson, L. 1985. "Trade in Goods and Factors with International Differences in Technology. " *International Economic Journal* 8: 67 – 91.

Markusen, J. 1984. "Multinationals, multi-plant economies, and the gains from trade . " *Journal of International Economics* 16: 205 – 226.

Markusen, J. , and Maskus, K. 2002. "Discriminating among alternative theories of the multinational enterprise. " *Review of International Economics* 10: 694 – 707.

Masso, J. , Varblane, U. , and Vahter, P. 2007. "The Impact of Outward FDI on Home-Country Employment in a Low-Cost Transition Economy. " William Davidson Institute Working Paper, No. 873.

Melitz, M. 2003. "The impact of trade on intra-industry reallocations and aggregate industry productivity. " *Econometrica* 71: 1695 – 1725.

Mullen, J. , and Williams, M. 2013. " Outward FDI and home country employment in USA manufacturing industries. " *International Journal of Trade and Global Markets* 3: 262 – 274.

Mundell R, 1957. "International trade and factor mobility. " *American Economic Review* 47: 321 – 335.

Navaretti, B. , Castellani, D. , and Disdier, A. 2006. "How does investing in cheap labour countries affect performance at home? France and Italy. " CEPR Discussion Papers, No. 5765.

Navaretti, B. , and Castellani, D. 2004. "Does investing abroad affect performance at home? Comparing Italian multination and national enterprises. " CEPR Discussion Paper, No. 4284.

Nunn, N. , and Trefler, D, 2008. "The Boundaries of the Multinational Firm: An Empirical Analysis. " in *The Organization of Firms in a Global Economy* edited by Helpman, E. , Marin, D. , and Verdier, T, pp. 58 – 84. Cambridge. MA: Harvard University Press,

Poter, M. 1990. *The Competitive Advantage of Nations*. London: Macmillan.

Pottelsberghe, V. , and Lichtenberg, B. 2001. "Does foreign direct investment transfer technology across borders?" *The Review of Economics and Statistics* 83: 490 – 497.

Pradhan, J. P. 2007. "Strengthening intellectual property rights globally: Impact on India's pharmaceutical exports. " *The Singapore Economic Review* 9: 22 – 43.

Pradhan , J. P. , and Singh N. 2008. "Outward FDI and knowledge flows: A study of the Indian automotive sector. " *International Journal of Institutions and Economies* 11: 257 – 288.

Simpson, H. 2012. "Investment abroad and labour adjustment at home. " *Canadian Journal of Economics* 20: 698 – 731.

Stevens, G. and Lipsey, R. 1992 . "Interactions between domestic and foreign investment. " *Journal of International Money and Finance* 1: 40 – 62.

Temouri, Y. , and Driffield, N. 2009. "Does German foreign direct investment lead to job losses at home? . " *Applied Economics Quarterly* 55: 1 – 21.

Tolentino, E. 2010. "Home country macroeconomic factors and out-ward FDI of China and India. " *Journal of International Management*, 16: 102 – 120.

Tomiura, E. 2007. "Foreign outsourcing, exporting, and FDI: a productivity comparison at the firm level. " *Journal of International Economics* 72: 113 – 127.

Vahter, P. , and Masso, J. 2007. "Home versus host country effects of FDI: searching for new evidence of productivity spillovers. " *Applied Economics Quarterly* 53: 165 – 196.

Vernon, R. 1966. "International Investment and International Trade in the Product Cycle. " *Quarterly Journal of Economic Activity* 80: 190 – 207.

Wang, C. , Hong, J. , Kafouros, M. , and Boateng, A. 2012. "What drives outward FDI of Chinese firms? testing the explanatory power of three theoretical frameworks. " *International Business Review* 21: 425 – 438.

Wells, L. T. 1977. The Internationalization of Firms from De-veloping Countries. In *Multinationals from Small Countries* edited by Tamir, A. , and Charles, P, pp. 40 – 89. Cambridge, MA: MIT Press.

Wells, L. T. 1983. *Third World Multinationals.* Cambridge, MA: MIT Press.

Yamakawa, Y. , Peng, M. W. , and Deeds, D. L. 2008. "What drives new ventures to internationalize from emerging economies?" *Entrepreneurship Theory and Practice* 1: 59 – 82.

Yang, X.. Jiang, Y. , Kang, R. , and Ke, Y. 2009. "A comparative analysis of the internationalization of Chinese and Japanese firms. " *Asia Pacific Journal of Management* 1: 141 – 162.

Yeaple S. 2005. "A Simple Model of Firm Heterogeneity, International Trade, and Wages. " *Journal of International Economics* 65: 1 – 20.

Yeaple, S. 2003. "The complex integration strategies of multinationals and cross country dependencies in the structure of foreign direct investment. " *Journal of International Economics* 60: 293 – 314.

Yeaple, S. 2006. "Offshoring, foreign direct investment, and the structure of U. S. trade. " *Journal of the European Economic Association* 4: 602 – 611.

Young, A. 1993. "Invention and Bounded Learning by Doing. " *Journal of Political Economy* 43: 443 – 472.

后 记

　　企业对外直接投资是近十年来我国对外开放领域新兴的现象，同时也呈现迅猛增长的势头，这使我国在短时期内成为全球对外直接投资的主要输出国之一。"一带一路"战略的提出和执行更是意味着企业对外直接投资在我国未来的发展蓝图中占据着重要位置，也将增加我国企业在海外分布的广度。当前，我国跨国公司已遍布全球，不仅对全球经济产生了重要的影响，而且势必会影响我国国内经济，其中包括正向和负向的影响。作为全球最大的发展中国家，我国仍面临着就业不足的问题，企业对外直接投资产生的资金外移现象如何影响国内就业关系到我国经济的可持续发展，本书正是以此为出发点展开研究构思。本书以经济发展作为企业对外直接投资影响国内就业的传导过程展开实证研究，发现企业对外直接投资并不必然增加或减少国内就业，而是取决于多重的外部条件。由于在国内还是国外投资生产是企业基于市场原则的决策，因此政府政策的重点不是企业对外直接投资本身，而是优化国内相应的劳动力市场配套条件，以实现企业对外直接投资和国内就业同步稳定增长的效果。

　　本人在攻读博士期间主要研究国际贸易对劳动力的影响，于2010年完成了题为《贸易开放的劳动力效应：基于中国数据的实证研究》的博士学位论文，并于2012年在中国社会科学出版社出版。本书是本人在博士期间研究基础上的延续，2012年在完成国际贸易对劳动力影响的研究后，正值国内企业对外直接投资研究的热门时期，学术界大量文献研究我国企业对外直接投资快速增长的推动力以及对国际贸易、产业升级等国内经济的影响，但针对国内就业影响的研究并不多，本人以往的研究积累恰好可以从事这一领域的研究。不管是国际贸易还是企业对外直接投资，均通过要素重组产生劳动者就业的流动性，该过程到底是减少还是增加就业并不取决于国际贸易或对外直接投资本身，而是劳动力市场是否存在刚性。刚性劳动力市场使劳动者的就业流动存在障碍，会减少调整过程中的就业；只有当劳动力市场弹性较大时才能使就业流动顺畅，得以在调整过程中保持就业。因此，本人的一贯研究均认为劳动力市场特征才是实现对外开放和就业稳定相辅相成的关键。

学术研究总是会耗费大量的时间和精力，本书的研究得以顺利进展有赖于温州大学商学院宽松的学术氛围和充裕的科研时间。在温州大学工作以来，感谢林俐教授、胡振华教授、张一力教授、江华教授、潘彬教授等领导提供的帮助与鼓励，感谢国际经济与贸易系诸位同事在工作上的支持。同时感谢本人所教过的本科生和研究生，在教学及与学生的交流中总是会不经意地产生研究想法，受益匪浅。本人学术研究的专业素养得益于在武汉大学经济发展研究中心攻读博士学位时各位老师的教导，尤其感谢我的博导马颖教授，毕业多年，马老师对学术的严谨态度依然对我有很大的影响。

本书的研究过程历经坎坷，在研究过程中申报各类课题均未获立项，最终在研究完成之际有幸获得国家社科基金后期资助项目的立项资助，感谢评审专家对本书的肯定以及宝贵的修改意见。在书稿的核对过程中，感谢硕士研究生李会粉同学细致的检查核对工作为我节省了大量的时间。本书的顺利出版有赖于社会科学文献出版社各位编辑老师的辛勤工作与付出，在此一并表示感谢。

学术之路总是艰辛和枯燥的，家人的陪伴与支持一直是我前行的动力！

余官胜

2015 年 9 月

于温州大学教师公寓

图书在版编目（CIP）数据

企业对外直接投资、经济发展与国内就业：影响机理与中国
实证/余官胜著.—北京：社会科学文献出版社,2015.11
国家社科基金后期资助项目
ISBN 978 - 7 - 5097 - 8304 - 7

Ⅰ.①企… Ⅱ.①余… Ⅲ.①对外投资 - 直接投资 - 研究 -
中国 Ⅳ.①F832.6

中国版本图书馆 CIP 数据核字（2015）第 261567 号

国家社科基金后期资助项目

企业对外直接投资、经济发展与国内就业
——影响机理与中国实证

著　者／余官胜

出 版 人／谢寿光
项目统筹／吴　敏
责任编辑／张　超　吴　敏

出　　版／社会科学文献出版社·皮书出版分社(010)59367127
　　　　　地址：北京市北三环中路甲29号院华龙大厦　邮编：100029
　　　　　网址：www.ssap.com.cn
发　　行／市场营销中心（010）59367081　59367090
　　　　　读者服务中心（010）59367028
印　　装／北京季蜂印刷有限公司

规　　格／开　本：787mm×1092mm　1/16
　　　　　印　张：17.5　字　数：261千字
版　　次／2015年11月第1版　2015年11月第1次印刷
书　　号／ISBN 978 - 7 - 5097 - 8304 - 7
定　　价／69.00元